INTRODUCCIÓN A LA POESÍA DE JOSÉ LEZAMA LIMA

Rafael Almanza

INTRODUCCIÓN A LA POESÍA DE JOSÉ LEZAMA LIMA

Colección Estudios

EDICIÓN, DISEÑO Y COMPOSICIÓN: Mario Ramírez Méndez.

Agradecimientos a Daniel Morales, Carlos Sotuyo y Carlos Manresa.

ISBN: 978-1-7346027-6-0

Cubierta y contracubierta:
© Carlos Alberto Casanova: *Irreversible*, óleo sobre lienzo.

Fragmentos de las partituras de *Era el círculo en nieve que se abría*, obra de Luis Alberto Mariño para conjunto de cuerdas.

Ediciones Homagno

www.homagno.com
editor@homagno.com

A Mario Ramírez Méndez.

BAJO CONTINUO

La poesía de José Lezama Lima constituye un desafío para el filólogo y una fiesta para los lectores de poemas. El lector de poemas y el filólogo pueden coincidir en la misma persona, y en efecto muchas veces coincide, y es lo ideal para que el filólogo verdaderamente lo sea, y para que pueda convencer a los que no aman la poesía de que vale la pena el esfuerzo de acercarse a ella. Pero aun así podemos diferenciar entre el placer privado y libérrimo de leer poemas, y la tarea de intelección social de la poesía, que es el deber del filólogo. En el caso de Lezama, el lector de poemas puede divertirse con una poesía cuya acumulación de imágenes sorprendentes en un ritmo fascinante bastaría para garantizarle el placer, y compensarle la sensación de no entenderla. Pero el filólogo tiene necesariamente que enfrentar el conocimiento de esos textos, y aun amando la condición de jeroglífico, de dificultad insuperable de estos poemas, que le dan un aire de misterio risueño y elevado, necesita entenderlos, hasta donde se puede *entender* la poesía mediante la razón, aunque solo sea para poder comunicar a otros su gracia. El filólogo que es lector de poemas se convierte así en el lector de poemas superior, maestro de poesía y ciudadano imprescindible.

Lezama clasifica como el más arduo de los poetas en idioma castellano. Más difícil que Luis de Góngora, que es el primero de sus referentes. Porque Góngora no tiene sino un corto número de poemas enigmáticos, que han sido descifrados y versionados en prosa por Dámaso Alonso. Este filólogo nos aclara entonces que *pino cuadrado*, extravagante metáfora de Góngora, no es otra cosa que una mesa de pino, sin dejar de ser *otra cosa.* Pero Lezama había transitado además por el simbolismo francés y por el surrealismo, de manera que no siempre sus metáforas son *traducibles*. Del simbolismo heredaba las realidades de la sugerencia infinita, de la ambigüedad de sentido; del surrealismo, su capacidad para juntar realidades incompatibles. Pero además Lezama se atenía a claves culturales y personales que rara vez explicó. Podía esconderle al lector muchas de esas claves, por varias razones: porque la poesía era para él un acto de defensa, un esconderse en la capacidad lírica para enfrentar el mundo, y porque un esencial narcisismo lo impulsaba a reservarse. Lezama no creía que para disfrutar de un poema hubiera que entender todas y cada una de sus circunstancias interiores. Creía en el juego del desciframiento, porque su poesía está en una clave lúdica, de disfrute, de vitalidad y de entusiasmo por el poderío del intelecto. El lector lezamiano se convierte en un Champollion satisfecho de descifrar la Piedra Roseta de la poesía.

Puedo decir que la felicidad que Lezama me ha dado en el esfuerzo por acercarme a sus poemas no se compara con ninguna otra. Lezama demanda mucho de nuestra inteligencia, de nuestra sensibilidad, de nuestra cultura, incluso de nuestra humildad, y por eso la experiencia de su lectura es uno de los tesoros de la poesía mundial. En los próximos siglos la poesía de Lezama irá creciendo en todas partes como una iluminación jubilosa, inseparable ya del patrimonio humano.

Mi deber reside en introducirles mínimamente en esta arca *de fábula*. Vamos a intentar penetrar la expresión de un gran poeta hermético, con cuidado y sin alarde. Alguna vez Lezama definió la poesía como un caracol nocturno en un rectángulo de agua, y luego, con su habitual ironía, aclaró que un caracol nocturno no se diferencia mucho de uno diurno, y que un rectángulo de agua es tan falso como una aporía. Pero la nocturnidad del caracol define muy bien su expresión concentrada y oscura, y el rectángulo transparente evoca la posibilidad de intelección. Las páginas que siguen convencerán a algunos de que la poesía de Lezama puede, digamos, traducirse al castellano, incluso verso a verso. Pero mi comentario siempre estará subordinado al conocimiento del poema. *El lector debiera leer el poema de Lezama antes de abordar mi comentario*. He procurado huir de un didactismo ofensivo y del tipo de análisis que aniquila la unidad fragante del texto. Me propuse ir al corazón de cada pieza verbal, sin pretensión de agotarla. Cierto, algunos de estos monumentos han sido enfrentados con rapidez culpable. Quisiera contar con vida y talento suficientes para comentarlos palabra por palabra, pero me conformo con haberlos colocado en una perspectiva de conjunto con una exégesis mínima. Nadie va a exprimir al genio lezamiano. Seguirán sonando sus carcajadas homéricas frente a sus esmirriados escoliastas. Me consuelo pensando que si el lector tachase del volumen mis comentarios, quedaría una antología de textos poéticos de veras apabullante, y que la selección de esos textos basta en cada caso para abrir el apetito intelectivo del lector de poemas y del filólogo exigente, y le sugiere una primera llave de intelección.

Lezama no llegó a escribir *Paradiso*, novela genial, por casualidad. Su novela es la continuación necesaria de su poesía. Su poesía en verso no es lírica, en el sentido estrecho del término. Es épica. No es solo que continuamente remite al mito, como en el caso de Narciso. Lezama se sitúa en la *poiesis* del mito, en la mentalidad del hombre que fabula, que construye mitos. Su poesía construye una variante de la épica, está llena de personajes. A veces esos personajes son reales, el adolescente de Viñales o Julián del Casal. Alguna vez construyen un diálogo clásico. Pero por lo general son como los personajes de una obra plástica: actúan mudos, significan con un gesto estático. Otras veces el poema es como el fragmento o el escorzo de una acción, de una novela, de una aventura mayor. Lezama objetiva su interioridad en esa épica. Por eso puede incluir un poema tan confesional como el *Llamado del deseoso* en la trama vasca y barroca de las *Aventuras sigilosas*. La obra de Lezama, aparentemente tan distante y objetiva, se atreve a una plenitud confesional. Y revela la circunstancia de la confesión como un accidente épico. Él es su propio mito.

Y también en buena medida por la forma en la que el poeta se instala en la palabra. El verso lezamiano es como una realidad de conciencia, más que un flujo de conciencia o un automatismo surrealista, técnicas a las que debe muchísimo. No es flujo, sino que está construido muy deliberadamente; tampoco está determinado por una libertad de lo onírico. Lo onírico está dominado, controlado en Lezama, pero tampoco excesivamente, porque el poeta, que por razones éticas y también por narcisismo, rehúsa dejarse arrebatar por lo onírico, por las mismas razones lo deja manifestarse como confesión.

Para el surrealista lo onírico vale de por sí. Para él es lo único real y no merece ningún contraste ético o religioso. Para Lezama lo onírico tiene un valor testimonial: el de la naturaleza arruinada del hombre, que se manifiesta en la vigilia de la conciencia. Lezama escribe a menudo como en una duermevela en la que la imaginación se desata pero no se desboca, siempre bajo el imperio y la distancia de un pensamiento complejo y severo, atrevido y propio, de índole cabalmente religiosa, que irá construyendo y develando libro tras libro. Nunca se queda en lo testimonial, pero lo usa. Lo onírico, sobre todo lo onírico negativo, lo contrasta siempre con las normas del cristianismo, interpretadas sin escándalo doctrinal. Lezama jamás es un moralista pero nunca cede ni un ápice en la orientación al Bien. Para él el Bien existe y no se discute; los hombres en cambio somos defectuosos sin remedio, esclavos de una ambigüedad insuperable entre el bien y el mal, pero hay al mismo tiempo la capacidad de la creación poética para testimoniar, comprender y enfrenar esa avería, y proponer continuamente algo mejor, algo extraordinario, una promesa de un pasaje a la perfección y el absoluto. Para él las aventuras sigilosas de la conciencia y de la experiencia provienen siempre de, y apuntan a un fundamento mayor. El poeta es el guardián que lo defiende con un combate circular contra todo el error y el pecado. El guardián está guardando y salvándose al mismo tiempo.

La plenitud lexical de Lezama es un símbolo de ese combate. Su poesía acepta las realidades del hombre y del universo sin mutilación alguna y por lo tanto admite cualquier palabra, incluyendo las que suenan mal o provienen del habla popular (sin folclorismo, desde luego). Su léxico está muy influido inicialmente por el lenguaje simbolista heredado de Valéry, y el de la tradición barroca española, pero desde el principio ironiza ese lenguaje, lo exagera para burlarlo, para encontrarle su falta y su vergüenza, su limitación y su ridiculez. Ya en *Aventuras sigilosas* esos referentes han dejado de dominarle. El lector debe asimilar el vocablo desusado, que hay que buscar en el diccionario a veces. Esas palabras existen y designan realidades que pueden ser poetizadas (al menos en el caso de este coloso de la visión poética). Por qué espantarse con el lenguaje raro de Lezama. Nos alerta de que la Realidad, que creemos corriente y sabida, contiene esa realidad y más realidad, y de hecho resulta inabarcable, indescifrable. Y que la poesía es otra realidad que penetra aquella como parte de ella, pero necesariamente de otra manera. El lenguaje raro de Lezama constituye uno de los triunfos del lenguaje en cualquier época y en cualquier idioma. Acceder a él, privilegio.

Lezama se ha ganado fama de ser incomprensible, aunque ya decía Martí que es más fácil tildar de incomprensible lo que se lee que confesar nuestra incapacidad para entenderlo. Chesterton rechazaba que ciertos pasajes de Santo Tomás de Aquino fuesen oscuros: cristalinos, sí, para Santo Tomás. ¿Quién se ríe con un chiste teórico de un físico teórico? Otro teórico de la física. Pero ciertamente la poesía lezamiana clasifica entre lo más complejo de la literatura mundial, sin desdorar las *Soledades* de Góngora o el *Finnegans Wake* de Joyce, fuentes suyas ambas. Y buena parte de los dislates que se cometen en la interpretación de este autor, tanto de su obra como de su biografía o personalidad, están dados por la renuencia a enfrentar la mínima intelección concreta de sus textos, especialmente de los poemas, que constituyen sin dudas el núcleo de su creación intelectual. Es verdad que los poemas mayores han sido abordados por luminosas inteligencias, que se ha interpretado el magma de su verso, que hay comentarios que le emulan en belleza y en grandeza, pero estoy convencido de que el mero intento de entender la singularidad e ilación de todos sus poemas puede aportarnos una luz mayor que esas exégesis transversales o diagonales, desde luego imprescindibles. Muchos malos mitos sobre este poeta se derrumban con este método: por ejemplo, la de Lezama como un autor culterano, cuya literatura sale de sus lecturas exquisitas. Las tales lecturas existieron, sí, pero se trata de un autor en el que comandan la imaginación libre y la experiencia casi empírica, con una atención permanente para un tema tabú entonces, la vida sexual. Lo que sigue es un esfuerzo por entender cada precioso poema conocido de Lezama, situándolos en la arquitectura de sentido de sus libros y con alguna pretensión de captar la unidad de su poesía, sin atenerme a la discusión o el auxilio de opiniones ajenas, como ha sido norma en otros libros míos, aunque desde luego que mis lecturas pesan sobre estos criterios y no lo puedo ocultar, ni quiero. He querido recibir estos poemas en vísperas del centenario del poeta, ante todo como un ejercicio simple de lectura detenida, de participación en sus enigmas y rendimientos. Y me siento muy agradecido. Pero el lector debe a su vez aceptar mi lectura como una lectura más, que tiene eso sí la ventaja de la exhaustividad pero que rehúsa reclamar más que eso. Mañana discreparé de estas lecturas, como ya me ha ocurrido una y otra vez. Mañana tendré el coraje de rectificarme. Hoy mismo. Por lo pronto mi lectura puede ayudar a las de otros, y prepararme para escuchar a Lezama, como él quería, en el centro de su contrapunto.

Camagüey, 9 de diciembre de 2010.
El Cobre, 20 de noviembre de 2019.

MUERTE DE NARCISO
(1937)

La poesía de Lezama se da el lujo de comenzar con un poema total, que contiene de alguna manera toda su poesía ulterior. Más que una poética, el poema presenta una manera profunda de ver el mundo y de hacer la palabra. La poética que contiene el poema —el poeta como creador de belleza— se cierra voluntaria y sabiamente con este poema, pero la palabra del poema va más allá de esa poética. Lezama se desabrocha una vez, solo una vez, para su capacidad de crear imágenes de belleza fascinante. Su Narciso verbal grita y muere en este poema. Jamás se recreará sin control en esa facilidad, y sus referentes en el siglo de Oro español y el simbolismo, desde luego ironizados, desaparecerán casi por completo durante su período juvenil. Esta ascesis ulterior de sus imágenes nos ayuda a entender el poema. Pues uno de los riesgos en su interpretación reside en atenerse a su impulso lúdico. Su ironía juguetona sí que va a perdurar en el autor, pero no debe cegarnos, porque ahora y luego el juego es en serio. Tanto, que habrá que sacrificar una parte de sus jugadas maestras.

Narciso, el espejo de aguas, el costado de Narciso. Con estos elementos se teje el poema. Intentar descifrar, traducir una a una sus imágenes sería un despropósito. Imágenes libérrimas, recreativas, instaladas en una extrema flexibilidad o indiferencia por la sintaxis. Lo que importa es la belleza refinada —a veces lamida, como decididamente afectada— y acumulada, superpuesta, conectada, exuberante, agresiva. Cómica. El poeta crea un *epos* inefable, unas aventuras verbales, unos gobelinos surrealistas, unos dramas sacros que no importan en su detalle —aunque el detalle sea casi continuamente interesantísimo—, sino en el conjunto de una exuberancia que es la de la *poiesis*, el acto creador. El poeta, Narciso, está fascinado y aturdido con su propia belleza que ignora, con su capacidad para la generación de imágenes. Que no se atiene solo al tropo. Dánae, un mito dorado griego, cómo va a tejer —vaya acción para este mito, y es una acción hacia adelante— el tiempo de oro en un ámbito hacia atrás, egipcio. El Narciso poeta sobrevuela la sintaxis, el tropo, la cultura, incluso la historia. Puede hacer lo que le dé la gana. Esa libertad de la imagen se dispara en unos juegos inteligentes, risueños, adorables. El propio tratamiento del mito de Narciso nos recrea. Pues el poeta renuncia a montar una escena con un muchacho que se mira en las aguas: mira él mismo como un cómplice, pero desde afuera, la mirada de Narciso: asimila su contenido, sin confundirse con él. Lezama pudo declararse un satisfecho narcisista de la poesía y seguir desplegando sábanas verbales encantadoras para las siestas de otros estetas mundiales. Solo suponerlo le ignora el genio, y la ética. Quedarse en la alegría verbal del poema, considerarlo una fiesta de la belleza suficiente en sí misma, en donde el *fugó sin alas* final resultaría aprobatorio en calidad de liberación y de éxito, equivale a confundir al joven cubano con el muchacho del mito que recrea. El cruce de lo helénico y lo cristiano, recurso constante en

Lezama, se ofrece ya aquí ejemplarmente. El mito griego es reinterpretado en forma cristiana y, por eso mismo, salvado. Obsérvese como el poema comienza con una forma estatuaria, según la habitual visión occidental de lo griego, que de inmediato estalla en una forma desbordada, sin embargo fiel a un esquema, a un número, a una norma. El desborde es la *hybris* griega, el número es la *sofrosine*, conceptos explícitos luego en Lezama y permanentes *recursos de la forma* de su poesía. Con todo, la reinterpretación cristiana se impone. Un poeta griego escoge ser apolíneo o dionisíaco, regirse por la *sofrosine* o por la *hybris*: Lezama los unifica, yo diría que los pone en cruz, en el conjunto de su obra y en este poema inicial. Estar después en la historia obliga a una superación. Narciso muere por incultura: desconoce que la imagen es imagen y no realidad, y que esa imagen es su rostro mismo. El hablante del poema, sin embargo, distingue. Y por eso reinterpreta el mito desde el punto de vista cristiano, desde dentro del mito. Por cierto, el habanero Lezama sustituye la fuente o arroyo del mito por aguas marítimas.

Ya se sabe que en la estancia 15 el aire juguetón del poema se interrumpe: *Narciso, Narciso. Las astas del ciervo asesinado...* Un muy inesperado aliento dramático comienza a mover el poema. Véase que el ciervo no muere ni se suicida: es asesinado. Las imágenes gozosas retroceden, el drama insiste: *racimo de palomas / ocultas en la garganta muerta: hija de la flecha y de los cisnes.* La hermosa garganta ha sido flechada, las palomas posibles se han frustrado. En los últimos ocho versos Narciso está frente a las aguas y *el centurión pulsa en su costado*. Alude al centurión que hiere a Cristo en la Cruz.

¿Narciso es Cristo? ¿Simple eco cultural para indicar sufrimiento y muerte? Ahí está el penúltimo verso, en el que la idea retorna: *Chorro de abejas increadas muerden la estela, pídenle el costado*. Ciervo asesinado, garganta flechada, costado humano que impone o solicita un sacrificio. Ningún suicidio por dulce estupidez. Abejas increadas, divinas. La voluntad del Padre.

El juego profano con las imágenes nunca es pagano: las imágenes son la Imagen, están previstas y predestinadas. El poema ha avanzado en estancias de ocho versos, y en la *Poesía completa* de 1970*, editada en vida del autor, el conjunto de las estrofas es dieciséis, el duplo: la última estancia tiene el doble de versos: dieciséis. ¿Errata, o rectificación de la edición príncipe? Lezama amaba las erratas. Sería la idea de la duplicación, de lo real y la imagen. Pero así mismo es la imagen de Cristo, que es el Divino Narciso, la Imagen del Padre. El Padre se mira en las aguas de su ser y engendra su Imagen, prefigurando la muerte de Cristo: *el centurión pulsa en su costado*. Las abejas increadas, recurso del Padre, *pídenle el costado*, como un menester de la Creación. Así Dios se conoce a Sí Mismo, a través de su Imagen que es Cristo: *Así el espejo averiguó callado*, callado porque acepta el sacrificio del Hijo, y así la Imagen retorna al Padre desde el universo, sin necesidad de artificio alguno, en la Ascensión de Cristo, por su propio poder: *así Narciso en pleamar fugó sin alas*.

Están aquí, en el inicio, el Padre y el Hijo. En la cumbre de su poder con las imágenes, el poeta escribirá *Dador*, nombre del Espíritu Santo.

---

* Primera edición, editorial Letras Cubanas.

ENEMIGO RUMOR
(1941)

Lezama declaró alguna vez que este era su libro preferido. Ciertamente sigue siendo el más popular, el que contiene los poemas más citados; fue también el que lo situó como un creador fuerte y único. Raudo como una tortuga, como me lo definió una vez Cintio Vitier, Lezama publica este libro a los treinta años, como un balance de su juventud. Nunca hay que apurarse con la poesía. Después del terremoto verbal de *Muerte de Narciso*, el riesgo de una caída hubiese paralizado a cualquiera. Pero el poeta joven acepta su propio desafío y construye, en continuidad crítica, su Vida de Narciso. En aquella obertura había un combate que conducía a una muerte paradójica: en este libro hay un enemigo: el Rumor. Este rumor va a convertirse luego en Fijeza, una enemistad permanente que estremece e ilumina. Pero este Rumor, indefinido, invisible, a veces frío, siempre Único, deleita al Narciso. El atractivo de este poemario radica en la alegría placentera que lo recorre. En ningún momento se desciende a la superficialidad ni al ocultamiento de las verdades de la existencia, y el libro termina con el dramático *Un puente, un gran puente*, por el que el poeta pasará a los dolores y tinieblas de unas *Aventuras sigilosas*. Pero la enemistad dulce y única de la Poesía le regala unos textos fruitivos, abandonando el desborde telúrico del verso y la facilidad de las metáforas estridentes del *Narciso*: Lezama jamás repite sus recursos y se renovará hasta el final una y otra vez: ahora ciñe su palabra, la doma y la enfrena; y el vigor barroco, lejos de fallar, madura.

El poemario consta pues de tres secciones muy equilibradas, cuyo centro lo constituyen los *Sonetos infieles*: la forma clásica va a ser homenajeada con una opulencia rompedora. Transgredir respetando será una norma para el poeta, en la poesía y en la vida. ¿Las secciones coinciden con un orden cronológico? Pues la primera contiene unas lentitudes, unas dulzuras de percepción que se ausentan del resto. Importa la evidente dialéctica interna: una filosofía del perfume natural, aun simbolista, evanescente, sin ataduras, resulta contrastada por la norma del soneto barroco, que implica una norma religiosa, que a su vez sostiene las aventuras, todavía no sigilosas sino de mucho ruido, de la tercera sección. Y si el impulso lúdico de *Muerte de Narciso*, las ironías con que el autor trata el mito, pudiera hacernos sospechar de un esteticismo retrasado y ligero, en este libro vamos entendiendo que va en serio, que el poeta está embarcado, gozosa y dramáticamente a la vez, en lo que llama, a propósito de Santa Teresa de Jesús, *la embriaguez viciosa del conocimiento*.

Con *Enemigo rumor* el joven Lezama cimenta definitivamente su expresión personal, enriquece la poesía en castellano y nos deja ya unas páginas de antología para cualquier ámbito del idioma y más allá de él.

I FILOSOFÍA DEL CLAVEL

AH, QUE TÚ ESCAPES

Ningún poema de Lezama es más recordado que este: varias generaciones de iberoamericanos se lo han aprendido de memoria y lo declaman en público siempre que alguien se los tolera (no el poema, sino la sabida lectura). El poema es breve y sabroso y sirve para que nos identifiquemos como lezamianos, pero ha generado también una repetición de palabras agradables que pocos intentan escudriñar. En perfecta sucesión de *Muerte de Narciso*, el libro abre con la poética agónica de Lezama: la poesía siempre será para él una agonía, un combate con una dimensión misteriosa que le reta o le burla: el rumor enemigo, la fijeza, la presencia desafiante y elusiva del ser. Esta última posibilidad centra el poema: en el instante en que la imagen alcanza su mejor definición, escapa. Sin embargo, este primer abordaje juvenil de su poética tiene un tono hedonista, placentero, como si el escape de la imagen fuera precisamente más deleitoso, más creación que la encarnación en *el puro mármol de los adioses*, un tanto ridículo, que garantiza *la estatua que nos podía acompañar.* La encarnación en el poema queda caracterizada como obra muerta, fría, inútil, cursi: con la maravillosa paradoja de que el poema que esto dice es un modelo de encarnación en el verbo. Igualmente se burla el autor del principio de la mímesis: *en una misma agua discursiva / se bañan el inmóvil paisaje y los animales más finos,* pero el paisaje está inmóvil frente a la movilidad del discurso, mientras que los animales *parecen entre sueños, sin ansias levantar / los más extensos cabellos y el agua más recordada.* Estos animales no están demasiado empeñados en ser copiados por un reflejo ni en participar de un paisaje o del discurso del agua, puesto que están satisfechos, embriagados de sí, atentos no al agua que corre sino a la que fue. El fauno mallarmeano ha sido sustituido por el antílope y la serpiente, con propiedad y gracia y también con ironía: *Ah, si pudiera ser cierto.* Imaginar esos paraísos de la belleza es tonto, es vano. Así que, excluida la obligación de la mímesis del ser o de la imaginación de la belleza y de la encarnación de la imagen en el poema, queda sin embargo la experiencia inatrapable pero gustosa de la poesía: *el viento, el viento gracioso, / se extiende como un gato para dejarse definir.* Este hedonismo de la experiencia poética, sin embargo, no centrará la atención del poeta, captado por el misterio mayor del rumor enemigo, los fragmentos que vuelan al imán o la fijeza que nos desafía con el enigma del ser. La definición mejor de la poesía lezamiana es esa: la fijeza.

RUEDA EL CIELO

Esta primera sección del libro se titula *Filosofía del clavel.* Era un escándalo en 1941 este título, que parecía devolvernos a la era simbolista en plena época de las vanguardias. Pero Lezama siempre estuvo muy convencido de sus propias necesidades y posibilidades y muy indiferente a modas. Este poema opone la flor real a la realidad del universo: el cielo rueda *a recorrer la posesión del clavel / sobre la nuca más fría / de ese alto imperio de siglos.* El universo se interesa por el calor de la flor desafiando al tiempo, viene *a decir su imagen clara*, presume incluso *de un aroma aconsejado.* No es un clavel literario, mallarmeano: *Rueda el cielo / sobre la extraña flor de este cielo, / de esta flor, / única cárcel.* En la flor el universo se consuma: *corona sin ruido.* La primera sección del libro estará orientada hacia esa filosofía del clavel universal y local, la experiencia de la belleza de las cosas en el mundo, con toda su fascinación y su complejidad, sin limitaciones vergonzantes y con honestidad y sabiduría. Lo iremos viendo.

SON DIURNO

En efecto, bajo este cielo que engendra el clavel hay mucha luz. Lezama es un poeta solar, y es obligado que comience elogiando el día en todo su esplendor: *tu calidad es ardiente y dura,* y crece *hasta un ancho volumen de fuego respetado.* Pero el poeta está lejos de convertirse en un idólatra de las posibilidades del día: lo que le interesa *no es la importuna caricia / que presume o desordena la fijeza de un estío.* Difícil saciedad la del son diurno: *¿Dónde está lo que tu mano prevenía / y tu respiración aconsejaba?* La verdad puede estar en su opuesto: *otra palabra de difícil sombra.* Pero la dimensión nocturna de la vida tiene sus riesgos: *Una oscuridad suave pervierte / aquella luna prolongada en sesgo / de la gaviota y de la línea errante.* El poeta quiere preferir el esplendor diurno: *Ya en tus oídos y en sus golpes duros / golpea de nuevo una larga playa / que va a sus recuerdos y a la feliz / cita de Apolo y la memoria mustia.* Sin embargo, esta preferencia es cuidadosa, acaricia sin propósito de daño:

Una memoria que enconaba el fuego / y respetaba el festón de las hojas al nombrarlas / el discurso del fuego acariciado.

UNA OSCURA PRADERA ME CONVIDA

Texto preferido del autor, que lo grabó en su voz. Del son diurno pasamos al nocturno en la versión onírica, que resulta ser extravagante pero mayormente tranquila y hedonista: *sus manteles estables y ceñidos, / giran en mí, en mi balcón se aduermen. / Dominan su extensión, su indefinida / cúpula de alabastro se recrea.* Aun en esa oscuridad del sueño, reaparece la dimensión diurna: *gamo en el cielo, rocío, llamarada.* El surrealismo presta sus clichés para este onirismo recreativo: *Allí se ven, ilustres restos, / cien cabezas, cornetas, mil funciones / abren su cielo, su girasol callando.* En esta *muerte mágica* que es el sueño se puede obtener todo, hasta las posesiones más diversas: *Un pájaro y otro ya no tiemblan.*

AVANZAN

Este poema es una extensión o corolario del anterior. *Avanzan sin preguntar* las figuras oníricas: *auxilios, campanillas, / sin farol, sin espuelas.* Pero mientras en el poema anterior las figuras convidan y van pasando, aquí asedian al poeta, lo desafían: *peligros que la mirada / —argumentos— no puede curvar, / distanciar, desaparecer.* El poeta lucha de una manera suave, se enmascara: *Respiro la niebla / de deshojar fantasmas; / con humo me pinto.* Finalmente sueña por la libre, sin miedo: *Sueño abejas reidoras / y lunas destrenzadas / y el abandono / encogido, disperso / de secretos sobresaltos, nieves declamadas.*

DISCURSO PARA DESPERTAR A LAS HILANDERAS

¿Cuáles? Podemos pensar que se trata de las Parcas, que hilan el destino. Pero observemos esa última imagen del poema anterior: *nieves declamadas.* Lo que importa es esa declamación, ese discurso de la belleza hilado ¿para despertar al destino, o para cumplirlo? Este poema de estrofa única hila sus imágenes con un esplendor simbolista, incluso usando muchos de sus tópicos: las torres, la cabellera de la dama, las joyas, al margen de cualquier narración o argumento. El discurso por el discurso en sí, por el goce, la sorpresa, la posibilidad infinita de imaginar realidades discursivas: no hay forma de reducir versos como estos: *frunciendo el aire aprisionado en las sandalias / que el gong devuelve redondo en amatista.* Ya no son figuras oníricas, sino imágenes de belleza que construyen un cuerpo resistente. A veces las imágenes tienen una gracia entrañable: *Hondero normando mide la altura de las mareas.* Otras estamos casi en un escenario de Mallarmé: *Allí despierta, peina o recorre —convulsa se adormece, / suave de torres— verde cabellera, silla de marfil.* Lo que salva al poema de una ridícula imitación tropical del simbolismo es la ironía con que el poeta asume esta poética y su exceso: *Oh ¿usted cree que la nieve, delgada escama, lámina o sonido, / cuela en sus bolsillos, mata como arena y dedo gordo?* Sí, este genial dedo gordo puede matar el lenguaje precioso o pretencioso de un poema, situándolo con ese leve toque en un plano de humor y simpatía. El poeta sabe lo que hace, y dice con elegancia clásica: *busca el nivel de las palabras que nacieron juntas.* El dedo gordo junto con la silla de marfil, en un discurso que se hincha de imágenes hasta el tope, *toca y devuelve la testa truncada en flor de la marea.*

SE TE ESCAPA ENTRE ALONDRAS

No hay alondras en Cuba. Se las puede imaginar, que es mejor que verlas, esas alondras *que existen o no existen pero siempre aletean / buscando la compuerta de un ruido virado / por el exceso de trabajo, por la risa.* Este ruido es *el ruido de sienes*, el del pensamiento exquisito que escapa en la hora de la mañana. El poeta pertenece a un orden distinto al real, se atreve *a cazar en la nieve / los insectos sin ojos / que ruedan por la nieve.* El poeta repite, impávido, un sustantivo: su sentido de lo exquisito siempre desdeñará academias. Debe evitar negarse a esas posibilidades fantásticas: *Oh, que tú seas el fin que entorna los balcones / que despiertan sin nunca despertar / en la hora prestada al baño de los ciervos.* El oficio del poeta radica en ese despertar a las hilanderas, en seguir a las alondras en el comienzo del día, en abrir los balcones del ser: *que tus labios asciendan en la respiración de los balcones.* Difícil tarea: *Y su suerte se ha quedado / bajo los párpados pobres.* Pero insiste: *y se reconoce y se pierde / en los insectos sin ojos / que ruedan por la nieve.*

NO HAY QUE PASAR

La filosofía del clavel continúa mareándonos con sus realidades de belleza enigmática: en la primera parte de este poema las imágenes son un poco menos deliberadamente exquisitas, yo diría que deliberadamente son un poco menos exquisitas, más cerca del surrealismo que del simbolismo: *No hay que pasar puentes de conchas de desprecios / de recomenzar la búsqueda de las vihuelas crecidas / o por más señas un brazo redoblante a castillo cerrado / a traspiés de araña que presagiaban los lotos.* Este no pasar a la dimensión de la belleza peligrosa tiene un paradigma en el acuario: *crisis de plateados placeres que chilla la pecera,* que aun así nos tienta *a impulsos de los ojos tirados contra la pared cariciosa.* Hay una invocación femenina en este no pasar: *por ahora no te creo crecida / ni olvidada intrusa rubí decaído en hilo por escamas furiosas.* La segunda parte libera el gusto simbolista pasado por agua surrealista: *la navegación a medianoche hasta abrirse las tijeras / y destruirse la rosa para dar cinco campanadas / destruirse la rosa al pulsar el pájaro sin destruirse / ni hundirse si resbalan violines o perros al septentrión.* Este septentrión define una actitud verbal: nunca norte sino septentrión. Continúa asimismo el diálogo: *dime olvídame o deja de inclinar la torre y su sonrisa.* El acuario parece regresar: *la mujer viajera colorea / sus estanques,* tal vez alusión a una circunstancia de vida que se nos escamotea, insistente al margen de la sintaxis: *que se reafirme porque la torre muere y chorrea / o que franjas de mármol de cuchillo y mi alma mojada.* El poema cierra con una interrogante en que la prohibición de pasar insinúa un traspaso: *¿No sabes que* *las puertas abiertas voltean los perros lanudos mirando al septentrión?* La navegación a medianoche encuentra un límite que en realidad es perfectamente traspasable. El desafiante mundo de la belleza femenina es poseíble.

MADRIGAL

El atractivo femenino puede ser cantado con las siguientes palabras graciosas: *El tallo de una rosa se ha encolerizado con las avispas / que impedían que su cintura fuese y viniese con las mareas / cuando estaba tan tranquila en las graderías de un templo.* De inmediato un personaje sucumbe a este vaivén: *un marinero llamado por la palabra marea / se ha unido a los clamores de alfileres sin sueño / y le ha dado un fuerte pellizco al tallo de una rosa.* Terminada la agresión erótica interviene un segundo personaje: *el niño que se ha quedado detenido frente a los encantamientos / de un caballo blanco / se apresura en su dulce memoria de lunares / a evocar sus regalos para ingresar en la nieve,* pero cuya inocencia no deja de quedar perturbada por el eros: *un dedo besado atormentado desnudado / una muchedumbre de Perseos enlunados / que esperan a los más crecidos cazadores de medianoche / porque ha llegado el día que no se alcanza con media docena de cítaras.* En este día de la madurez erótica el antiguo niño queda fascinado: *ojos que miran cómodamente la avispa mordiendo el tallo de una rosa,* para una negación curiosa: *para negártelo en el aire guante fronda lenta flauta.* ¿Para negárselo al marinero, o al niño, o al poeta? El atractivo femenino se esconde con picardía: *la misma rosa que ha inclinado su frente para recoger tu pañuelo / y esconderlo hasta que pasen los cazadores de medianoche.* En este madrigal coincide la alabanza explícita del atractivo femenino con esos Perseos y cazadores que denotan al atractivo masculino y su agresividad. El día del eros ha llegado.

FIGURAS DEL SUEÑO

I. El título pareciera devolvernos al mundo onírico en sí, propio de textos anteriores, pero esta suite de siete poemas hila sus figuras sobre un sentido peculiar de lo real, más que del sueño: su sueño ocurre en las cosas de la realidad, comenzando por el eros: *Quede tu brazo alzado, / lo reconoceré pendiente / más de prisa en su sueño.* Se sueña con lo que hay, se sueña lo deseado como un sueño de felicidad: *Refugio de uvas, de alondras / en sus grutas, en los ríos / de generosa vida prolongada.* El poeta ve mucho en el sueño de ese brazo: *Adivino en las venas / un tumulto que mira y se fija / en el primer chillido, / en manzana ingenua / que la siesta desviste.* Ese brazo es sueño del deseo posible, y lo dice claramente: *flor de hilo y de venas / la propia pertenencia real.* Este deseo, sin embargo. no es correspondido: *el diapasón sin eco.*

II. El deseo no correspondido genera figuras de sueño: *El sueño sobre mi carne / asegura su isla leve.* La renuncia puede abarcar también a esas figuras, almendro, cal, paloma: *Todo lo que se deja caer, / mirada al pasar / y el sueño al decaer.* No sin contradicción y lucha: *La llama que se sabe alzar. / El sueño que cae.* Este mundo onírico sustitutivo es muy frágil: el gamo que atraviesa el sueño huye, *Pero como sostiene al cielo / el cristal rodará.*

III. Una de las figuras posibles es la codorniz, símbolo de la belleza humilde: *La elipse de la codorniz / —mentira— / mas chilla el espejo cierto.* Le falta crédito a esta figura de humildad, que de todas formas decide *la extensión de sus festejos, / la curvatura de su chorro / y maestría, / y ya en su nuevo secreto / borra la codorniz su elipse / y su mentira primera.* Con todo, el poeta encuentra alguna verdad en esta figura: *La disciplina del cielo / cae justa / en el nombre de su cuello.* Celebra sus colores modestos *que en lo blanco salta.*

IV. Siguen las negaciones: *No es aquí. / Cae columna hirviendo.* Una presencia erótica que no convence al poeta: *Lo que me preocupa / falta.* Figuras despreciables: *ballestas, / pregones y ciudades / de timbres falsos.* Son muchas, un tumulto de varas de bambú *que no se mueve, / ni sueña, / ni en el sueño oscila.*

V. El poeta, pues, se encuentra sin diálogo, incluso sin deseo de diálogo erótico: *Ni el rostro pregunta / ni el espejo contesta.* Sin embargo, el mundo despliega su erótica: *En sus fuentes de mármol / el día nace entre dioses menores / y grandes abejas despiertas.* Es mucha caricia la que ofrece: *La curva de su brazo, / planicie de sus espaldas / y los más lentos trineos.*

VI. La hermosura del mundo puede regalarnos también una erótica de otro tipo: *No era ya que el ritmo / del almendro fuera cítara al sonido.* Lo que ocurre es que esa música compensa: *Ahora escampa el deseo, / secreto mantenido / en secreta opulencia.* La música de las hojas del almendro finge una ilusión de eternidad: *pasa por el tiempo / que no sabe de muerte / y que vuelve opulento / a un ritmo de hojas / sin cesar encontradas.* Sabio poema, de una suavidad rara en el autor.

VII. Esa suavidad se incrementa en el último poema, por el uso de la rima asonante e irregular en los versos cortos, idóneos para describir el almendro: *Bajaba las escalas / del poniente, / como rosa olvidada. / Ceñía el blancor y la áurea hoja.* Téngase en cuenta que se trata del almendro americano. Majestuoso, dotado de *lentas bien medidas / calmas siderales,* discreto hasta el punto de borrar *el milagro de alta esfera / que mueven sus pisadas.* Nadie lo mira, pero roza al poeta: *Y ahora pasa a nuestro lado / y nos golpea / como viento hechizado.* Este almendro sigue siendo un signo de eternidad: *Caía del poniente / bien quemada, / la afirmación de la hoja / sin presente / que nos trae sus pisadas.* Las hojas del almendro americano enrojecen en invierno. El almendro deja caer sus hojas *por altas neverías / y nubes de mastines / en su gloria / —blancura— / tenazmente adormilados.* El poeta concluye con una visión de la pureza universal, figura del sueño que es la realidad y que puede hacer escampar la fiereza del eros, reemplazándolo por una dimensión más completa.

COMO UN BARCO

El título introduce ya un paisaje marino o de playa: *pal-*

meras, islas nadadoras, hojas del recuerdo. En él destaca un *cuerpo que olvida al soplar las palmeras / un perfil movedizo, congelando y batiendo / el cuerpo que ávidamente bebía.* Hay un diálogo difícil con la persona de este cuerpo: *Como un barco temblaban los cabellos / atados a las últimas palabras, / finamente anudadas las pestañas / erraban imponiendo silencios.* Porque frente a este cuerpo descrito con tanta intensidad el poeta se encuentra sin posibilidades: *obligando al húmedo recuerdo de las manos atadas, / al contorno resuelto en guitarra y granizo.* Lo que no obsta para que le dirija una frase de amor sentida, impresionante, infrecuente en el autor: *Esa ceniza y esos labios antaño perseguidos, / arco de la espiral aspirada / volverán a despertar después de la llamada a tu rostro.* Este imposible es compensado con sucedáneos, las diversiones, el ajedrez, ese *pulsar un verano que en pulseras y en sistros retrocede / y nadando se ciñe la corona de la risa.* Persiste la frustración amorosa como un *desvanecido corcel / tan manchado, tan amargo,* y la última palabra la tiene la imagen del deseo que sigue retando: *El cuerpo enrollado en su manto y su sombra ávidamente bebía.*

PUEDO MIRAR

Es este un poema erótico en sentido estricto, de un tono complaciente que denota una relación cumplida. Si en los textos anteriores el poeta no llega a esa relación, ahora *puede mirar,* por ejemplo, *el acanto de tus sienes redoradas.* Y de hecho cumple la mirada: *Estoy mirando tu pregunta preferida.* El ambiente marino, incluso de una embarcación, reaparece de alguna forma: *Vuelan guirnaldas y más arenas ruedan, / mejor que en esa pregunta diferente / —carroza de mariscos y delfines— / que corría entre consejos de oro.* La peculiar sintaxis de Lezama hace difícil precisar si es la pregunta, la carroza o más bien una presencia femenina la que se acerca *entre sábanas que su gloria envuelven.* Pero lo que sigue me inclina a pensar en una muy cálida escena de dormitorio: *Si despierto, tropiezo, / en el halo que tu respiración empaña / y en aquella nueva humedad / que pervierte el encantado tacto / y es la caricia al fervor.* Las imágenes se hacen todavía más tórridas en la estrofa siguiente: *esa reciente concha y medialuna, / flecha de tu pregunta adormilada, / ni divierte ni extiende, / sillar semimoviente y hojas despedidas / hacia el centro de tu ciudad / rendida, golpeada / por tu fuga y mi fuga.* Eróticamente satisfecho, el poeta se divierte y extiende en su presente poderoso y enigmático: *Estoy mirando tu pregunta preferida.*

QUEDA DE CENIZA

La primera sección de *Enemigo rumor* termina con este poema en cuatro partes, uno de los más hermosos del libro, y que cierra el ciclo de poemas eróticos con el tema del cansancio de las aventuras del deseo: *Tú borrabas, querías, alentabas / la primer cabellera que el hastío detiene / interminablemente en bruscos corredores.* Es el cumplimiento del deseo sin cumplimiento: *¿Y tu música rodea el mismo cuerpo? / ¿Y tu cuerpo se acuesta entre dos árboles / que la noche anterior había nombrado?* El poeta persiste *clamando por el nombre de esbeltos* *cuerpos duros,* pero solo para comprobar el desastre: *La miseria escondida de ese cuerpo siniestro, / hasta ayer recorrido por el rumor de la gloria / y ahora pisado y abandonado por las hormigas del desprecio, / aumenta sus gemidos pues la noche se extiende.* La renuncia a estos dolores tampoco resulta una bendición: *era una vida más lenta, continua e indiferente, / donde no cabía la soledad del hombre ni el canto de los amigos, / sino una melodía inútil que rodaba sin fin.* La ausencia del cuerpo del deseo es sustituida *por la perpetuidad leve del rocío, / nutridor impalpable de la invisible melancolía.* El poema concluye sin embargo con la nostalgia de la experiencia erótica. *Tu transparencia intocable muda las frondas,* y es esa transparencia del poeta hacia la plenitud del bien lo que le permite caminar por el jardín sin ser atrapado por la sensualidad. Los sucedáneos fallan: *En la medianoche de verano el ruiseñor y sus letargos / cierran todas las compuertas que conducen a los viejos espejos / habitados por lámparas erectas / que no pueden inclinarse para descorrer los rostros / que los espejos han enviado como burbujas hacia la luna.* El poeta evoca entonces la relación erótica con versos de una intensidad elegíaca rara en él:

Pero la nostalgia de esta noche crecida
entre dos ríos breves, levemente impulsados,
es algo más que un fruncimiento
   de interpretación venturosa,
es un polvo que la noche
   propaga con manchas agrandadas,
o una arena incontenible que detiene
   tus paseos y tus últimas voces

al borde mismo de la noche extendida
de una boca a otra boca.

Sincero y sabio poema, que termina la suite de tres poemas que describen sendos momentos fundamentales de la experiencia amorosa: el imposible, la consumación y la nostalgia de la consumación después del desencuentro.

II SONETOS INFIELES

Desde su adolescencia Lezama decidió infligir la norma clásica en función de un estilo opulento, donde la fuerza de la imagen envuelve y subordina a los recursos de la medida y la rima, pero recreándolos, violándolos, con una suerte de voluptuosidad. La primera entrega cabal de este recurso se encuentra en esta sección de *Enemigo rumor*, y hay que fijarse que el poeta selecciona para comenzar y para titularla una referencia religiosa: los sonetos son infieles pero no ateos, mantienen un respeto por la norma, como si nos dijera que todos somos definitivamente infieles ante Dios y que no debemos hacer alarde ninguno de excesiva fidelidad a las normativas. Este concepto, derivado del dogma católico del pecado original, será uno de los caballos de batalla de Lezama, sin el cual no se puede entender ni la forma de su poesía ni su ética.

SONETOS A LA VIRGEN

Significativamente, los sonetos infieles se estrenan con los dedicados a la Santísima Virgen Madre de Dios, puesto que solo ella, aparte de Cristo —perfecto hombre, pero sobre todo perfecto Dios— ostenta, para católicos y ortodoxos, la condición de haber vivido sin pecado. Solo ella ha sido fiel: por ser, sin la condición divina de Cristo, únicamente un ser humano, es la única persona que ostenta el mérito de haber sido fiel siendo únicamente persona humana, por predestinación y obediencia. A la única fiel, se dirigen pues los sonetos infieles del poeta infiel, no menos ni más infiel que cualquiera de nosotros.

I. *Deípara, paridora de Dios,* es el epíteto con que Lezama, en un alarde clásico, abre la serie de sonetos. Incluso explica el epíteto, para saborearlo y para definir el sentido clásico que está en el fondo de las infidelidades aparentes que siguen. De inmediato se define la condición sin pecado de la Virgen, en la que se suaviza la ley del pecado original: *Suave / la giba del engañado para ser / tuvo que aislar el trigo del ave, / el ave de la flor, no ser del querer.* Cada recién nacido es un engañado por el acto del nacimiento en el horror del mundo, pero la sin pecado concebida ha tenido la misión de discernir, en lo que queremos, lo que no es: el pecado. Su función es la maternidad divina, dejando al mundo el resto: *El molino, Deípara, sea el que acabe / la malacrianza del ser que es el romper.* El mundo está bajo la acechanza del demonio, que es lo que debemos rechazar: *Retuércese la sombra, nadie alabe / la fealdad, giba o millón de su poder.* La maternidad divina es la creación suprema, que desde luego cómo va a intentarse por propia voluntad o capacidad: *Oye: tú no quieres crear sin ser medida.* Sí, porque la tal creación es máxima: se acepta una voluntad ajena y unos límites para la creación mayor. La disciplina del soneto, cualquier disciplina versal o estrófica, remite a la realidad y al recurso supremo de la obediencia de la Virgen. Es un acto de pureza: *la nieve en el bosque extendida.* La Virgen ha albergado en el tiempo la negación del tiempo, noble idea que no he encontrado en la teología: *Eternidad en el costado sentiste / pues dormías la estrella que gritaba.*

II. Variación sobre el tema de la pureza de la Virgen: *Sin romper el sello de la semejanza* con Dios, propia de todo hombre, María es un ser privilegiado en la pureza de la fe: *Oh fiel y sueño del cristal que pule / su rocío o el árbol de confianza*, y es asimismo la entidad contraria al Demonio: *reverso del Descreído pues si sube / su escala es caracol o malandanza, / pira gimiendo, palabra que huye.* Por el contrario, María está tan alto que incluso los ángeles la reverencian, no por sus méritos en sí, sino por ser la madre del Hijo de Dios: *ya que tú oíste a la luz causada / por el cordero que la luz descorre.* La Virgen obedece a la pureza y la propaga: *para ofrecer lo blanco a la nevada, / para extender la nieve que recorre.*

III. Este soneto no se dirige a la Virgen, sino que es una reflexión del poeta, que se debate entre la pureza y las asechanzas del mundo: *Cautivo enredo ronda tu costado, / pluma nevada hiriendo la garganta. / Breve trono y su instante destronado / tiemblan al silbo si suave se levanta.* El segundo cuarteto insiste en la angustia de esos peligros: *su aria sin sonido, su son deslavazado / maraña ilusa contra el viento anda.* Ni siquiera *el paredón del sueño* logra detener estas agresiones: *sombras buscan de-*

seado dueño. Sometido a la presión pagana del pecado, el poeta grita: *¿Y si al morir no nos acuden alas?*

IV. La duda tremenda de la muerte da paso entonces al último y celebradísimo soneto que cierra la suite. La Virgen aparece como intercesora ante Dios en el momento de la muerte, en lo que el poeta sigue la tradición católica del Ave María: *ruega por nosotros pecadores, ahora y en la hora de nuestra muerte.* En un acto de fe, el poeta afirma agónicamente, con ese *pero* que en aquella época no dejaba de ser una gestualidad: *Pero sí acudirás; allí te veo.* La Virgen lo convida a su creencia: *mi Paraíso y tu Verbo, el encarnado.* El Verbo encarnado es Cristo, y resulta atrevido —pero este atrevimiento de la fe es lo que da relieve y realidad al poema— que el poeta hable de *su* Paraíso personal, en equivalencia con el Verbo, Cristo, que a su vez atribuye a la Virgen, vehículo de la encarnación: participación gozosa de las cosas de Dios, por la fe: comunión de los santos. La vida terrenal aparece salvada de antemano por la operación continua de la fe: *En ramas de cerezo buen recreo, / o en cestillos de mimbre gobernado; / en tan despierto tránsito lo feo / se irá tornando en rostro del Amado.* Desde la fe todas las contradicciones y tentaciones serán disueltas en la esperanza: *El alfiler se bañará en la rosa, / sueño será el aroma y su sentido, / hastío el aire que al jinete mueve.* Mediante la Cruz la muerte ha quedado eliminada como fealdad o terror: *El árbol bajará dicción hermosa, / la muerte dejará de ser sonido.* La protección de la Virgen nos defiende en el momento de la muerte como paso a la vida eterna, y lo dice en un endecasílabo dos veces fiel: *Tu sombra hará la eternidad más breve.* Ciertamente, el poeta murió en pocas horas en un hospital habanero. Escribe María Zambrano a la viuda del poeta: *Su muerte así como me la relataste tan nítidamente, fue tránsito a imagen de la Virgen, del transitar de la luz* (*Correspondencia José Lezama Lima-María Zambrano, María Zambrano-María Luisa Bautista*, edición de Javier Fornieles, Editorial Espuela de Plata, Sevilla, 2006, pp. 241-242).

ORDENANZA DEL MARQUÉS DE ACAPULCO

En edad, flor o ciudad de pocos conocida: Acapulco es ciudad mexicana a orillas del Pacífico. Desde finales del siglo XVI hasta principios del XIX fue el puerto destinado en el virreinato de Nueva España para atender el comercio con el Asia Oriental. Por aquella época se le consideraba un lugar insalubre, caluroso y lluvioso: *pues por allí calzó el viento grave llama*, y de frecuentes terremotos (1799, 1837 y 1852). El único atractivo de la ciudad era la feria anual de los productos que venían del Oriente, China, India y Filipinas, y que motivaría el poema "El galeón", de Gastón Baquero, en 1979. Y aunque el marquesado actual de Acapulco fue otorgado en 1728, hubo un famoso marqués de igual título, a quien Baquero dedicó un soneto con estos créditos: *hombre que fue de guerras, muerto en Milán hacia los 1638 años del Señor, a los veinticinco de su edad, y en la bizarra flor de su hidalguía*. Y agrega una cita que no identifica: *Y cuando sintióse herido, ordenó que trajesen su instrumento, el violín, que sabía; y estúvose tocando en él hasta ser muerto*. Como precisa Baquero, este soneto fue publicado en los noventa en la revista *Credo* de Iván González

Cruz en La Habana, como proveniente de la papelería del archivo de Lezama Lima, quien debió conocer pues esta historia a través de Baquero (*Como un cirio dulcemente encendido*, Ediciones La Luz, Holguín, 2015, pp. 327 y 334).

Yo no veía y el Marqués sangraba / dulces secretos de invisible flora, / y es su desdoble en lo que pasaba. La orden de morir joven la había recibido el padre de Lezama, que se conduele del soldado violinista moribundo, y por su hidalguía le dedica este homenaje heroico: *Forrando su jazmín la muerte acrece. / Una mitad, la tierra inclina y llora. / Otra, en nueva cita inclina, y resplandece.*

COMIENZO DEL HUMO

Este soneto está referido a la castración de un panal, que se realiza ahumando el panal para neutralizar a las abejas mientras el obrero lo saquea. Algún conocimiento debió tener el poeta de esta operación, ya que señala el tiempo del año en que se efectúa: *Corolas del otoño el humo comenzando / alas y muertes si la mano empieza / a imponer cuidados, a doblar abejas, / abejas en pañuelo de agua dura.* Bellísimo verso este último, las abejas reunidas en la cera del panal. No soy apicultor y por lo tanto el segundo cuarteto me resulta oscuro: supongo que se trata de la puerta del panal, o las bandejas, acometido por las abejas perturbadas: *batiente / se apresura o se duerme tan furiosamente / que la espalda interpreta su plumaje.* El plumaje es la multitud de alas. La carne del panal aparece como *prendida escarcha que hacia el labio vuelve.* El operario comenta, trabaja, perjudica: *La frase vana vuelve y se concierta / al pañuelo herido si la abeja cruje.* La humareda ha tenido éxito, el operario está indemne: *El humo letargo del contorno, el labio reluciente.* El panal es exprimido para obtener de la cera la miel: *Oh, ya la nieve recobra las hilachas amarillas.* En realidad todo este esfuerzo humano es un poco vulgar, un tanto sucio y estúpido ante la majestad del sacrificio de los animales: *Y las manos ciñendo el aire impuro, el labio ciego, / las lunas olvidadas: inmóvil abeja cae.* Góngora estaría feliz con esta espléndida recreación de la realidad desde la poesía, que la invierte y la salva.

PRIMERA LUZ

Retorna el asunto de la experiencia poética, previa a la encarnación en el poema, que debe intentar asir ese fuego divino, sin lograrlo nunca: *Primera luz de una ceniza atarte.* Si en *Ah, que tú escapes,* se extiende el viento de la poesía como un gato que quiere dejarse acariciar, en este poema aparece como *fino aliento extendido como seda,* hedonismo preferible al esfuerzo de la escritura, *galopando al espejo donde recobrarte.* El poema escrito jamás competirá con la experiencia de la poesía, así que hay un derecho al rechazo: *Ultimo desdén que sus cenizas nieva.* Pero la experiencia puede olvidarse y perderse, lo que justifica al poema: *si frío el recuerdo escaso veda / el mínimo paladeo de nombrarte.* Se puede tener la esperanza de que una maestría de la encarnación en el poema rescate algo de la experiencia de la poesía: *La igual destreza de su entendimiento, / la madurez en su compás se vierte.* La poesía huye como serpiente:

Huraño reptil la cola del viento, y queda el poema magistral, resistente al soplo de la poesía que en él habita: *el guiño del diamante se divierte / sin destruirse en su incesante envío*, limitado y obstinado: *yerto en su luz de oscuro desafío.*

SU SUEÑO TOCA

Lo que no atrapa el poema tal vez lo logra el sueño. En Lezama el sueño suele ser voluptuoso, lo que le separa de la terribilidad onírica surrealista: *Traste de ámbar por su sueño toca / y tiene en dura corona regodeo.* El poeta oía en su infancia en la fortaleza de la Cabaña el toque de botasillas (no de botacillas, como aparece en todas las ediciones de la poesía lezamiana), que es el sonido de clarín que ordena a los soldados ensillar los corceles. El sueño reconstruye esa experiencia: *Botacillas, a lebrel y pájaro convoca / dulce verano de pinta y festoneo.* Montar a caballo es entonces la épica tarea del verano cubano, que es evocada y recreada con entusiasmo: *La hoja de oro, de tu cielo gota, / trocada en nuevo sueño deletreo.* El verano es una fiesta de vitalidad trascendente: *Por dondequiera, en hojas, tu albedrío, / hasta en el mar creciendo tu corona / y en cada hoja la estación de gloria / abre un castillo al ciervo del estío.* Pero más que experiencia actual, como en el caso de la experiencia poética, se trata del recuerdo de esa experiencia, en la hora del sueño de otro verano caliente: *Y el más celeste junio vuelve y perdona / llamas al viento, nieve a la memoria.*

MELODÍA

Si de experiencias se trata, regresamos igualmente a la del eros: *Melodía de la sombra penetra la dureza / de la piel acompañante y ya me pide / un anhelar pasivo que la incline / al borde níveo donde el aire empieza.* A diferencia de otros poemas de este tipo, el centro aquí está en esa pasividad del anhelo que volatiliza la pasión, sin borrarla del todo: *Dulce secreto la gaviota o ya se afine / la sombra que extendía la pereza / de la piel, negando que al irse se desligue / de la sonrisa en que muere su destreza.* No vale la pena esta tentación: *pluma y pleamar en piel que el aire olvida.* La voluntad se decide sabiamente por la negativa, de la que el soneto forma parte: *Frío dardo cayendo más afina / el humo hacia la flauta y olvido deseado.*

VUELTA DEL AIRE

Corolario del soneto anterior, en este el deseo rechazado o enfriado regresa por sus fueros: *Nuevo nácar recurva a nuevo frío.* El poeta se pregunta por la verdad de esa operación de enfriamiento: *¿Soplada torre la frente sube / desterrando al recuerdo en desvarío?* Pero la memoria del eros es *vagaroso doncel que restituye / cierzo al espejo y a la nube olvido.* Es un ciclo de rechazo y nueva insinuación: *lento / tumulto que rechina en la neblina.* Tal vez el rechazo empecinado lo fortalece: *Desterrado se afirma y más sediento / o el aire devuelve lo que afina.*

NO YA EL OTOÑO

La tentación erótica regresa con ese otoño que da paso a los poderes del invierno: *No ya el otoño sin cesar termina / al abrigo de un cielo en que no sigo / sino al alcance de rondar contigo / su frente que saltando inclina.* Es raro en Lezama ese *contigo*, que denuncia un destinatario, un interlocutor concreto. El clima es venturoso, como suelen ser en Cuba los vientos del norte a fin de año: *Doblado en surtidor de ángeles empina / el marfil de brisas al postigo.* Este frío modesto acusa el uso de guantes: *Amarillez de manos entre tibias sierpes,* que invita al beso: *por el aciago labio desleídas / todas las veces de su andar bruñido.* Presencia femenina que ha capturado al poeta: *rumor de abejas entre peines viertes: / el río de su sombra me ha perdido.*

ESPUELAS

Este soneto describe un ambiente de fiesta en entorno exquisito, tema que abundará en el poeta: *Espuelas y abejas flechan la alborada.* El entorno parece playero: *Muslos y conchitas desligaba / en la cárcel sin red de los delfines.* Es la época de Miramar, de la apertura de playas al oeste de La Habana. El segundo cuarteto resulta vespertino y alude a una pista de patinaje sobre hielo, otra novedad en la capital entonces: *Rezagos de la seda la tarde silbaba / demorados desvíos en confines / de suerte para el fresno si helaba / tizne en las plumas, fiesta en los patines.* Los dos tercetos ocurren en un lago o estanque: *Espejo impar intacto crecía / en la juncia sin garza de la orilla / que doble suma de bañistas encendía.* Finalmente aparece el poeta que mira y se mira, separado: *Grave sobre el borde de sí mismo extendido / en la carne del espejo rebrilla / ya dueño de su rostro, ya extendido.*

FÁCIL SUEÑO

En este soneto triunfa la imagen femenina que ha estado insinuándose en textos anteriores: una Preciosa: *Largos pájaros blancos en su mano enguantada / de nombres cabales y dobles hojas de miel. / Su peluca de algas, su cintura enastada.* Cuba siempre fue país del buen vestir, especialmente en las damas. Y esta dama se va y permanece: *En la sombra, lenta mana su latido. / En el sueño, define sus muslos enjaulados.* Pero el soneto, sin dejar de ser laudatorio, adopta una distanciadora ironía, hasta el punto del humor: *Oh qué zumbido se posa en mis oídos algodonados / cuando nos golpean sus nieves invitadas / a la pleamar hinchada de peces mantecados.* Este fácil sueño erótico termina en zumba: los peces se calientan: *Rompiéronla sin frío, extendidas dos nalgadas / entre Preciosa y su lebrel. Es el sueño, cansados / se tienden al agredir doncellas despreciadas.*

LLOVIDA

Continuando con el erotismo femenino, el primer cuarteto se diría que regresa al mito de Dánae, conquistada por una lluvia de oro jupiterina: *Llovida, anudada en metal.* Lo que sigue puede interpretarse como el acto de la entrega de una virgen, eso sí, anudada en metal, debidamente comprometida por el anillo que la hace esposa: *anudada en metal o cuitada / en el sereno confiar que la deshace, / va creando su primera y única mirada / —nieve su suerte—, muerte que complace.* Su suerte es pura, es creada como esposa y la muerte de su virginidad no es precisamente un disgusto. El segundo cuarteto insiste en la superación de la virginidad: *voz no le advierte ayer no dividida.* Pero la esposa es decente: *sonrojo la niebla en mano no escanciada.* En el juego de la posesión hay un viento *que persigue su aliento y no lo toca.* Pero claro, es solo una fase: *Si lo toca se apresura la rosa, en el fruto / y por cadalso en la ascensión ya brota / líquida forma, mas su ausencia culpo.* Versos que evocan el orgasmo y la eyaculación. Pero lo que salva al soneto de una condición exclusivamente parnasiana es esa frase enigmática: *su ausencia culpo,* en la que el poeta interviene. Desea esa esposa, ese juego.

BREVE SUEÑO

Tres veces encontramos el adjetivo *breve* en este soneto, excepcional en el grupo por la ausencia de versos largos; el carácter infiel se da en este caso por un decasílabo en el flujo de endecasílabos ejemplares y musicales: *Costumbre en ceniza meditada.* El poeta describe lo que ve en un sueño: *manso cielo, a mi gozo azul y juego,* poblado de aves incendiadas: *Ámbito ya sin fin de plumas ciego / y caído en cenizas, llamas vierte, / hasta el vestigio de una sola muerte, / y hasta lo dulce de tan breve fuego.* Pero esta visión tiene también un contenido erótico: *Frente nevada, mano aljofarada / son al destierro y a la cifra leve / puñados si de nube alcanforada, / risa o pecera, ejemplos de lo breve.* La brevedad es una llamada a la posesión total y fácil. El poeta ha hecho costumbre de ese sueño de posesión, que queda como ceniza meditada, *cuajada en extensión de trigo y nieve.*

PEZ NOCTURNO

Otro sueño, pero de opuesta significación. Si en *Breve sueño* las evocaciones femeninas son placenteras, en este el pez, símbolo fálico, genera una lucha, un disgusto: *La oscura lucha con el pez concluye; / su boca finge de la noche orilla.* Las agallas de ese pez no son recomendables: *caverna de luz amarilla / en coágulos de fango se zambulle.* Aunque tientan: *Frío el ojo del pez nos maravilla.* Lo que se ve desagrada: *Un temblor y la mirada extiende / su podredumbre.* Si en el soneto anterior hay un gozo en poseer los ejemplos de lo breve, aquí la aventura de la mirada y de la posesión adquieren unas connotaciones negativas: *lo que comprende / ligera aísla de lo que acapara.* Hay una oscuridad final, una confusión, una impotencia: *La espuma de su sueño no consigue / reconstruir la línea que saltara.*

AHORA QUE ESTOY

El poeta está fascinado con las sorpresas y lecciones que le da su mundo onírico, a diferencia de la trivialidad de la vigilia: *Ahora que estoy, golpeo, no me siento.* Busca unas verdades que se le dan mejor en el sueño: *empiezo falseando mi lamento, / concluyo durmiéndome en la herida.* No es que el poeta sea un hombre oscuro y enigmático, es que así es el universo, después del pecado original: *y no es mi herida, si la luz perdida / procura ironizar el firmamento / o se recuesta en la cometa huida.* El universo y sus accidentes, la materia y sus curiosidades, no interesan al poeta: *de la luna soporto la blandura / no su misterioso río de leche.* Se vuelve a la profundidad de su conciencia, liberada en el sueño, para obtener en la oscuridad la verdad que no va a darle la falsa luz de la vigilia y del ser: *Me aduermo, que la sombra fleche / lo que es mi ser y lo que está flechado, / golpe o bostezo, luz o sombra quemadura.* Por cierto, aunque así está en la edición príncipe, no puedo dejar de hacer otra lectura: *luz o sombra que madura.* Tal vez se trate de una errata no advertida por el autor y repetida desde entonces. O advertida y admitida.

CIFRA DE MUERTE

Entiendo este soneto como una evocación del martirio de San Sebastián, supliciado por las flechas: *Lo coronó con números la muerte / y amenazas de grieta la alborada / de la pluma.* El santo soporta la injuria y el sufrimiento: *En su infinito pedernal advierte / luz insolente, fuego que no es nada.* Está y no está en ese castigo, atento al paso hacia la vida eterna: *Una mitad desvela, y otra mitad (...) cambia sus caballos, viene de muy lejos.* Viene de Dios y va hacia Dios, esperando la muerte que viene de Dios para un portento: *pues de la nada, crujiendo, caerá / la flecha que viene más distante / y el rocío que sudan los espejos.*

ÚLTIMO DESEO

Puede entenderse como el deseo último de San Sebastián, que es el de todo cristiano: *De la fe que de la nada brota / y de la nada que en la fe hace espino, / ileso salto de mágica pelota / que paga en sangre el buen camino.* Versos casi transparentes para Lezama, indispensables para proclamar su fe, esa pelota infantil con que saltamos a la eternidad. La aventura de la fe incluye sin embargo la de esa sangre, la sensibilidad que en Sebastián fue el suplicio de su piel rasgada por las flechas, y que puede incluir también el goce mismo del mundo, del universo creado: *Y si rebota más, sólo nos toca / al desempedrar los bordes del destino, / la mágica epidermis que rebota / en el coral de un arenal divino.* Los tercetos expresan esa fascinación del mundo, en versos estupendos: *En el murmullo de pinos siderales / las nubes a bien medido engaño / del cuerpo, flor del viejo espacio.* El cielo que no muere hace llover sobre los hombres: *Previa al no ser envía sus cristales / a la ciudad de amanecer extraño, / y sigue hilando sus nubes muy despacio.* Si el último deseo del cristiano es la fe en la vida eterna, el universo cumple también un trabajo, una inspirada fe en el tiempo, y eso es admirable y ejemplar para los hombres.

A SANTA TERESA SACANDO UNOS IDOLILLOS

Continúa el tema de la fe, ahora remitida a la experiencia vital de Santa Teresa de Jesús, cuya *Vida* cita el poeta. Se trata del conocido pasaje en que la santa echa al río un ídolo que un sacerdote perturbado le diera para deshacerse de ese pecado: *Los ídolos de cobre sobre el río / pusiste en obra del amor llagado.* El poeta de la Imago tenía que atender al peligro del carácter idolátrico de las imágenes: incluso después de haber sido arrojado al río, parece como si el ídolo continuara para el poeta su desastrosa labor: *Navega el ídolo y no se cierra, / flor especial en noche eterna crece, / cerca al rocío, ángel de la tierra.* Obsérvese que el mal no está en la materialidad del ídolo, pues el rocío también lo es: y es al rocío a quien el ídolo acecha. Finalmente el ídolo es derrotado: *en enojos al barro se decrece.* Si la santa libera al pecador de su ídolo sin más que botarlo, el poeta ha seguido la trayectoria de la humillación de la imagen. Pero su conclusión es que hay que defender la fe en la realidad de Dios de manera inteligente, despierta, intensa, misional, porque hay siempre el riesgo de perderla, con o sin ídolos: *Sólo el fuego libera si se encierra / y sin buscar el fuego, palidece.*

INVISIBLE RUMOR

Después de esta excursión que va de la fe a la fe pasando por lo onírico y lo erótico, la segunda sección de *Enemigo rumor* cierra con los seis sonetos de la suite *Invisible rumor*, que conecta con los temas eróticos de la primera sección.

I. Abre con la descripción del sol y de un fruto solar, haciendo uso de una sintaxis libérrima: *Cuando en el cielo despojado asoma, / danzando en el abismo de la altura / que borra en el fruto la figura / que forman los sentidos de su aroma.* El sol cubano ilumina el fruto: *Ola deshecha y breve en la redoma, / iluso imperio de su mano impura, / despego, fuego domado, blancura / de un mar finito sus cenizas doma.* Pero no es la forma del fruto iluminado sino su olor lo que decide la necesidad de la captura: *Por el olor del fruto detenido / las manos elaboran un sentido / que reconstruye la sonrisa inerte.* Ese deseo de conquista es una traición, una locura: *Así la flecha sus silencios mueve, / ciega buscando en la extensión de nieve / su propia estela como fruto y muerte.*

II. El deseo de conquista es inevitable: *Flecha y distancia sueñan su rumor.* Lo que se desea es atractivo pero tiene también su precio: *luz medialuna de un nuevo dolor / que su silencio magistral nos veda.* La satisfacción del deseo hace *lenta la sombra del río burlador / del cielo que en propia muerte nieva, / embriaguez del propio escanciador*: quedamos atrapados en la sensualidad desbordante del mundo, todo el tiempo tentados de mala manera: *No es lo que pasa y que sin voz resuena. / No es lo que cae sin trampa y sin figura.* Se excluye la tentación suave o involuntaria; lo que atormenta al poeta es la tentación que se espera, que se cultiva: *lo que cae atrás, a propia sombra.* Es esa intensidad de la tentación lo que le turba con su fealdad, y por eso a diferencia de los hipócritas la confiesa con honradez: *El pecado sin culpa, eterna pena / que acompaña y desluce la amargura / de lo que cae, pero que nadie nombra.*

III. Los sonetos anteriores esbozan el tema erótico en la imagen del fruto, pero en este ya se hace explícito: *Como el amor si el tiempo lo detiene / apresura su sueño en dulce espera, / o cumpliendo su fruto solo viene / a su forma, y de nuevo desespera.* Obsérvese que la forma del fruto, el atractivo convertido en destino único conduce a una insatisfacción que ciega, hasta el punto de no advertir el signo de que se le niegue lo que se desea erróneamente: *Indiferente al signo adviene / aunque incesante sus deseos ardiera, / pues cuando ya el fuego le enajene, / danza en la sombra, desapareciera.* Ese fruto culpable le ha turbado: *Oh tú impedido, sombra sobre el muro, / sólo contemplas roto mi silencio / y la confusa flora de mi desarmonía.* Aunque no le ha vencido, porque sabe de su inutilidad, de su demencia: *Yerto rumor si la unidad maduro, / nuevo rumor sin fin sólo presencio / lo que en oscuros jirones desafía.*

IV. Negarse a la baratura de la tentación no es tan fácil, puede convertirse en una pelea: *Desdicha de la luz la voz se alzaba / embistiendo mi escasa negativa, / que cuando más el ceño se negaba, / más huellas de la oscura fugitiva.* La voz tiene un poder especial, parecida al aroma del fruto: *la voz, potencia muy unitiva, / en el fuego también está sumada.* La tentación es múltiple: *Curvas voces y sumadas, vocerío.* Pero frente a este ruido hay una música constante que imanta al poeta, el enemigo rumor que le conserva en el bien: *Que cuanto más las voces se destruyen, / ondas de vihuelas restituyen / y el extraño silbo se mantiene.*

V. La cautela del bien que le permite al poeta esquivar la promiscuidad, al mismo tiempo le azora, le hastía: *Si con tus cautelas sólo muerte / logras ver la confusión de tu ser, / ya que perdida forma, queda inerte / la nada: medusa, cero su poder.* en ese hastío el poeta solo encuentra *la confusión vacía del acaecer.* Sabiduría sin sangre que tampoco le entusiasma: *Ilusa cisterna del entendimiento: / linfa es la forma que no fluye / discurso que misterioso restituye.* El mundo sigue presentando sus atractivos: *Otoño en dulces pasos prevalece / en ese mundo que no suma ni decrece / la embriaguez viciosa del conocimiento.*

VI. Y bien, aquí está la tentación con su poder de ilusión: *Cubre de nieve solícita figura / que alada medianoche esplende. / Negro festón, granada que se tiende, / como un astro en su fría luz impura.* Una brillante cabeza pelirroja: *Cansado el aire su esbeltez procura / en el cobre del halo que desprende, / pues si cáñamo de cobre es atadura, / la cabellera como cordel extiende.* Pero lo que sigue es ya un comentario irónico: *Calza la sombra en la figura, dormía / más allá de los brazos, atanor / el aliento, las nubes, las pisadas.* Pero esta cañería de atractivos no impide el juicio moral, el rechazo: *ya que con luz violada desafía / el sonido miniado en las nevadas / y el rostro huido en frío rumor.* El rumor invisible del alma del poeta se vuelve helado, huye de la ocasión sexual precaria.

III ÚNICO RUMOR

FIESTA CALLADA

El humor, ya se sabe, recorre toda la obra lezamiana: distingue a este poema el carácter lúdico, juguetón de su humorismo, que va hilando imágenes risueñas, de un delicado absurdo, de una ironía que enfrenta las tentaciones del esteticismo sin dejar de participar de ellas: el poeta puede hacer de su imaginación una fiesta, complacerse una y otra vez en su juego: de ahí que el poema conste de tres partes que en realidad son muy parecidas en su mecanismo. *Es el secreto poner dos dedos en la bola de cristal:* con esta sugerencia de espiritismo van apareciendo los personajes y situaciones, incluso dentro de una disciplina cómica: *La ordenación o clasificación impensada: / hacen escuadras los delfines, / las pamelas tropiezan en las puertas del cine / y los cisnes se han esclavizado voluntariamente para ofrecer un simulacro de espumas.* Hay algo dichosamente infantil en este juego, como en todos los juegos: *el sabio saludaba con una gran mariposa blanca.* La segunda parte nos aclara la condición profunda de esta actividad lúdica: *El que juega pierde, el que no duerme esperando nueve meses / también pierde,* pues ni siquiera el nacimiento detiene la realidad del juego como equivalencia del ser: se juega por que se es, y se pierde porque lo que importa es el juego, en el que se alcanzan todas las ilusiones: *seguirán hablando de la elegancia y de la fuerza, / de las fresas robadas y de la mano guardada / en la urna de la categoría sensible.* Este ambiente risueño contiene sin embargo momentos de misteriosa profundidad, como el de las doncellas que *se llegarán a oprimir en las puertas,* si ya no miden el tiempo con el reloj de arena *por los pasos que formarán el sentido / de creer que la unidad mojada en vino sanguinoso / surgía de Nemósine,* como si el recuerdo permitiera recuperar la integridad del vivir. De inmediato Lezama dispara un verso delicioso e inesperado: *El trampolín es eficaz y puede ser vistoso.* Lo incondicionado irrumpe con gracia: *El día de la lluvia en las arpas engendra las cabelleras.* Hay también referentes eróticos: *El agua que caía dentro del anillo robado / buscaba una playa de muslos*; pero el final de esta segunda parte privilegia el disparate hilarante: *Los pajes, los comunistas y los sultanes / han desfilado provocando la inclinación de las banderas y el voceo de los periódicos,* que no deja de contener un sarcasmo contra las obediencias de la para nada juguetona realidad. La tercera parte insiste en el festival de imágenes, otra vez con un sentido metafísico explícito: *como las abejas que recorren las estatuas / y saben que tienen que ir a morir a un biombo. / Su juego de abstracción aislará la rosa de la terraza, / hundirá al ruiseñor en trapos morados* de cuaresma. El festival de la imaginación es infinito, es casi el infinito presente: *Ya no hay más que empezar a contar para sentir la alegría final, / si empieza con un paseo acaba con una medición.* La fiesta callada de la imago puede combatir al tiempo con sus bondades exquisitas: *Como si se separara un día de otro / —dócil jardín y el reposo del agua, / preclaro pecho de bocina y de miel—*, por lo que el poeta vive en un estado de bienaventuranza: *se acuesta su trabajo en el cielo / para establecer definitivamente el campamento de los cisnes.* Precioso poema lúdico, al nivel de los juegos surrealistas del corto cinematográfico *El castillo de los dados* de Man Ray.

CUERPO, CABALLOS I

El título propone ya la singularidad del jinete sobre la pluralidad de los caballos. Definidamente se trata de corceles varones, que incluso van a tener nombres estrambóticos y sarcásticos: Ritra y Dicoglioneonorester. Estamos de regreso en la temática erótica. El poema comienza situando el *cuándo*, la circunstancia en que es necesario o deseable montar estos caballos: *el chorro de la respiración, entre una escala de voces amansadas, / iba a fijarse en el centro del cuerpo glorioso*. La coyuntura tiene pinta de clandestinidad: *la oscuridad se paseaba sigilosamente / por el cuerpo verde de los árboles y por el cuerpo blanco de los hombres*. En esta situación aparece entonces un cuerpo fosforado y dorado que provoca unas lamentaciones: *Ay, ay, y este cuerpo / extendido en el aire, olvidado de ti, vendrá cayendo de los planetas / más dormidos hasta el fondo rapidísimo, verdinegro del estanque sin recuerdos, / sin acariciable cuerpo que detenga el mustio oleaje de tus suspiros*: y los versículos van cayendo en una ola elegíaca, como si estuvieran *aprisionando el cuello de un caballo enterrado, intocable*. Esta imposibilidad es contrastada con el sarcasmo de los supuestos corceles que realmente se le ofrecen: *El caballo Ritra o Dicoglionenorester huele mis manos tan lentamente / y la respiración subterránea rebota contra el más antiguo de mis cuerpos*.

CUERPO, CABALLOS II

Aunque el poema privilegia a los corceles, en este texto se agregan los insectos, animales también frecuentes en el poeta.: *El insecto que chilla contra los dientes cuando se agita el Macareuptóptero / y el caballo Ritra está dispuesto a taladrar el fuego, / a seguir los pasos del hombre ciego.* Este Macareuptóptero puede ser el personaje invidente, dotado de espejuelos: *la mariposa cuyo centro está en la nariz.* Hay una atmósfera de subido erotismo: *Los dientes mascando los insectos / y los insectos que quieren ser aplastados por los dientes.* El sarcasmo resulta tácito: *La amistad del Macareuptóptero y el caballo Ritra.* Pero el poeta describe al invidente compasivamente: *la fijeza de las miradas / del hombre obligado a caminar el mismo corredor.* El ciego no ve al Ritra, de manera que su sensualidad es por otros sentidos: *Se te quemaron las manos*, dice el poeta. ¿Se trata de un alter ego, o una metáfora de la relación sexual culpable por mediocre?: *No tenemos agua ni ganas de olvidar. / Ni ganas de amar si el aire no es agradable. / Si no es agradable la mirada del gato incendiado.* Las seducciones paran en insatisfacción y soledad: *La rosa en su charolada simetría de metal nuevo muy despierto, / mientras la linterna se arrastra por el desierto.* El poeta se confiesa entonces en esta circunstancia: *Ya tengo el río entre mis dos manos / y veo la linterna sobre el detalle de mi cuerpo / sobre el caballo Ritra, sobre cada uno de mis movimientos heridos.* La experiencia tiene rendimientos muy escasos: *El ojo verde de la linterna sigue buscando por el desierto / y mi sien apoyada en la hoja verde se duerme dentro del río.* Se puede todo esto, pero y qué:

nadie ha dicho que la hoja verde sea una concha. / Nadie ha dicho que el pez se emocione. / Nadie ha dicho que la concha sea una hoja verde.

AISLADA ÓPERA

De regreso en la temática de la fiesta callada, que ahora se devela como ópera solitaria, con un tono de risueña melancolía y de humor extravagante: dieciséis cuartetos versiculares y un quinteto (que puede ser un cuarteto con un verso aislado final, probable errata mantenida en las ediciones), que definen un afán de orden extenso y cansado: *Las óperas para siempre sonreirán en las azoteas / entre las muertas noches sin olvidos marinos. / En la aldea de techos bajos los gamos amanecen cantando, / como niños profusos que vuelan por los recuerdos.* Niños de ese tipo, *un mercado de matemáticos japoneses*, un *atardecer que palidece ante una colección de fresas*, formulaciones hilarantes que expresan, según la cita de Valéry, *el claro tedio de mirar el matiz* de las imágenes. En esta nueva fiesta de las imágenes el erotismo domina pero mediante un humorismo controlado: *Recordado tapiz, enjoyado por los donceles madrugadores, / saltando entre banderas con la cara quemada de los bandoleros, / con los guitarreros que le llevan agua a los caballos / y con las dormidas anémonas falsas de la mujer despreciada.* Las estancias se suceden con imágenes de brillantez deliciosa: *Para qué poner las manos en el estanque si existen las heridas de mármol, / si existen los años que se tienden como el morir del marfil en los pianos.* El poeta es capaz de ironizar hasta la zumba la angustia erótica que acaba de presentar: *Para qué redondear la nieve de los brazos de la ruina moral / si los corales tiernos han de acudir a la cita de las cuchilladas.* El poeta se vivencia como un refinado clown: *En un solo pie, despierto en ruidos postreros de vuelos entornados, / quedaré en una gruta recorriendo la precisión de las tarjetas polares.* Eso le permite regresar al eros con la gracia del ridículo: *Un momento de siglos que tardaré en desnudarme, / en quedarme hasta oír los pasos que van a romper el cántaro. / Quedaré entre el tálamo y el ruido del arco.* En esta coyuntura ambigua se inserta finalmente una nota de dolor, lo que compensa los chistes anteriores y los dignifica: *Una amapola sangra las manos al coger un insecto / entornado en el hueco que han dejado los recuerdos.* Pero de nuevo regresa el humor que ironiza el sufrimiento: *Si el surtidor se aísla y las amapolas ruedan, / los niños con el costado hundido continuarán rompiendo todos los clavicordios.* Se interrumpe entonces la serie de cuartetos para esta desolada, divertida interrogación, que coloca al personaje en una luneta del teatro de la ópera: *¿Para qué habré venido esta noche?*

DOBLE DESLIZ, SEDIENTO

Como no hay ningún elemento en el poema que nos permita entender el vocablo *desliz* con el sentido de acción y efecto de deslizarse, en principio hay que entenderlo con el de desacierto, indiscreción involuntaria, flaqueza en sentido moral, con especial referencia a las relaciones sexuales, que es la segunda acepción oficial. El poeta comienza refiriendo un desliz *que comprende su figura /*

en nuevo centro y en esfera nueva. ¿Cambio de la orientación sexual? Este doble desliz que acomete sediento *mueve en las paredes sus números / de recuerdo eficaz y bienvenido.* Pero más allá de estas memorias está el sufrimiento de una inocencia violada por las fantasías del eros: *Después del cordero sin preguntas, / recién nacido en amansada plata, / los reinos del carbón, los vaporosos / paraísos sin proporción y sin justicia.* Esas fantasías son como el relámpago: *el ser inminente que penetra / en la nube central, cuerpo de almendra: / celeste dignidad del fuego en fuga.* El poeta sin embargo quiere huir de las ilusiones del erotismo en busca de otras más satisfactorias: *Yo me escapaba de esa tierra hinchada, / sediento Marco Polo entre carbunclos, / aseguraba el confín del sueño vago.* Pero en esas compensaciones digamos más líricas se cuela también el pecado: *Allí en las flautas, la nueva maldición / y la nueva ciudad del cuerpo airado, / los puentes oscuros, donde animales de canela / rompen en la noche colecciones de porcelana.* Este rodeo le deja más expuesto a la agresión del deseo: *extensa columna de fuego estremecido, / retrocede, hínchate, solloza el balbuceo, / te clama la ternura del agua y sus guirnaldas.* No son esos animales ambiguos los que encuentra en las aguas, sino unas ninfas que dicen este soberbio cántico erótico que el poeta pone en itálicas:

> *defíneme, no es en mis pasos, es en mi estatua*
> *donde el tiempo me muerde y así en las arenas*
> *que caen de mis manos está el tiempo mejor,*
> *único tiempo creador sin su par*
> *y no el costado*

sangrando hasta el ocaso, sino la frente:
estatua del ciempiés y un solo centro.

La mujer se constituye en ese centro nuevo que es el resultado de un desliz sediento. Su cuerpo es estatua del ciempiés, una fascinación para ser recorrida cien veces. El amor de la mujer es el tiempo mejor, redimido del sufrimiento. Pareciera que es el fin del poema pero no, la última estrofa hace compleja y rica la experiencia en él tratada: *La caballería hace un remolino / y se inclinan a vista de las aguas no tocadas / la luna y el insecto y caballero.* La referencia al *Cántico* de San Juan es explícita, las pasiones retroceden: *Lo que cae, errante hasta su centro.* La luna señala dichosamente *las hojas del almendro en la frente de los enamorados.* Pero el poeta no participa de esa dimensión, está desterrado de ella: *Las hojas pintadas por los címbalos del destierro / fabrican la arena y mueven la lluvia.* Tiempo difícil el de aquel que, sediento, se desliza, o sufre un desliz, de un centro sexual al otro.

SAN JUAN DE PATMOS ANTE LA PUERTA LATINA

Una de las mayores sorpresas de *Enemigo rumor* es la inclusión de este poema, que difiere formal y conceptualmente de todos los otros, y que aun así se suma al flujo de poesía mayor que los recorre. Siguiendo la línea de las odas católicas de Paul Claudel, en estos versículos Lezama adopta por primera vez en su obra un estilo llano, lejos de cualquier hermetismo. El tema lo exige, ya que se trata de celebrar a uno de los mayores mártires cristianos, San Juan Evangelista, discípulo preferido de Cristo, autor en la isla de Patmos del *Apocalipsis*. En la Edad Media fueron tradición estos himnos apologéticos dedicados a los mártires, y Claudel no hace sino actualizar, con gran éxito, esa línea, que Lezama recoge y prolonga. Es tal vez el único poema explícitamente religioso de Lezama, y sorprende por su autenticidad, por la intensidad con que el poeta recrea la leyenda del santo. Este poeta de todos los recursos nos demuestra que puede pasarse al otro extremo del estilo y seguir creando al nivel más alto con unos recursos clásicos de sencillez y transparencia. Cuando adopte el desenfado coloquial en su vejez, estará continuando este abuso.

Lezama comienza caracterizando al apóstol, hombre de viaje por las islas griegas: *Su salvación es marina, su verdad de tierra, de agua y de fuego*. Pero es el fuego lo que le prueba: los romanos le meten en una caldera con aceite hirviendo: *Roma no se rinde con facilidad, ni recibe por el lado del mar: / su prueba es de aceite, el aceite que mastica las verdades*. Pero el apóstol permanece en su fe y asombrosamente sobrevive. Antes han intentado rendirle: *El calabozo no es una terrible lección, / sino la contemplación de las formas del Crucificado*. Lezama entiende que San Juan no ha vencido al aceite, lo que sería soberbia, sino que hizo amistad con él: *Se ha amigado con el agua, se ha transfundido en la amistad omnicomprensiva*. Y es ese testimonio de amor universal lo que constituye una victoria sobre el mal, lo que funda la Iglesia: Lezama pone estas palabras en boca del evangelista: *Allí donde me amisté con el aceite hirviendo, id y construid una pequeña iglesia católica*. El poema se extiende luego en la polémica del santo con los romanos: *El martirio levantando cada pequeña iglesia católica,*

/ pero ellos seguían: pruebas, pruebas. La mente del poeta y todo su concepto del mundo y de la poesía es abiertamente no racionalista, pero obsérvese que lo que se privilegia aquí no es una forma de pensar o concebir el mundo, sino el martirio. El poema concluye vinculando al apóstol con un tema caro al poeta: la filialidad. La madre del apóstol ha muerto: *Las pesadillas de la madre insepulta, / escondida en una caverna, no corroen su visión admirable.* El amor divino predomina en el apóstol sobre el filial, pero no lo elimina: *La nube que trajo a San Juan se va extendiendo por la caverna, / como el órgano que impulsa las nuevas formas del Crucificado.* La caverna es la madre, metáfora de la Iglesia. El poeta deja a la humildad del apóstol la gracia final: *San Juan no tiembla, apenas mira, pero dice: / Haced en este sitio una pequeña iglesia católica.*

SUMA DE SECRETOS

Este poema precede a *Noche insular, jardines invisibles* y en él actúan los mismos personajes sensuales y ridículos, aunque todavía no demoníacos: *Pisa Rocío y el Deseo Pálido / en la morada de los dioses líquidos / y de las nubes sueltas / por entre la carne de dulces animales / mortecinos.* El ambiente es igualmente marino: *Penetrador rebaño el mar colmado / —ciñe celeste, abraza cadencioso—, / extiende por las rocas tersas tribus / movientes al ocaso de nieve.* El poema se regodea en la descripción del mar, sus eventos y sus habitantes. Cerca del final se esboza una presencia erótica: *El mismo estribillo de diamante / muestra el mismo cuello con la misma nieve.* Y de inmediato interviene una dimensión mayor: *Siento a la muerte y a sus furias suaves / tocar el aire y extender las formas.* Pero el paisaje, el amor de las cosas creadas puede enfrentar la muerte: *Y la tierra y el mar lentos creciendo / en cúpula y sonidos implacables. / Y prolongar las formas que la burlan / en medio de la negada nieve eternizada.* Como se verá, estas propuestas van a ser modificadas en el poema que sigue. Se trata de un primer enfrentamiento con el tema, que es válido en sí mismo y que enriquece la lectura del poema mayor.

NOCHE INSULAR, JARDINES INVISIBLES

Este poema extraordinario se incluye por supuesto entre lo más estudiado del poeta. *Nacer es aquí una fiesta innombrable,* el famoso verso por el que es tan conocido, puede y debe leerse como una celebración de la cubanía, pero también en un sentido amplio, como el milagro de la Navidad del Ser, que es una constante en el pensamiento de Lezama. Ahora bien, el poema se aparta de un elogio trascendental a lo Saint John Perse. Por el contrario, dramatiza esa fiesta agónica que es el nacer y habitar en el ser, la pelea entre la luz de la noche y los jardines invisibles del pecado. El poema comienza con un *desobediente son*, una música que esparce *su dulce acometida* contra *el tiempo enemistado.* Se ha interpretado esa música como la de la poesía misma, pero ese son puede ser también luz o color: *Su vago verde gira / en la estación más breve del rocío.* Este son desobediente, esta música negativa del ser es enfrentada por el ser: *El mundo suave despereza / su casta acometida.* La acometida que era dulce ahora es casta, pero lo que sigue de inmediato apunta en la dirección opuesta: *y los hombres contados y furiosos, / como animales de unidad ruinosa, / dulcemente peinados, sobre nubes.* El son desobediente del ser es uno, pero las unidades que habitan ese ser están en ruinas. Son *números hinchados.* ¿Qué hincha a estos números? El fuego del deseo, que nos hace frágiles: *Lenta y maestra la ventana al fuego, / en la extensión más ciega del imperio, / vuelve tocando el sigiloso juego / del arenado timbre de las jarras.* Pero el poeta comenta, con una primera intervención moral: *No podrá hinchar a las campanas / la rica tela de su pesadumbre,* y denuncia su dificultad: *su duro tesón, tienda / con los grotescos signos del destierro.* Todo eso que se ofrece al deseo es la venta de los artículos del destierro de Dios, aunque sus formas tentadoras insisten, y el poeta las reúne en todo su poder en el poema, *ironizando sus préstamos de gloria.*

Comienza entonces por describir el paisaje nocturno y marino, presidido por la luna: *El halcón que el agua no acorrala, / extiende su amarillo helado.* El satélite viaja por un cosmos señalado con impresionantes palabras: *Su rumor nadando por el techo / de la mansión siniestra agujereada.* Escenario imprescindible para el drama que se inicia: *Mudo, cerrado huerto / donde la cifra empieza el desvarío.* El número, la cantidad, la cifra, los anillos y fragmentos, el elenco interminable de tentaciones que actúan sin embargo en una realidad finita y que nos alejan del infinito. El poeta se atreve entonces a una extraña invocación: *Oh cautelosa, diosa mía del mar,* a la que pide que llueva *en todas las grutas tus silencios,* intentando detener los dolores inevitables *en vuestros mundos de pasión alterada.* Pero no, sobrevienen los insectos, los *donceles de rencor apagado*, el marfil, el gamo, el agua, el humo. *Joven amargo, oh cautelosa,* parece definirse el poeta, *en tus jardines de humedad conocida / trocado en ciervo el joven / que de noche arrancaba las flores / con sus balanzas para el agua nocturna.* Este cambio de condición le envuelve de una frialdad frágil: *Escarcha envolvente su gemido.* Sin transición entra entonces la figura del demonio: *Tú, el seductor, airado can / de liviana llama entretejido, / perro de llamas y maldito, / entre rocas nevadas y frentes de desazón / verdinegra, suavemente paseando.* Este seductor interviene con habilidad y trastorna: *Tocando en lentas gotas dulces / la piel deshecha en remolinos humeantes.* Se interrumpe abruptamente la estrofa para dar paso al antagonista: *Brevedad de esta luz, delicadeza suma.* Pero aun bajo esta luz *los jardines y su gravedad de húmeda orquesta / respiran con el plumón de viajeros pintados,* y continúa la tentación: *el débil ruiseñor hilando los carbunclos / de la entreabierta siesta / y el parado río de la muerte.*

Es entonces que el cambio de estrofa propone como contraste el verso famoso: *La mar violeta añora el nacimiento de los dioses*, lamenta la pérdida de ese nacer divino múltiple, *ya que nacer es aquí una fiesta innombrable, / un redoble de cortejos y tritones reinando.* Obsérvese que se trata siempre del número, de la multiplicidad del ser, que en este verso parece celebrada por el adjetivo innombrable, aunque tengamos en cuenta que el vocablo solo significa que no se debe o no se puede nombrar: por el número enorme, o por otras razones. Y esto es lo que sigue: *pintados efebos en su lejano ruido, / ángeles mustios tras sus flautas, / brevemente sonando sus cadenas.* El poeta los nombra para condenarlos, hasta el punto de incluir la hermosura tentadora del mundo: *Vivid y recordad como los viajeros pintados, / ciudades giratorias, líquidos jardines verdinegros, / mar envolvente, violeta, luz apresada / delicadeza suma, aire gracioso, ligero, / como los animales de sueño irreemplazable.* La condena es tan fuerte como para ironizar él mismo esos *préstamos de gloria* que finge la sensualidad del universo: *¿o acaso como angélico jinete de la luz / prefieres habitar el canto desprendido / de la nube increada nadando en el espejo, / o del invisible rostro que mora entre el peine y el lago?*

Sí, es mucha la seducción. Incluso después de la condena y la ironía, el poeta insiste: *La luz grata, / penetradora de los cuerpos bruñidos, / cristal que el fuego fortalece, / envía sus agradables sumas de rocío. / En esos mundos blandos el hombre despereza.* Ya la participación en esos disfrutes puede dar otros rendimientos: *Pero la última noche venerable / guardaba al pez arrastrado, su agonía / de agujas carmesíes, / como marinero de blandas cenizas / y altivez rosada.* Hay una lucha continua entre la experiencia negativa de la sensualidad y la presencia tentadora en la luz: *Jardines de laca limitados / por el cielo que pinta / lo que la mano dulcemente borra. / Noble medida del tiempo acariciado.* No hay dudas de que el poeta conoce estas realidades: *En su son durmiente las horas revolaban / y palomas y arenas lo cubrían.* La última estrofa se inicia también con la constatación de los atractivos del mundo, ejemplificados en el mar bajo la luna: *Una caricia de ese eterno musgo, / mansas caderas de ese suave oleaje, / el planeta lejano las gobierna / con su aliento de plata acompañante.* Se diría que regresamos al principio, pero en forma inopinada, súbita, entra *ex machina* una solución: *Iníciense los címbalos y ahuyen-*

tan / oscuros animales de frente lloviznada; / a la noche mintiendo inexpresiva / groseros animales sentados en la piedra, / robustos candelabros y cuernos / de culpable metal y son huido. Sí, es el mismo desobediente son del comienzo: *El verdeoro de las flautas rompe / entretejidos antílopes de nieve corpulenta / y abreviados pasos que a la nube atormentan.* Porque no es una música trascendental la que produce esta liberación, es curiosamente ese mismo son pagano, rebelde, el que paradójicamente libera: es un exorcismo por la experiencia del mundo, no por su negación a priori: *¿Puede acaso el granizo armándose / en el sueño, siguiendo sus heridas / preguntar en la nube o el rostro?* La respuesta del poeta es optimista: *Dance la luz reconciliando / al hombre con sus dioses desdeñosos.* En este poema pagano escrito por un hombre que se define como católico, la última palabra está dada por la luz del mundo como símbolo del orden universal, donde todo tiene su sitio, incluso el mal, y todo está previsto y bien: el hombre del mundo y la luz del mundo coinciden: *Ambos sonrientes, diciendo / los vencimientos de la muerte universal / y la calidad tranquila de la luz.*

UN PUENTE, UN GRAN PUENTE

Concluye *Enemigo rumor* con esta coda enérgica en la que confluyen los temas del libro como lo que son: variaciones de una poesía de la experiencia y de la trascendencia. Este *gran puente que no se le ve, / pero que anda sobre su propia obra manuscrita,* es el símbolo que estructura la experiencia humana sobre la aspiración a trascender esa experiencia. El puente sirve para pasar al otro lado, pero el asunto es cómo se pasa. No a dónde, porque el poeta se confiesa como cristiano católico, y ya ha dejado claro cuál es su posición ante la muerte. El poema no pretende cuestionar la trascendencia ni la experiencia, sino mostrar la realidad de la experiencia sobre la de la trascendencia, tal como la ha recibido. En ella la tragedia del eros es central, y comienza planteándola con una sinceridad desenfadada: *su propia desconfianza de poderse apropiar / de las sombrillas de las mujeres embarazadas.* Por otro lado, si en *Noche insular...* Lezama había descrito un universo pagano sin más sanción que la del equilibrio de la luz y el hombre, aquí, enfrentado al tema de la trascendencia, lo descalifica, incluso usando el mismo paisaje marino y mitológico: *las olas son tan artificiales como el bostezo de Dios, / como el juego de los dioses, / como* (…) *animales que pasan / por el puente...* Este pasar es lo que importa: *pues, sabed, los jueves, los puentes / se entretienen en pasar a los reyes destronados.* La figura del rey destronado centra el poema, siguiendo la idea cristiana del paraíso perdido y el pecado original. La otra figura es la del tiburón de plata, que simboliza el eros silencioso y torturado del poeta:

Pero las espaldas del gran puente no pueden
oír lo que yo digo:
que yo nunca pude tener hambre,
porque desde que me quedé ciego
he puesto en el centro de la alcoba
un gran tiburón de plata,
al que arranco minuciosamente fragmentos
que moldeo en forma de flauta
que la lluvia divierte, define y acorrala.

Honesta, terrible declaración. Todavía insiste en que *es posible que sólo el hambre y el celo / puedan reemplazar al gran tiburón de plata.* También las flautas, el desvío hacia el arte de las realidades del eros, se convierte en sarcasmo: *pues los chivos de regia estirpe helénica / mostraron en la última exposición internacional / su colección de flautas.* El hambre y el celo actúan hasta el consumo de la prostitución: *el peligro de la saliva trocada en marisco barnizado / por el ácido de los besos indisculpables / que la mañana resbala a nuevo monedero.* Esto es ya grave para los fines del trascender, y por eso el poeta ve al puente girar, es decir, llevar los pasos hacia atrás: *¿Acaso el puente al girar sólo envuelve / al muérdago de mansedumbre olivácea, / o al torno de giba y violín arañado / que raspa el costado del puente goteando?* No, esa no es la actitud del poeta, que no es jorobado ni artista errático de sí mismo: *Y ni la gota matinal puede trocar / la carne rosada del memorioso molusco / en la aspillera dental del marisco barnizado.* Pero el sufrimiento del eros no se extingue, en las variantes más insospechadas: *el sueño le embiste blanda la carne / y el extremo de lunas no esperadas suena hasta el fin de las sirenas / que escurren su nueva inclinación costillera.* Las aguas hirvientes o congeladas de la experiencia del poeta *rebotan contra la última pared defensiva / y raptan la testa y la única voz / vuelve a pasar el puente*: porque no se trata de un único pasar de estilo romántico hacia la vida eterna, sino de la idea del trascender, que es permanente y no puede acabarse nunca, que en realidad nos mantiene como dormidos a las realidades divinas: *como el rey ciego / que ignora que ha sido destronado / y muere cosido suavemente a la fidelidad nocturna.* Nótese que si el poema pagano *Noche insular*... terminaba con la calidad tranquila de la luz, este poema final, y por lo tanto el libro, cierra con la oscuridad intranquila, dramática, del engaño y la muerte en el sueño de la trascendencia. Sí, el rumor es enemigo. Salvo el *Llamado del deseoso,* la poesía lezamiana no tendrá unas amarguras tan explícitas ni unos giros tan calientes. El libro se cierra precisamente con un acto de profundidad y sinceridad que coloca todas las piezas que lo integran en una dimensión sublime de intensidad y verdad.

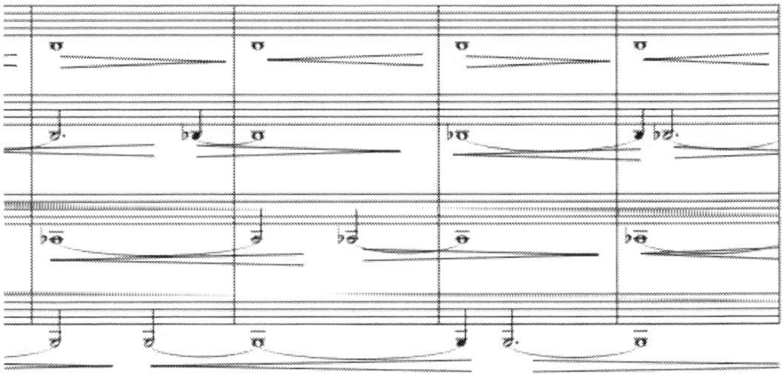

AVENTURAS SIGILOSAS (1935)

Aventuras sigilosas es un libro de tremenda originalidad en su estructura. Un texto inicial en prosa enlaza los poemas como si fuesen arias de una ópera, o un tema con variaciones. La edición príncipe llevaba el subtítulo de *Poema*, que fue eliminado en las siguientes: en efecto, se trata de un poema-libro, género raro en Cuba, y tal vez esa fuera la causa de que el subtítulo desapareciera. Se cita poco este libro como libro, incluso hoy. Para mí, la organicidad de estos poemas como un flujo narrativo y de sentido constituye uno de sus méritos mayores. En *Dador* volveremos a encontrar un texto en prosa narrativo o escénico encabezando el libro, pero no tendrá esa condición de guion o libreto que *ilustra* los poemas y al mismo tiempo queda iluminado por ellos. Pues ese texto inicial es un poderoso poema en prosa. Lezama necesitaba esa narración delirante, medio sardónica, para enfrentar unas confesiones: al sacarla a otro tiempo y lugar históricos se distancia sabiamente de sus personales angustias y las ve como con una legalidad intraspasable, aunque siempre enfrentable por la ética de la poesía. Este cronotopo hubiera fascinado a Bajtín. Pero Lezama en ningún momento se atiene exclusivamente al cronotopo. Lo usa y lo ignora, entra y sale de él con la libertad de su sinceridad.

La problemática sexual de este libro es de una profundidad y una sinceridad sin comparación, así como la habilidad artística para lograrlo: una rara historia que parece ocurrir en la época del barroco, en el País Vasco (Lezama descendía de vascos). Se trata de un personaje que sale de la aldea de su madre *para hacer letras armadas*: y allí está todo. Escapar del mundo de la madre nos aboca a unas aventuras sigilosas de error, pecado, extravío y muerte. Primero hay un episodio en un puerto: el personaje rechaza una tentación sexual de origen homosexual. El personaje huye a los Países Bajos, se casa con una protestante, que al cabo lo rechaza, y luego muere tras unos tres días de agonía, no sin que antes crea ver a la hija de la protestante como si fuera su propio hijo. Ha huido de la madre y no ha logrado ser padre ni esposo: el amor filial perdido no resulta compensado. Peor: al ver como varón a la hija de la protestante comprende que la predilección amorosa por el sexo masculino le resulta insuperable. Ha de morir el personaje, pero el poeta entabla un combate contra cualquier extravío y traición de sí mismo.

EL PUERTO

En el texto inicial Lezama establece la función de este *locus*: *El puerto para aludir al hombre y al toro saliendo.* Salida del hombre como toro, iniciación sexual. Y es curioso que el pasaje de este texto que alude al primer poema del libro, me resulte tan fuerte como el poema mismo o más: *En una noche portuaria, con soltura de oportos y guitarreos, el maduro es tocado por alguien que se quie-*

re colgar como de su sangre, pero sin preocuparse de aciertos, continúa su trecho más penetrador, buscando un cuero más duro, una piel imposible. Al personaje no le importa el homenaje de que *alguien* se le quiera colgar, él anda buscando una dimensión más fiera de la experiencia. En el poema, los versos de la apertura plantean ya el reto del rechazo: *Como una giba que ha muerto envenenada / el mar quiere decirnos ¿cenará conmigo esta noche? / Sentado sobre ese mantel quiere rehusar...* Seguramente no es la primera vez que enfrenta *la misma pregunta entornada en la adolescencia*, pero siempre encuentra una sujeción: *Un cordel apretado en seguimiento de una roca que fija,* que duele: *un sapo pinchado en su centro, un escualo que se pega con una encina submarina.* Como que ya el poeta ha declarado el rechazo del personaje ante esta tentación, el poema no tiene por qué insistir en el asunto, lo que sería desastroso: por el contrario, refiere el contenido de la tentación y la caída de otros: *La presa cae en el mar o en la cubierta como un sombrero / caído con una piedra encubierta, con una piedra.* Obsérvese la repetición del verbo caer: el adolescente ha sido vencido por la tentación: *La misma sonrisa ha caído como una medusa en su chaqueta carmesí.* Vamos, que el asunto es fuerte: *El litoral y los dientes del marino ejecutan / una oblea paradisíaca...* Pasa un barco que tiene una bodega *para alcanzar la medida vivaz como un ojo paquidermo.* Sí, toneles de vino, promesas en realidad muy limitadas de vida y placer. Pero justamente esas medidas ridículas son las que imantan a los humanos: *Como una pena seminal los hombres hispanos y los toros penosos / recuestan su peso en la bodega con los alimentos que alcanzan una medida.* Y pagan un precio: *revientan su concéntrico,* es decir, la posibilidad de atenerse al propio centro del ser, donde estas medidas se revelan intolerables. Así, *el halcón cae,* atrapa la deseada presa, *pero en la bodega del barco ha hundido lo concéntrico oscuro, penoso, / lo mensurable enmascarado que aleja con un hilo lo que recoge con un hilo.* Lezama estará siempre a favor de lo inmensurable desenmascarado, limpio, desnudo, una de cuyas metáforas es precisamente la creación poética.

LLAMADO DEL DESEOSO

Abunda la exégesis sobre este famoso poema, que está entre lo más diáfano del autor, así que procuraré ser discreto. La clave confesional de Lezama, que empieza a ampliarse y profundizarse en este libro, alcanza en el grito que constituye este poema un momento de particular intensidad. Tal vez pueda decirse que la estudiada arquitectura del cuaderno, basada en la historia vasca y barroca, no tiene otro motivo que el de presentar este momento en un marco que disminuya su estridencia. El poema ataca una realidad dolorosa de la siquis del poeta, su dependencia de la madre, que va más allá del aspecto sentimental para enfrentar las reglas morales y religiosas y la asunción del destino. Muchas veces se habla de este asunto como si el poeta hubiese sido un esclavo sicológico de su mamá, incapaz de ser él mismo por lealtad a las normas maternas. Eso es un disparate, y toda la poesía de Lezama proclama lo contrario. Lezama fue siempre un hombre fuerte que a una edad muy temprana plantó su independencia intelectual y moral a un nivel de desafío, y lo que es más, de naturalidad desconcertante. Eso, desde luego, no impidió, sino que le obligó al sufrimiento de la independencia. *Deseoso es aquel que huye de su madre.* Más que un materno dependiente, Lezama fue siempre aquel que escapa del control de las normativas maternas, pero su exigente conciencia pregunta sin cesar por la legalidad de esta opción: *Despedirse es cultivar un rocío para unirlo con la secularidad de la saliva.* ¿Vale la pena, no estamos estropeando la eternidad? Esa rebeldía puede ser inútil, incluso si la limitamos al asunto sexual: *La hondura del deseo no va por el secuestro del fruto.* Y en la huida la ausencia de la madre *se va ahondando como un cuchillo.* Con todo, hay que escapar: *es de la madre, de los postigos asegurados, de quien se huye.* Falsa seguridad en la que no puede creer, aunque venga con el prestigio de la tradición: *Lo descendido en vieja sangre suena vacío.* Este descendiente de vascos es un rebelde, hasta el punto de escribir esta frase terrible: *La madre es fría y está cumplida.* Y aun descubre el núcleo de su tragedia, la muerte del padre que ha castigado a la madre y a él mismo con un destino implacable: *Si es por la muerte, su peso es doble y ya no nos suelta.* La huida de la madre es en realidad otra forma de desamparo, dada por la mera necesidad de ser uno mismo: *No es por las puertas donde se asoma nuestro abandono. / Es por un claro donde la madre sigue marchando, pero ya no nos sigue.* Simplemente la madre no puede con el acontecimiento de nuestra existencia: *allí se ciega y bien nos deja.* Y la huida para ser uno mismo resulta inevitable: *Ay del que no marcha esa marcha donde la madre ya no le sigue, ay.* El hijo no puede cargar a su madre con su destino: *el conocerse sigue furioso como en sus días, / pero el seguirlo sería quemarse dos en un árbol.* Ese destino lo ha recibido de ella por el don de la vida, y por su dureza él quisiera saltárselo, rehacerlo: de ahí la pregunta tremenda final, dicha con una energía insuperable: *¿de dónde huimos, si no es de nuestras madres de quien huimos / que nunca quieren recomenzar el mismo naipe, la misma noche de igual ijada descomunal?*

LA ESPOSA EN LA BALANZA

Por una vez el título se entrega: la consideración del matrimonio. Lezama tuvo siempre presente la recomendación de casarse, que desde luego venía en primer término de su madre, de esa *piedra con la inscripción de ancianos juegos,* los valores tradicionales de la familia que refiere en *Llamado del deseoso*, y esa es la razón por la que le sigue en el libro este poema. *Tampoco duerme en la balanza el hombre recamado de consejos,* dice, el equilibrio o la justicia que se alcanzarían con una boda: *La siembra del violín o de la hoja*, del sentimiento o de la vida natural caediza, *no la punta del cono hacia dentro de la sangre azucarada,* la plenitud erótica que debe acompañar al matrimonio. En todo caso el erotismo sería puramente físico: *un deseo en la baba del caracol / que afeita en nuestros sentidos toda la transmutación / del rostro en el círculo de cobre que no gira.* Sexo sin amor, en todo caso. Lezama se burla asimismo de la idea del equilibrio sentimental mezclado con el sexo y la convivencia: *Ese afán tan del pecho no balanceado, / sino fijo como un pellejo de vino, de recorrer cabellos, / de seguir el hilo del bocado ajeno.* Otra cosa es la angustia del deseo sexual, que condena al hombre solitario a la masturbación: *Oh, mi mano que vas impulsando el río / te detienes en los pechos y allí quieres soplar, / no en un tren ni en un barco, en los techos / caídos por un agua arrastrada.* Los términos son de vergüenza: *salimos también con nuestra sustancia malgastada.* Este placer es tenaz, podemos pactar y acostumbrarnos a él: *Después de todo es una flor y así también es una flor.* Cuidado, porque puede ir a parar al sexo oral con la contribución de algún bandido: *Así también es una flor en la boca del esturión carnavalesca.* Sarcásticamente el poeta comenta el problema del equilibrio del deseo: *Después de todo el pez y su flor tienen que ir a la balanza.* Pero tanto las recomendaciones de buena conducta como las tentaciones de la mala, son inútiles. El hombre sufre el deseo, y eso es todo: *Tiene una espuma oscura que le llena la nube en cuclillas que sale de su boca.* En el texto inicial había apuntado: *Un breve rodeo para no encontrarse con la posibilidad de la esposa (el principio formal).* No, la sujeción a unas formas externas jamás le quitará ese sufrimiento. El matrimonio queda descartado.

ENCUENTRO CON EL FALSO

También se descarta la promiscuidad homosexual: *el pisapapeles caído a tiempo en una espalda desgobernada.* Lezama confiesa la circunstancia, haciendo entrar un ritmo de cláusula y unas rimas asonantes que acentúan el grotesco: *Si se pasea por los olores que unen al puerto y al matadero, / una risota que va saliendo de alguna gorra como un cangrejo / cuelga del hombro del caminante del extramuro: yo soy su hijo.* Este acosador sexual quiere hacer pasar su lujuria por una relación afectiva, y le da igual incluso que se le vea el fraude: *No nos importa, lo reconoce; reconocer va caminando y el conocer en la tortuga mata callando.* Nótese el sarcasmo, que recorre todo el texto, y que incluye de alguna manera al poeta: *la mentira / del que pasea y del que cuelga.* Nunca un moralismo, más bien una confesión de ambigüedad: *Si por la verja del que pasea por los oscuros pasas la mano, / el hijo falso como una escoba cuelga vejigas que ya han sonado, / como pendientes de artesonado los grandes hielos vuelven para emigrar.* Este marino del puerto e hijo falso alardea de una relación con una cantante, es decir, se presenta como un bisexual, pero el comentario del poeta es destructivo hasta el asco: *En su bolsita de calcetín sobresudado el mondadientes de la cantante sigue sudando / y la risota del* soy su hijo *sigue saliendo de los bolsillos y de las gorras, / como el marino pica en su flor al ir pasando a la cuchara y la cucaracha.* La cuchara, hay dinero de por medio en este acoso; y de ahí la cucaracha, la obligación de someterse al asco. Admirable poema, que lo dice todo, y todo lo dice con eficacia y originalidad.

EL FUEGO POR LA ALDEA

En este poema la intensidad confesional requiere de un artificio habitual en el autor: desasirla de referencias. Por el programa del libro sabemos que la aldea es la aldea de la madre, la casa en donde se vive con ideas aldeanas. El personaje ha salido de la aldea para encontrarse a sí mismo, pero *De regreso, el fuego devoró a su madre, donde su madre podría haberlo devorado a él*. Hay un desacuerdo, incluso un reproche. Esta circunstancia es en extremo dolorosa. La imaginación de Lezama recurre a un vandalismo ontológico: el fuego, las pasiones, destruyen poco a poco la casa: una fauna ardiente, protagonizada por el zorro, que incluye un perro y un tigre, va desmontando una casa (no se distingue más de una en esta aldea virtual) columna por columna. Las columnas, signo de sostén y sentido, caen: *El zorro retrocede a un arreglo de columnas / y las va impulsando a golpes de rabo / y de dientes de despedida*. El narrador genial que es Lezama nos hace ver el incendio: *El guiño del zorro evita la sonrisa. / Salta, orquestando el fuego, / afilando con sus patas de flautas el viento noroeste. / No deja, sopla, no deja*. Y estamos convencidos por la objetividad de la narración hasta que el poeta declara, aparentemente sin venir a cuento, al cuento: *pero aquel tatuaje se acerca / removiendo la boca que me lleva*. Tatuaje, boca, culpa o palabra o gusto. Un anticlímax lo va aclarando: *Despide el papel de acordeón una quietud / mientras la mano puede acariciar la yerba y los pisos de la aldea, / ninguna casa cerrará su pronto paseo*. Se ha consumado el desastre y se puede hacer lo que se quiera. ¿A quién culpar?: *La razón del inicio del fuego convertida en un suspiro / se desmonta del caballo, vuelve, se hila / en el huso de una torre sin consuelo*. Un jinete, un guerrero, un hombre bestial ahora desconsolado: *Sereno mecido, el junquillo / golpea unas botas que agrandan la mesa y la aldea*. El personaje se siente un bruto por haber arrasado la casa natal con sus pasiones.

La segunda sección del poema aborda otra forma de destrucción: no la pasional, violenta y rápida, resultado de las decisiones humanas, sino el desgaste: esas escoriaciones de la piedra, pues *La humedad raspada por el tiempo / en los seres recobra su polvo de alfiler*. El poeta está considerando *un globo de terciopelo carnoso / hinchado por nuestras entrañas*, un tumor, excepción morfológica lezamiana, el fibroma que puso en peligro la vida de la madre: *ocupando como un viejo salmonete / el agua estancada de nuestra frente*. No es la aldea incendiada por las pasiones del bruto, es que lo que existe está arañado, cae *en la trituración del tiburón*, y apenas quedan unos roedores *dejando cuando duermen un signo nacido de la trituración*. La casa degrada. La madre degrada. El ser degrada. La destrucción participa de la ley de ser. Esa ley puede sernos confusa y terrible: *El gato blanco de crin leonina disfrazado de negrura / empuja la bola de circo, devoradora de rostros*.

TAPIZ DEL CIEGO

Queda ciego y casi ciego, dice del personaje el texto inicial, después de que ha renunciado al principio formal, el matrimonio. La ceguera supone un predominio compensatorio del sentido del tacto, y de ahí la idea del tapiz recorrible. El ojo es todopoderoso en Lezama, de manera que la pérdida de la visión es para él un castigo terrible, un resultado de la culpa; y el tacto viene a multiplicar los pecados de sensualidad como una posibilidad intensa de lujuria. Las dos partes del poema, compuestas cada una por siete estrofas, están escritas en una especie de sextina de rima irregular, que despliega sus versos con una sonoridad táctil, deliciosa, voluptuosa. *Extiendo un paño roto, vistoso,* comienza, con un enfrentamiento de la pobreza del acto, que se extiende a la voluptuosidad de los sentidos: *el vino tinto raspa el ave lira.* Y en otro momento: *La marea alcanza la altura del oído / y allí el coral golpea.* El tapiz parece mostrar una tierra *donde ninguna casa puede ser visitada / porque todos sus números están siempre borrados.* Hay un elemento mágico en el tapiz: *En la primera casa que hemos tocado / el número en nuestra espalda quedó señalado.* Quedamos incorporados al mundo de la voluptuosidad, como un estigma no muy renunciable: *Si la lujuria borra nuestro sentido, / el sueño le retoca cuando el cuerpo voltea.* Con todo, aparece una recomendación: *En cada casa toca, no suceda / que mi arenosa mano se pervierta / al recorrer el gamo de seda.* Tiene que haber un intento de comunicación humana, se produzca o no. Sin embargo, *la ceniza suave de cautelas* no logra evitar el *ahuecado escorpión* que *se precipita.* El intento de comunicación no detiene la lujuria: *En cada rincón el ojo de una puerta / multiplica el devaneo de la forma sellada.* El ciego, el individuo ebrio de lujuria se cierra a la comunicación con lo otro, con el otro: *Se queda cada pregunta trunca / aunque truene el árbol de la sonrisa / y el látigo voraz cejijunta / los ojos en la cola del pavo real que se irisa.* Al ciego de lujuria se le niega el esplendor del ser.

La segunda parte describe la saga del lujurioso: *altivo milagro le concede / la cuenca de coral y el fuego,* pero él sigue esclavo de su narcisismo: *se nutre de otra luz de espejo a la que cede.* El poeta entonces moraliza: *Su ceguera lasciva / le pervierte el nuevo cuerpo de hermosura / en el que su mirada caída se encuentra fugitiva.* Pero también confiesa: *Ante ese ciego carezco / de toda ayuda que me excluye / del mismo manjar que ofrezco / y que el dios ciego restituye.* Ese dios de la lujuria hace sus recomendaciones: *clava cada cien metros una vara escamosa / y recórrela con tu mano dormida.* Promiscuidad, pandemonio: *El griterío de un nuevo poblado / tiene que caer en tu embudo. / Todo sueño hará su ola antes de ser olvidado / y el olvido copiará su desnudo.* La voluptuosidad de las estrofas pare entonces esta línea: *El ciego le dará una patada a su perro.* Hay algo degradante en la lujuria, que hasta el perro rechaza: es un animal pero se niega *a metamorfosearse en garduño de colmillos y tarro.* Pero el poeta no quiere moralizar en exceso, no condena, finalmente se decide a la esperanza: *La embriaguez del ciego es dulce y paciente, / se saca de su hondura y toca a un amigo que tiembla.* Ya no es el tapiz, es una persona real con la que se obtiene una comunicación, porque además esa persona la espera. Es ese *casi ciego,* en el que el personaje sigue dispuesto a mejores experiencias.

DIÁLOGO EN UN GIBA

Después de este momento moral, raro en el autor, conviene un instante de humorismo. A la manera lezamiana, desde luego. *Los dos guardianes* —Cocardasse y Passepoil— *dialogan sobre la excepción del Jorobado.* Las excepciones morfológicas, todo lo que se aparta de la norma, y especialmente lo deforme y monstruoso, atrae a este poeta. Cocardasse apunta con ironía: *¿Sabe él que tiene esa giba / y se ríe?* La joroba es enorme: *Entre su giba y los costurones que la ciñen / parece que hay una piedra.* Passepoil sin embargo declara que el jorobado se defiende en el eros: de noche descansa *en otra cama que no es la suya. / ¿Dormirá esa giba / con alguna salamandra húmeda?* Cocardasse hila metáforas grotescas: *la piel en pezuña / convertida suda vinagre mal batido.* El péndulo de los dialogantes continúa la burla del jorobado, de la que está ausente la maldad; por el contrario, Passepoil amplía el chiste hasta la reflexión: *El ojo del canario siempre es viejo, / ancla en el puerto de la giba.* El jorobado es legal en el ser. Puede conocer incluso el gusto de la vida y prescindir de ajena piedad: *La cauda de sus pies, bailables finos, / y la festiva sangre en su corriente, / aseguran un cuerpo en su sangre detenido / y no otro de apoyo y mal humor.* Por eso Passepoil puede preguntarse al final: *¿Confiado escucha?* Sí, escucha confiado todo mensaje del ser. Es jorobado y es una excepción, pero una excepción del ser, que tiene su fundamento. No hay que avergonzarse por ser una excepción, incluso fea, del ser. Obsérvese que Lezama califica a los dos dialogantes como guardianes. Ellos custodian lo que es moral y lo que no, lo que se acepta o se rechaza, pero con un humor amplio, sabio, inclusivo. A partir de este momento, distintas formas de humor se desatan en el libro.

CULEBRINAS

Este poema constituye una narración humorística que pudiera haber sido incluida en *Paradiso*. En el país vasco amenazado por la hechicería y el protestantismo, en la época barroca, el feudal Lancinena acepta luchar contra el diablo y sus discípulos reales o supuestos: *Los protestantes bajo capa torcida han impuesto en Trento la doctrina de la justificación. / Un griego desnudo de la época periclea hubiera saboreado la doctrina de la justificación.* Se trata, desde luego, de las discrepancias entre católicos y protestantes con respecto a la teología del pecado, que llegan hasta hoy. Sin embargo, el diablo no es teología, es real: *El Diablo no inquiere las cenizas, habla contoneándose en la cátedra de la flor roja.* De inmediato: *En la segunda pieza, Lancinena vio cómo el Diablo poseía a su hermano menor.* La ironía lezamiana complica el asunto: *Si hubo consentimiento en el pasivo, no hubo pecado. / ¿Cómo unir en el que peca la voluntad actuante y el consentimiento?* Puede incluso haber una confusión acerca de lo que es pecado: *En Dios la voluntad y la inteligencia se extienden en un solo brazo que penetra en el mar. / Pero en el hombre, la voluntad escupe y la inteligencia mastica. / Nuestra voluntad reparte la sal marina, la pimienta terrestre y la lengua divina.* Lancinena sufre un ataque de epilepsia y adquiere la lepra. Pero cuidado con las interpretaciones, lo que es de Dios y lo que es del diablo puede constituir una esfinge: *El rojo de la lepra une el escondite del diablo y la alabanza del Señor.* Los comentarios humanos resultan perfectamente gratuitos, fallidos hasta la carcajada: *Para superar al Diablo, Dios tuvo que abrillantar el cuerpo leproso, / decían el barítono y el barbero paseando hasta la fuente donde cae el caballo risible de alas enmieladas, / y provocar el grotesco ruido de Jehová cabalgando el Gran Pan.* La moral lezamiana tiene siempre un fundamento en la duda desde Dios, en la sospecha de que las aventuras humanas pueden verse desde un punto de vista más amplio, más generoso, más divino. El poema declara su rechazo de cualquier fanatismo, de cualquier clasificación o encasillamiento en materia de moral, católico o protestante, profano o teológico, nunca religioso y nunca cristiano.

EL RETRATO OVALADO

El programa del libro establece una fuga: *Decide ir a los Países Bajos, para escaparse de las hechicerías y súcubos que han puesto tienda hasta en la Vasconia, para ver como un buey, guerrear, discutir y pasar. Allí se ata con mujer protestante, pero ella se desata.* Después de haber rechazado el principio formal del matrimonio, el personaje finalmente se casa: *Huyó, pero después de la balanza, la esposa se esconde como madre. / Sus falsificaciones, sus venenos son asimilados como almejas.* Dice el texto programático: *el maduro desinfla a su mujer y la ve como madre (el retrato ovalado).* Eran comunes en Cuba, por cierto, esos retratos de marco oval reservados a las fotos de la familia, en la primera mitad del siglo XX. El propio personaje ha labrado su ruina: *él tuvo también que envenenar colocando en el sitio de la madre. / El marco del retrato mide la casa estancada.* El fraude de la sustitución sicológica de la madre ha fallado: *El deseoso que huyó paga viendo en la esposa la madre ovalada, / pero el que viene de lo oscuro mentiroso puede volver a elaborarlo sentando a la esposa en la balanza.* Aunque el texto inicial del libro dice que la protestante se desata, aquí el personaje está de nuevo considerando la conveniencia de tener o no una mujer. Ese oscuro le tienta: *Si no fuese por la flor exterior, que nos mira, donde volcamos las piedras / de nuestras entretelas, lo oscuro sería un zumbido quizás más suave pero inapresable. / Es un trabajo también sobre la materia que no fija su último deseo.* El personaje está a favor del matrimonio, pero le resulta impropio y ridículo estar casado: *También el principio formal brota entrañablemente, pero necesita una materia que llega / a sumergirse con la intensidad tonta de un arabesco. El principio formal babea.* El matrimonio lo encuentra frío: *Los atrevimientos formales son la alfombra de cera en una plancha roja que recibe / a la gota de agua, como si fuese una gota de gallo raspada / por un espadón de piedra frotada.*

Y entonces el personaje, el poeta y el poema se lanzan al humor: el versículo queda interrumpido por dos sonetillos, alarde formal poético que se burla del principio formal moral: *El principio formal, / ¿tiene entrañas y escudo? / Su esencia es un embudo; / su forma, el calcañar.* El matrimonio *escuece el hálito vital*, y el poeta se burla de sus posibles desgracias: *sonríe como cornudo / tapando el lagrimal.* El primer soneto termina con esta consideración fuerte: *Más acá del bien y el mal, / rajado testarudo / lame el principio formal.* En efecto, lo que el poeta rechaza no es el matrimonio en sí, sino la obligación de casarse, impuesta por encima de la vida y de la ética. El segundo soneto insiste en el rechazo y la burla, en términos de farsa: *Sus desgañites palpebrales / el agua lustral no encierra.* Falsedad, insatisfacción: *Escoge cáscaras labiales, / la boca muerta cierra.* Hay un casado concreto para la mofa: *Un pichón gordo resbala,* cuyo aburrimiento *exhibe su modorra parca / en las lecturas zodiacales, / pavón de atrévetes formales.* No se puede jugar con el destino, someterse a reglas falsas o que no nos vienen bien. Lezama se casó, ciertamente, pero solo después de la muerte de su madre, de manera que no hizo un fraude o una sustitución: aprovechó el matrimonio cuando para él, dicho sea con sus palabras, brotó entrañablemente. No antes.

TEDIO DEL SEGUNDO DÍA

En el programa del libro, el personaje padece tres días de agonía. Y esto dice del día segundo: *La hija le apetece entonces como mujer, y su carne, en el segundo día de agonía, cuando ya empieza a inmovilizarse, balbucea un lenguaje como el hongo de la muerte en su lengua.* El poema está compuesto por once cuartetos versiculares sin rima, y es interesante que acuda a este rigor formal cuando acaba de ser rechazado el principio formal del matrimonio. En Lezama hay siempre esa dialéctica del culto de la forma y su ruptura, que por supuesto está relacionado con la de la ética y la experiencia, la fe y la libertad. Ahora bien, aunque el poema está explícitamente relacionado con una agonía, su lenguaje se extiende con serenidad y belleza. El deseo en el lecho de muerte por la hija de la protestante, mezcla el deseo de filialidad con lo prohibido, casi con lo incestuoso (aunque la hija no es hija de él). Es también una señal de heterosexualidad, mientras que las alusiones homosexuales son continuas en el personaje. El personaje tiene pues una sexualidad muy compleja, en la que habitan contradicciones muy difíciles de resolver. Este deseo heterosexual se manifiesta sin embargo con términos dulces, casi entusiastas: *El descenso del amor consagrado / por un fervor nuevo, por un aceite de jugo / reciente como el agua de reciente caída. / Así la uva nueva destruye los paisajes morados*. Después de esta introducción el poema se sitúa en la escena de la agonía del personaje, con su deseo turbio e imposible: *A su mirada oblicua que saltaba su suerte establecida, / una sonrisa inmóvil corona el segundo día de su agonía*. Hay incluso una sugerencia de erección en el moribundo: *Del tronco húmedo, refugio de aves blancas, / la carne vegetal vuelve con su látigo henchido*. Pero qué opción puede haber para el agónico: *La mano que ya pesa más que la mosca repleta, / inmóvil quisiera vulnerar el peso que en la luz / naciente va impreso*. La tentación sexual cae, muere, desaparece: *Los deseos como las hojas sopladas*.

EL GUARDIÁN INICIA EL COMBATE CIRCULAR

El libro termina entonces con un extenso poema en prosa que cierra todos sus elementos magistralmente. Como hemos visto, a lo largo del libro el poeta está expresándose a través de una historia barroca, aunque a veces se identifica abiertamente con el sujeto lírico. Al final de este poema vuelve a hacerlo de manera confesional y completa, artísticamente admirable:

> *Ah, el que no puede saltar, el que no puede ser bailarín. El que de noche está inutilizado como los labios por la madrugada. Y su ronda es espantosa, porque en cada casa que quiere penetrar le brindan cerveza, le escuchan y le vendan el ojo traicionado que habló a destiempo y recordó figuras golosas que se colaban por las axilas como las arenas en la digestión asustada del esturión.*

Esta frustración, esta inadecuación del propio eros en el mundo real, cuya complejidad y cuyas aventuras han sido referidas en el libro, engendra un sufrimiento indeseable y aporta también una lucidez inesperada:

> *Pero el que no salta penetra. El que no baila recuesta la frente en las dos manos cruzadas y suelta como una pólvora un vals demorado sobre cada sospecha. Ah, no bailo en homenaje a la claridad comunicante, pero mi sueño es espeso, incomprensible en su apagamiento, en su despedida.*

La espesura de ese sueño llena el libro, y especialmente este poema final: una sucesión de imágenes oníricas de intenso contenido erótico, de aventuras frenéticas protagonizadas por animales reales, o fantásticos, que intervienen a menudo como símbolos fálicos: *No se puede comprobar el animal perseguido como un gato, aunque sus instintos son gatunos;* una serpiente: *Un animal prolongado, de hocico felino y brillantez escamosa, inicia su fuga con cierta elegancia desorbitada,* o: *La lengua del oso hormiguero esclavizándose, penetrando.* Lezama remite estos delirios a su personaje: *Mientras que el agónico del tercer día se mueve persiguiendo una mosca más pesada que sus brazos, la hija menor de la protestante, descorre suavemente las cortinas, comprueba el cuerpo endurecido y la lenta espesura de sus brazos, y sonríe dejando caer el cortinón.* ¿Se alegra? Lezama esquiva los absolutos: *Se acoge a la sonrisa y el gesto donde los oscuros se confunden y donde todo fluye indistinto.* El poeta sabc que el bien y el mal están confundidos todo el tiempo en la conciencia humana, y que cualquier juicio al respecto es aventurado. La propia conciencia del moribundo es un verdadero cenagal: *entre los animales anteriores comienza una tenebrosa batalla de círculos veloces, entrecruzados por lluvia y escarcha.* La contradicción interna de este mundo consiste en que hay un animal diferente: *Pero otro animal, de músculos encordados y disparados, se cree el guardián. Vigila la gruta, y no entra. Mira incesantemente la copa de los árboles, y no salta.* Es un guerrero que despanzurra al oso hormiguero, pero su función es guardar, abstenerse de hacer frente a la demanda erótica: *La primera vez, miró sobresaltado, contento de sentirse perseguido; la segunda, con indiferencia; la tercera, con asco.* Parte de la batalla se libra en un *mortero vegetativo, formado por láminas de troncos de palma,* y en ese *despacioso abismo* saltan los animales, excepto el guardián que no salta. El guardián es un animal, es decir, la resistencia a la promiscuidad brota precisamente del lado carnal del hombre, lo que aleja al poeta de cualquier moralina mental, pero lo que importa es ese combate circular contra todos los animales inferiores, y especialmente contra ese felino indefinible que lo tiene sometido a un acoso: *El que busca la espina dorsal es más débil que el que no puede saltar a la copa de los árboles, pero la sombra que cubrirá lo que tiene que ser mirado para siempre es pavorosa.* El acoso se acentúa mediante la añagaza de un grupo, *que reemplaza al misterio vinoso del cuerpo aislado. La amistad sometida a la humedad, a la mejor interpretación del rocío vegetal, quiere crear un nuevo misterio capaz de nutrir el baile de una nueva figura.* Pero el guardián rechaza esta y otras tentaciones: *Un gruñido continúa apuntalando al que no puede saltar.* Su incomodidad invencible con la grosería erótica le defiende, y posee además esos recursos del sueño, de la vitalidad onírica y creativa, en la que las malas experiencias vitales son exorcizadas por sustitución:

> *Sorprendedle, se entretiene en hacer nuevas figuras para que sobre ellas el paredón que se derrumba, como una aprobación que aplasta los morteros que vencen al círculo, por una penetración tan rápida como el fuego pega en parábola y el halcón cae sobre el toro penoso en la bodega del barco.*

Porque el poeta no es el halcón ni el toro, ni el cazador ni el cazado, sino esa penetración del espíritu que enfrenta la realidad como es, pero no se deja confundir con ella, aunque ciertamente le perturbe y le haga sufrir. Lo suyo es esa penetración lúcida y valiente que le ha permitido construir esta historia barroca para confesarse con sinceridad y decencia, para conocerse mejor a sí mismo, y para iluminarnos con ese conocimiento.

LA FIJEZA
(1949)

La fijeza es el poemario de primera madurez de Lezama, si es que estos términos son apropiados para un autor que se diría que nació maduro. Pero tanto por el perfil del lenguaje como por la densidad y trascendencia de sus temas, aquí hallamos al Lezama pleno de poderes, en una especie de meseta que incluye al libro siguiente, *Dador*, verdaderamente plenipotenciario. El vocablo *fijeza* significa, según el diccionario de la RAE, firmeza, seguridad de opinión, o persistencia, continuidad. No lo he encontrado más de cuatro veces en su poesía, siempre tributando a esas definiciones. El título vibra con ese vocablo. ¿Firmeza o persistencia en, o de la poesía? *Desde ahí nos mira**, dijo, siempre apelando a la oscuridad, a la zona entre la vigilia y el sueño.

Llamada al conocimiento, convite a la dificultad de las verdades, la lírica objetiva de Lezama alcanza ya una plenitud. En *Aventuras sigilosas* había arribado a la plenitud confesional: aquí continúan esos asuntos, pero bajo la dominancia de una objetividad que además de incluir y redimir lo confesional se despliega como conocimiento

* Palabras de Lezama en una carta de 1944 dirigida a Cintio Vitier. *Cartas a Eloísa y otra correspondencia*, segunda edición, Editorial Verbum, 2013, pp. 254.

poético del ser humano, del mundo, de la realidad, del ser. Se ocupa del valle de Viñales como del juego de los sentidos en el hombre. Expone dimensiones luminosas de la mente o la tragedia de sangre de la historia. Otra vez se ocupa de las glorias y miserias del cuerpo, y de las evidencias de la fe. El poeta testimonia unas visiones y comienza a construir una sabiduría.

La llamada lírica objetiva ha sido siempre rara en la historia de la poesía. Salir de sí al ser, y seguir siendo: tarea elemental y por lo tanto mayúscula, reservada a los mayores. Digna de un Píndaro o un Lucrecio, y contemporánea de Saint John Perse, la lírica objetiva de Lezama iguala y bate esas alturas en *La fijeza* y en *Dador*, porque liga lo personal y lo exterior a la persona, el destino propio y el diseño del ser, como un continuo de realidad y trascendencia. Esos cultivadores de la lírica exterior excluían la persona del poeta: Perse alude a sus acontecimientos biográficos, la infancia, el exilio, la pérdida de la esposa, solo como datos de una realidad superior que los determina o engloba. En *La fijeza*, en cambio, y luego en *Dador*, se intenta descifrar lo personal y lo exterior desde las esencias de lo uno y lo otro, que necesariamente coinciden. Lezama le lleva dos ventajas a Perse: sus desajustes personales y su religiosidad. El humanismo de Perse, según el cual el propio Perse es un príncipe conquistador, y vaya si lo era, le ciega para ciertas penetraciones. El francés es un soldado de la Segunda Guerra Mundial. El cubano mira esa guerra desde muchas distancias, aunque la reflexión sobre la sangre de la historia en este libro probablemente viene de esos años de la contienda. Lejos de querer conquistar, vencer, reinar, Lezama sabe que Cristo *manda a perder*. Lezama sufre y se ilumina.

Cree que Cristo es el Hijo de Dios, y en este libro le habla directamente, en ocasión de la Navidad. Los ofrecimientos sublimes de la fe como parte del Ser, como recurso de su dinámica y su finalidad comprobable. La madura opulencia verbal nos entrega una plenitud de sentido sin igual en la historia de la poesía. Y un derrame de colores, sabores, perfumes, texturas, músicas.

Como en *Enemigo rumor*, en *La fijeza* hay tres partes, lo que vuelve a generar un equilibrio con un centro: la primera despliega ya la lírica objetiva lezamiana en su dimensión, subsumiendo lo personal; la segunda son los poemas en prosa teológicos que constituyen el núcleo reflexivo de la poética lezamiana, culmen de su libérrima inteligencia de la fe católica; la tercera se abre a temas del grotesco y del humor, y profundiza en los terribles asuntos confesionales desde su visión integradora del ser.

I

LOS OJOS DEL RÍO TINTO

El libro comienza con la suite de diez poemas *Los ojos del río Tinto*, que clasifica entre los poemas más complejos del autor. Abre con dos sonetillos y termina con un sonetillo y un soneto, los restantes seis textos en verso libre exhiben un lenguaje más bien medido y calmo. La violencia del vivir, incluso del universo, los hila. Hay un coro que narra las actividades de los guerreros aqueos, que trituran el caduceo de la paz de los pueblos y *al borde de la verde / ira taconan jocundos.* Lectura de la *Ilíada*, desde luego, esa violencia que los personajes de Homero padecen como una desgracia que no logran entender, de la que quisieran escapar, a la que están sometidos por los dioses. El segundo sonetillo nos plantea por oposición la paz de una égloga, pero se trata de un tapiz, estupendo, con toda la fuerza del arte, pero solo eso: *El tapiz no cierra / ojo de la huraña / fiesta que excusa*, y está manchado por la inexplicable violencia real del mundo: *si el pañuelo baña / en sangre de guerra / pastores de Siracusa.* El tercer poema presenta un sujeto lírico que tiene que ser un dios, probablemente Zeus, que hace llover sobre el mar, manipula el universo y también la suerte de los hombres: *Mi indolencia peinaba la frente del mar / y originaba la muerte / en aquellos seres fieles, veloces e inocentes.* El cuarto poema es una derivación del tercero, aquí la lluvia cae sobre la tierra, sobre los árboles cargados de frutos, acelerando su madurez y por lo tanto su corrupción. La lluvia es violencia sobre las hojas, sobre los frutos: *La jauría orquestal / va alimentando todo final de fruto.* Incluso sobre las obras humanas: *Lluvia sobre lluvia en los rieles, se despiden a las fábricas / donde el hombre tornea inalcanzable.* El quinto poema prolonga el cuarto: las cintas de agua, los ríos, desembocan en el mar: ahora *la medusa es cortada por la playa,* el mar resulta el sitio de los naufragios, la misma medusa *desea que el tiempo no le sirva / el ave en la corriente muerta sin listones.* La naturaleza es reino de violencia y destrucción, también contra las obras humanas, los palacios destruidos por la vegetación: *los débiles palacios no imantados* (porque no son de hierro) / *cantan y pierden incesantes* / la remota Cambaya. Lezama pone en itálicas este último verso, entre otras razones porque escribe mal (¿o se trata de una mantenida errata?) el nombre de Camboya, por entonces una colonia francesa: alude a las ruinas del famoso templo de Angkor Wat. La itálica aporta también la extrañeza de lo remoto, de lo arruinado. En el sexto poema habla una higuera que crece enraizada en las rocas junto al mar: *Un anillo más de mi prisión. / Una varilla de hincapié sin término.* El arquetipo del árbol es más frecuente en Lezama que los árboles concretos, y véase con cuáles universales términos define a la higuera, que permanece firme: *no se haría su muerte en el deshielo.* Pero un incendio sí puede abatirla: *El fuego al carillón es la locura, / pintarrajeada masa blanda fluye:* otra vez la ostensible violencia de la naturaleza. El hombre vive en ella y su vida es un esfuerzo por desprenderse de ella: el séptimo poema nos presenta un caballero que asciende penosamente por un río, con la bota llena de agua. En el octavo pasamos a la violencia del deseo: el recuerdo de unos cabellos: *las huellas de un reencuentro / en el que se ha combatido*: una batalla impuesta, un asalto indeseable: *Los cabellos amorosos que aíslan el rostro / del enemigo, de lo que nos ha sido robado a caballo.* Indeclinable también, esencial: *Esa visión de la que salió el rostro,* que el poeta reduce a un violín, en el que *uno de mis dedos / le dice alteración, chispas o separación de dos rocas*: siempre lucha, agón. El último sonetillo intenta entonces refrescar, retroceder en esa agonía del deseo: *el enigma se desvía / a siesta recreada.* Lezama siempre intentará que la poesía le exorcise o por lo menos le neutralice sus demonios, pero qué va, la realidad permanece *girando ser sin ser vela.* Por eso es que el soneto final toma el toro por los cuernos: con un tono ardiente, raro en él, el poeta se lanza a enfrentar el deseo:

Si recíprocamente, en fuego inverso, / correspondía tu oscuro con mi ausencia, / como si tu sangre al destilar su esencia / fuese soplo de mí: la sangre de los aqueos o de los pastores de Siracusa, el sufrimiento de la naturaleza o del hombre en ella, son los ojos del río tinto de la sangre, que nos impone el deseo, insano para Lezama: *si su fuego perverso / en círculo intocable fuese el reverso / de la escala tocable.* El tú del poema apunta a nadie, define el *nuevo aparte de mi oscuro nuevo.* El goce de la fornicación fracasa: *Cae el vino alzado hasta la muerte*, el placer destruye: *Antes y después la alegría pervierte,* por su carácter infernal: *en la risa sin hueso del Erebo.* Hirviente soneto, que corona el poema con una confesión cabal. Ojos del río tinto, visión de la sangre de la batalla, del vino del universo, de la uva del deseo estrujada por quién, pero ineludible.

VARIACIONES DEL ÁRBOL

La suite inmediata de cuatro sonetos, *Variaciones del árbol,* continúa con otro rigor estos temas: otra vez la sangre del deseo descubierta en el paisaje, pero ahora con una impasibilidad que viene determinada por el símbolo del árbol. Si en el poema anterior Lezama nos descubre *la flor que prescinde de la abstracción y es la flor por la flor*, estos sonetos giran en torno al sema arbóreo, que cabecea, para utilizar un verbo de estos versos, entre la abstracción y la realidad. Carecemos de indicación acerca de cuál es el árbol, suponemos entonces que se trata de una figura de la imaginación, pero al mismo tiempo el poeta interviene como sujeto lírico con una participación que parece disolver la imagen en realidad. El primer soneto, subtitulado *El árbol y la mano*, nos presenta ese diálogo: *Allí donde se acerca la sangre no concilia / el ardor de los ojos está ya en el paisaje*. El poeta quiere abstraerse de esa sangre, pero toca el árbol y falla: *la voz del árbol enemigo mueve sus ramas.* El poeta se va y retorna inútilmente: *mi amistad, mi artificio, / yerra como una estrella por la mesa del mago.* No puede deshacerse de esa imagen, del arquetipo del árbol: *rueda hasta mi ser extrañado, repetido, / como pasos sin techo con dureza revierten.* Incluso si se niega a volver, *mi mano es quien lo impulsa; / fúnebre contra la roca golpea, / mientras mi mano llora su dureza implacable.* La imposibilidad de comunicarse con el árbol, de penetrar de alguna manera en él, de identificarse con él, define la serie.

El segundo soneto plantea pues la *Destrucción de la imagen del árbol por la noche.* Obsérvese que lo que se destruye no es el árbol, sino su imagen. Y comenzamos con el árbol: *La caída del árbol le distingue.* La destrucción del árbol, de entrada resulta inútil: caído es más árbol que nunca: *Ya en los ojos la imagen bien hilada, / las ramas vacilan en su incendio.* El árbol es capaz de devorar incluso el tiempo, porque es símbolo de perennidad: *sus hojas abren / al nuevo siglo que en mi sangre cruje.* El poeta ni siquiera intenta destruirlo: *Quedaba un árbol, su imagen y la noche.* Insiste en su realidad describiéndola con preciosas palabras: *Inmóvil fiera, pegada y voluntaria, / escarba con sus uñas, destruye con su aliento.* Y cuando la noche intenta destruirlo, es ella la destruida: *Duramente incorpora su espacio sobre el móvil / río que la destruye caminando.* El tiempo destruye la noche, el árbol queda como perpetuidad.

El árbol y el paisaje destruido por la noche plantea de otra manera la impasibilidad del árbol: *El árbol murmura sin hojas / y pesan las preguntas en sus manos hartadas.* Así, *caído su pecho pesado,* el Ícaro del ser despoja cruelmente al árbol pero no lo abate. La noche logra perturbar el paisaje y la ciudad *pero el árbol ya no está junto al río y el sueño*, ha trascendido con sus preguntas al tiempo y a la imagen: la noche no puede con él.

Nos ocupa entonces el retorno al árbol del primer soneto: *El artificio prolonga la noche.* Ese artificio es desde luego la *poiesis* misma: *Ha creado la imagen, cae sobre el árbol,* pero el árbol se mantiene: *se recobra y destruye su voraz mirador.* El poeta renuncia: *Es imposible el salto / sobre la nieve de esa gente emigrante.* Hay una procesión fúnebre con tambores debajo del agua: *el tambor, como un hijo, redondea a su padre.* ¿Por qué estas imágenes humanas que significan una ruptura con la exclusividad del paisaje? Porque el poeta quiere ya revelar su símbolo: el árbol acumula los valores masculinos y paternales, el falo que es el orden del mundo, en lo que Lezama se atiene a las significaciones tradicionales. Pero este árbol está para él asociado todo el tiempo a la muerte, a lo perdido, a lo inalcanzable: golpea fúnebre contra la roca y ahora integra un funeral: *En sus cenizas una fusta se dobla.* Ocurre entonces un consuelo: *El sueño, espesando, cierra sus muecas, / como quien recibe un árbol se entona perdurable, / para caer en un pecho nunca más recobrado.* Conmovedor verso: la pérdida del pecho del padre. La imagen le permite soñar el consuelo de una recuperación, pero el río, el tiempo, s*onaba como un perro colgado de las ramas*. El río hace su trabajo, todo está previsto en el orden universal del Padre: *Ahora conduce* *y muele, ahora contra el fuego.* Esta doble solución de imposible y reconciliación enriquece el símbolo del árbol, y queda expuesta en la forma misma del poema, los cuatro serenos sonetos desafiando un tema agonal, agónico.

SIESTA DE TROJES

El léxico lezamiano ya se sabe que es tan rico como sorprendente, de manera que la *Siesta de trojes* nos obliga a averiguar que *troj* es almacén o granero: según la Academia: espacio limitado por tabiques, para guardar frutos y especialmente cereales. Aunque Cuba no produce esos granos, la imaginación de su poeta necesita del troj para poetizar la ambición de opulencia material, de resguardo y poderío, de la cual quiere separarse: *La tortura de los trojes bien repletos / y una blanca distancia que los borra.* Dormirse placenteramente en la cantidad de la cosecha: una aspiración propia de tierras en las que *la opulencia / no coincide con el halo de los paseos del hombre,* como ocurre en el esplendor del trópico, de manera que hay que resguardase, acumular, producir: *el incesante vuelco de los carros cargados ahonda / el frenesí de los tablones serruchados.* La segunda parte del poema produce imágenes difíciles que tributan, a mi juicio, sobre la idea de *la sopa del atardecer*, es decir, la sobrevivencia después de la siesta, la previsión de alimentarse después del descanso: *la sucia naranja crea la jaula con sucios / ángeles manchados por la sopa, no por la traición.* Una necesidad, nunca un crimen, pero el poeta desama esos esfuerzos: *los recovecos fabrican su alambre hasta el fin,* sin que deje de ironizarlos: *Son así dichosos, su ventura /*

se deshace en los asientos señalados para la sopa / blanda de los escurridizos que ahora quieren quedarse en el alambre hasta el fin. Esta opulencia de trabajo y materia tiene poco que ver con la sobreabundancia lezamiana: *A pleamar tal vez de rabia fija / insisto en la dotación de hinchadas manos.* Los cuadrilleros, el monigote, los recovecos, los obreros siguen en su tarea. Hay una *tina casi movida / por el pez hinchado de siesta en sus profundidades.* Manos hinchadas del poeta, siesta hinchada de la naturaleza, pleamar ignorada por el monigote y por los que intentan un ascenso en el mundo: *Son así los rostros engreídos que van del anfiteatro a la colina, muestran un deseo que no pregunta por las vísperas con tatuajes de mariposa.* Son gente recia, despreciativa, dueña de todo, que incluso pueden darnos alguna libertad a fuerza de dolorosos reclamos: *Suéltame, golpes lentos de cabeza en el platillo, suéltame. / Pues bien, te suelto. Y así seguimos.* Son los años en que se dispara en Cuba la posibilidad y el ansia del bienestar moderno, y también de las libertades democráticas. Lezama está por otra opulencia y otra libertad: la de la imagen. Al usar el término troj y referirse a esas *tierras blandas*, *temerosas*, que producen y acumulan cereal, establece también una distancia, como si el culto contemporáneo de la saciedad material y sus demonios fuesen ajenos a la opulencia tropical y barroca, a las tradiciones y el destino de su patria.

POEMA

La Titulología tiene en Lezama un campo heráldico de cosecha, y por eso sorprende la sencillez de este título que encabeza dos cuerpos versales con una insinuación de suavidad. El cuerpo inicial comienza con una interrogación que nos remite a un tema constante en Lezama, el enigma del deseo y su sucedáneo en la creación: *La seda amarilla que él no elabora / ¿podrá recorrerla?* Él cree que no vale la pena: *En cualquier tiempo de su muerte / puede estar caminando, / como la seda puede formar un mar / y envolver al gusano amarillo.* Atenido al poder metafísico de su creación, el poeta resiste las tentaciones de la sensualidad: *El deseo se muestra y ondula / pero la mano tiene hojas de nieve.* El rechazo sin embargo tiene su costo. El propio objeto del deseo está resguardado: *Sus sistemas defensivos con muros tejidos de espesuras / para que el hombre detenga súbitos sus paseos. / El mismo mío, allí, convertido en inerte espesura...* Todos estamos sometidos a *las mismas limitaciones / a las órdenes proféticas y a las observables*, esto es, a la moral y a las consideraciones prácticas, lo que impone *el frío, el sufrimiento.* Rara vez el poeta se declara con tanta transparencia: *Tener que ir a buscar lo que nuestra sangre reclama, / que huye, que se desvanece, que tiene también su sangre / lanzada a un curso remoto que navega / fuera de nuestras miradas y que vuelve para desgarrar.* El deseo del cuerpo ajeno nos lejaniza: *sentimos en la lejanía de nuestro propio cuerpo los imanes de un curso remoto.* Y para colmo, se puede intentar violar este misterio mediante la prostitución: *Sólo el mercader acaricia sus telas y recibe lo esperado.* El poeta prefiere seguir caminando en su tiempo de muerte, de no deseo, dejándonos además estas estupendas, sinceras, imborrables constancias.

A LA FRIALDAD

El sonetillo es uno de los atrévetes formales lezamianos. En desuso después del modernismo, que lo introdujo en la poesía de expresión española, Lezama lo rescató y le dio una función opuesta: de vehículo del refinamiento finisecular (ah, los deliciosos sonetillos de Darío), se convierte en sus manos en un poderoso instrumento reflexivo. Los ocho sonetillos octosilábicos de esta serie están entre los más firmes que escribiera.

I. Continuando la línea de *Poema*, aborda los riesgos de caer en tentación: *El sueño que se apresura / no es el mismo que revierte. / La muerte cuando es la muerte, / pierde la boca madura.* Tratar de cumplir las fantasías del deseo puede acabar en mucha insatisfacción, incluso en mancha: *La esencia que no se advierte / suele ser la más impura. / El amarillo en la muerte / seda es contra natura.* Este extravío contiene una violación de la mejor identidad, una provocación a los demonios: *Ser en el ser desafía / a la unidad mensajera / que de sí mismo se fía // y solo un rumor desaltera.* Solo el rumor de Dios y sus realidades apacigua al demonio, pero el hombre sigue perturbado por el deseo: *Cuando el fruto está vecino / la mano yerra sin tino.*

II. Es en la mente donde se engendran estas torturas. Pero se puede mirar la mente, desconectarla, o asumir una actitud irónica y divertida hacia sus eventos. El segundo sonetillo narra una aparente tontería: el poeta *haciendo un fugaz saludo / al ángulo del desnudo / techo, frío y aprisionado.* Un gesto sin sentido, y con médula. *Al saludar lo pensado*, el poeta mira su mente, la ve como un chiste: *colmo sutil del menudo / río que fue elaborado / por un tritón barbudo.* No hay que tomarse la mente demasiado en serio: *Olvido de la corriente / esencia del sacrificio / y candelas de la orilla.* Lo que importa es la iluminación que podemos tener fuera de la mente misma. Pero esa mente limpia, redimida, está en seguida en peligro: *Cuerpo que se mancilla / ya con el nuevo artificio / ausente, no estás ausente.* Cualquier contemplativo aplaudiría este festivo, sabio sonetillo: es mejor estar ausente con la mente, aunque ciertamente dura poco, y cuesta.

III. Estamos entonces de regreso en la mente enfrentando al mundo exterior: *Sigo una voz, desconcierta.* Esa voz exterior que tanto amaba Eliseo como una salvación, marea al poeta: *si una huella, me revela / que la mansión más incierta / no es la que de noche vela.* La casa de lo oscuro aporta más seguridad que ese afuera iluminado y tentador, o los epifenómenos de la mente misma: *Banal idea no recela / de la nube, la incierta / fácil onda no se hiela / porque busque boca yerta.* El frío del error no enfría a la mente pecadora. Ahora bien, el calor de la mente busca ser aplacado: *Paradoja sonreída: / la pasión hecha jauría / quiere ser siempre vencida.* La necesidad de pecar es un reclamo: *La serpiente es mano alzada.* Y permanece, por mucho que intente uno disimularlo: *Corona del desvarío / mano en la mano ocultada.*

IV. Además, todas las aventuras de la mente en el exterior pueden acabar en tedio: *Entre la flecha y el punto / el insecto bordonea.* Incluso cuando verifica un acto de cumplimiento excepcional: *El arco del cejijunto / crea paréntesis, crea.* Este paréntesis conduce directamente al hastío: *La lluvia, que no es conjunto* (preciosa descripción de la lluvia, por cierto), */ arco y violín puntea. / Cuando la escala está en punto / el reloj suave gotea.* Volcado al exterior, el poeta ha quedado vacío: *Siento que no me siento / borro, y hostiga la nada.* Aun inventado el exterior, quedamos exhaustos: *Frente a la muralla el ojo / traza la ciudad cansada.* Todas las conquistas eróticas terminan en fracaso: *Rasgada flecha o rastrojo / suman un solo lamento.*

V. La poesía puede intervenir para garantizarnos una certeza: *Caída la hoja miro*, dice el poeta sin miedo, *ya que tu olvido decrece*, ya que la poesía vuelve hasta él: *la calidad del suspiro / que firme en la voz se mece.* Continúa el requiebro: *La sombra de tu retiro / no a la noche pertenece, / si insisto y la sombra admiro / tu ausencia no viene y acrece.* La condición oscura de su poesía le ofrece un refugio en estos desafíos de la conciencia, incluso ante la hoja que cae, ante la advertencia de la muerte: *La sustancia del vacío / sólo halla su concierto / elaborando el desvelo // que presagia el cuerpo yerto.* Debemos enfrentar el pensamiento de la muerte, y en esa angustia el poeta cuenta con una ayuda: *Diosa perdida en el cielo, / yo con el cuerpo porfío.*

VI. Una forma de enfrentar el pensamiento de la muerte radica en asimilar el misterio de la memoria, de lo que se perdió y sin embargo se conserva, que puede refrescarnos con sus venturas: *Si ya el que ayer adivina / lo que sin signo previene, / el aire no desafina / leve crepúsculo viene.* Este ayer viene lento como una bendición musical:

Las chispas que arremolina / el aire que lento adviene, / detrás de la oreja afina, / sierpe el oído deviene. La poesía solo puede retener fragmentos de esta bendición: *Perdida en mar de tintero / la sirenita si yace / aprisiona sólo huellas.* No cabe en la expresión el tamaño deslumbrador de la memoria: *Tirando del instantero / dormida abeja ya pace / el árbol de las estrellas.*

VII. La experiencia del tiempo en la conciencia desgraciadamente tiene que afrentar además el presente dañado hasta el exceso: *Si interrumpe la amargura / el jardín desarreglado, / la pausa es la hoja impura / entre el soplo y el nevado.* El individuo queda fuera de sí, se traiciona: *Ya la curva del granado / no aprisiona propia hondura; / la ceja del alterado, / metamorfosis impura.* Ilegítimo culpar al tiempo, al presente que huye, de esta alteración: *Los cambios del remolino / en el ojo no es el celo / del gamo que está de fuga.* Se necesita ir más allá del disgusto inmediato, porque hay refugio en la naturaleza misma de la percepción del tiempo (como acabamos de ver, en la memoria): *Que si depura el desvelo / el último punto enjuga / madriguera del mohíno.*

VIII. El último sonetillo resume los temas anteriores mediante el recurso de una escena, no de una reflexión, que debemos reconstruir. El poeta se encuentra junto a un río: *Tiembla en mi cuello la brisa / y en el ave se evaporaba.* La sintaxis se altera con un cambio de tiempo en los verbos para informarnos de que se trata de la actualización de un recuerdo: *Cuerpo desnudo en la barca. / Pez duerme junto al desnudo / que huido del cuerpo vierte / un nuevo punto plateado.* Los dos puntos de plata, el pez y el desnudo, apuntan a una escena nocturna. El poeta se siente atraído por los dos: *El imán entre las hojas / teje una doble corona.* Eso es todo, no hay acercamiento: *Solo una rama caída.* Y asimismo en el presente del recuerdo: *Ilesa la barca escoge / el árbol que rememora / sueño de sierpe a la sombra.*

PENSAMIENTOS EN LA HABANA

Este formidable poema ha sido privilegiado por la atención crítica, puesto que interesa mucho hoy su planteamiento cultural y político, rarísimo en la poesía del autor, sobre todo en esta época. Téngase en cuenta que el festival cultural que supone la obra de Lezama se nutre en primer término y con gran devoción de los hitos de la cultura grecolatina, mientras que en este poema se distancia de la hegemonía de Occidente en el plano político y cultural (lo que, desde luego, para nada implica una renuncia a esas fuentes). La lectura crítica de este poema enfatiza el enfrentamiento lezamiano con Occidente sobre la base de una posición tercermundista, pero obsérvese que Lezama apunta a La Habana, es decir, al lugar en donde está, en donde vive y donde ha crecido: su punto de partida será siempre el sí mismo, la aventura personal del intelectual que está de este lado del mundo, aquí, intentando ser: *Porque habito un susurro como un velamen*, una escasez de cultura como un impulso. La primera estrofa contiene una queja acerca de la condición del intelectual en *una tierra donde el hielo es una reminiscencia*, donde supuestamente no se puede fumar *en una conversación de estilo calmo,* donde *yo no pueda transportar el picapedrero o el picaporte / a los museos donde se empapelan asesinatos.* Sin embargo, la delgada queja del creador aparece en inglés: *my soul is not in an ashtray.* Sí, conoce la lengua del otro, y el uso del inglés y el francés en este poema apunta hacia las habilidades del habanero, pero es una ética universal la que contiene el sarcasmo: mi alma no está en un cenicero. El asunto no es fumar o no fumar en cuál estilo, sino el alma como propiedad y como actitud, por lo que el verso en cuestión cerrará el poema en castellano, en una asunción completa de la propia identidad cultural y personal.

La segunda estrofa enfrenta ya sin ambages la pretensión de superioridad del hombre occidental. Su poder cultural nunca *nos hará vivir como la silla rota / de la existencia solitaria que anota la marea / y estornuda en otoño,* es decir, nunca bastará para imponerse como universal y absoluto, y ni siquiera es imprescindible. Tampoco apunta hacia una superioridad, cuidado: sentirse igual al otro significaría ser igual: *presumimos como los demás hombres / que nuestras narices lanzan un aire sutil.* Y desde luego el hombre común de Occidente, el conquistador, disfruta de un legado que no creó: *vuestro Dios es la luna / contemplando como una balaustrada / al ser entrando en el hombre.* Además, ellos también fueron primitivos: *Como quieren humillarnos le decimos: / the chief of the tribe descended the staircase.* Y lo siguen siendo, con el fanatismo del consumo y el bienestar: *Ellos tienen unas vitrinas y usan unos zapatos. / En esas vitrinas alternan el maniquí con el quebrantahuesos disecado.* Por el contrario, una sobriedad natural de vida pudiera distinguirnos: *Ellos no quieren saber que trepamos por las raíces húmedas del helecho / —donde hay dos hombres frente a una mesa; a la derecha, la jarra / y el pan acariciado—*. Pan y vino cristianos, seguramente. De ahí el rechazo habanero a la anticultura de las vitrinas: *aunque mastiquemos su estilo / we don't choose our shoes in a show-window.* Nótese la aliteración de sonidos ch y sh, que hace burlona la cita en inglés.

En las estrofas cuarta y quinta aparece un cuestionamiento radical de la cultura, resumidos en los versos en itálica con que culminan: *pero la oreja erizada de la bestia no descifra* y *el rasguño en la tiorba no descifra.* Si el caballo, la bestia, la naturaleza no autoconsciente busca pero no encuentra el sentido del ser, tampoco lo logra la pretensión cultural humana. Lezama no solo no cree en la superioridad de la cultura occidental, sino, asombrosa pero necesariamente, en ninguna cultura. Lezama es un hombre religioso, para el que la actividad humana, por formidable que sea, tiene un límite de alcance y de valor. Cualquier reclamo de superioridad cultural tiene que parecerle risible, y ciertamente este argumento, tanto por su inteligencia como por su naturaleza límite, resulta incontestable. El caballo está empleado en un circo, y los que hacen sonar la tiorba o laúd son artistas de circo, que se pasan la jarra de mano en mano: la cultura como espectáculo, hazaña o juego, nunca como desciframiento. Pero la quinta estrofa nos devuelve a la realidad: *l'étranger nous demande le garçon maudit*: el extranjero que viene buscando nuestro lado más primitivo, el muchacho maldito, la cultura de la prostitución. Lo notable es que tampoco en este caso Lezama opone al hombre occidental una superioridad autóctona: confiesa que el extranjero busca *unas molduras / que mi carne prefiere a las almendras.* Claro que sin ignorar su miseria frente a las ruinas del tiempo y la muerte: *las grietas de la moldura / y al perejil y al canario haciendo gloria.* La sexta estrofa acude entonces a un paisaje de puerto donde un almizclero, un perfumista conoce la entrada de un laberinto pecaminoso, seguramente el muchacho maldito que practica *una galantería disecada que sorprende /* (entonces la letra itálica que cierra cada estrofa del poema:) *a la hilandería y al reverso del ojo tiritando juntos.*

La aguja y la industria de hacer hilo, sarcasmos lezamianos para indicar prostitución. El conquistador viene a exigirnos cualquier capricho para divertirse: *unos ballesteros / disparan a una urna cineraria*, siempre con el énfasis en el sexo: *Quieren que saltemos de esa urna / y quieren también vernos desnudos.* Frente a esta pretensión de identificarnos con todo lo primitivo, el poeta dispara la itálica que define de otra manera el afán cultural: *la primera flauta se hizo de una rama robada.* No hay cultura sin pecado, la cultura del pecado es la cultura a secas. Otra vez el poeta da un vuelco maestro a los recursos del supuesto inteligente occidental.

Ya podemos vernos de acuerdo con nuestro propio criterio del ser: *Nos recorremos / y ya detenidos señalamos la urna y a las palomas / grabadas en el aire escogido.* Vernos a nosotros mismos equivale a un descubrimiento: *la nueva sorpresa nos da los amigos / y el nacimiento de una dialéctica*, que va más allá de las cotas occidentales: *la tierra que no está navegada.* Publicado en 1949, *La fijeza* recoge los poemas de la década del cuarenta, cuando se fundó la revista *Orígenes*, y a este esfuerzo coral canta el poeta fundador con la alegría del resultado: *Nos da los amigos que una luz redescubre / y la plaza donde conversan sin ser despertados.* Y también del enfrentamiento a los enemigos locales, que intentan prostituirlo: *el desprecio paría una cifra.* Los pensamientos en La Habana tienen pues no solo enemigos externos, pero el pensador permanece intransigente incluso a los halagos: *Pero después de ofrecer sus respetos, / cuando bicéfalos, mañosos correctos / golpean con martillos algosos el androide tenorino, /* (otra vez la itálica de final de estrofa, con una declaración sorprendente:) *el jefe de la tribu descendió la escalinata.* Giro del significado del verso, ahora ese jefe es el propio Lezama que abandona la escalinata del palacio oficial para defender la integridad de sus Orígenes.

De regreso en la novena estrofa a la confrontación con el hombre occidental y sus pretensiones culturales, Lezama continúa desarrollando su idea del ras de la cultura: *Los abalorios que nos han regalado / han fortalecido nuestra propia miseria, / pero como nos sabemos desnudos / el ser se posará en nuestros pasos cruzados.* Obsérvese que esos pasos en cruz son los del tropiezo, también los del sufrimiento: está lejos de su intención en erigir al habanero o al cubano en una fuente de pureza. El ser se posa en esos pasos, la insistencia de lo divino en el hombre actúa sea cual sea la cantidad de posesión cultural. En ningún momento estamos indefensos o desamparados: *sabíamos que como siempre el viento rizaba las aguas / y unos pasos seguían con fruición nuestra propia miseria.* Desde luego, atendemos o ignoramos ese amparo, podemos extraviarnos *cuando los pasos se alejan y él toca en el pórtico* del error. Hay que escoger bien, y ya el poeta lo dice con orgullo, cerrando la estrofa: *pero yo no escojo mis zapatos en una vitrina.* El poema cierra entonces con una cascada de imágenes que retoman los temas anteriores y describen el caliente medio ambiente del pensador habanero: el gusano que se come la hoja, el colibrí erótico, el violín de hielo, la gota de madera, el aire como un hacha. Hay una plenitud en este cosmos hirviente: *Cada hombre desnudo que viene por el río, / en la corriente o el huevo hialino, / nada en el aire si suspende el aliento / y extiende indefinidamente las piernas.* De todas formas el poeta se siente extraño, castigado: *Mi espalda se irrita surcada por las orugas,* y su respuesta es una resistencia: *pero yo continúo trabajando la madera, / como una uña despierta*, que ni siquiera prescinde de la autoironía: *como una serafina que ata y destrenza en la reminiscencia.* Le siguen rodeando todos los demonios: *El bosque soplado / desprende el colibrí del instante / y las viejas molduras.* Incluso la circunstancia política, la disolución de toda polis verdadera por una mediocridad de extravíos: *el estado ciudad es hoy el estado y un bosque pequeño.* La Habana del pensador no se diferencia en pobreza de la intención extranjera: *el hombre desnudo entona su propia miseria, / el pájaro mosca lo mancha y traspasa.* Por eso el poeta termina en castellano lo que ha comenzado escribiendo en inglés: *Mi alma no está en un cenicero.*

RONDA SIN FANAL

Siete sonetos infieles sobre la resistencia a la tentación sexual.

I. El poeta vaga por la oscuridad de las calles: *lo madura / una puerta clavada en la mirada.* Protección o desafío que resultan cuestionados: *por un testigo borroso fue raspada.* Esta tentación efectiva devela por otro lado la contradicción interna que supone la resistencia: *Prohibido, la protección fue más impura; / protegido, estalló su espalda al ser mirada.* Con todo, *su mancha pasa,* queda victorioso el *flexible y duro miedo,* y queda solo el *sacrificio de la fiebre escasa.* La tentación ha quedado humanamente vencida.

II. Describe a un personaje, seguro el propio poeta, perdido en los usos diarios, nefelibata, extraviado en su mundo: *malbaratando su pensar intruso / de la nube y no de la nube que persigue.* La ironía e incluso la comicidad lezamiana tiene momentos mejores, pero aquí el verso barroco mismo es simpático: *Si el uso evita iluminar difuso.* Este personaje marginal de los usos, *caminando hacia polvo y remolinos*, convence a la poesía. La costumbre, contrasta el poeta, puede ser también obediencia suficiente y escandalosa: *la grulla en grumo de entrecielo / prepara en nido hueco por maduro / la desazón de toscos inquilinos.* La primera versión de este soneto fue incluida en la *Poesía completa** como un texto independiente, pero nos ha permitido saber su fecha: enero de 1945, así como que pensó titularlo *La costumbre.*

III. *Posta de noche* hace el poeta, y se expone a la tentación: *Viejas frases se abren, son para apresarme / en colada de plomo mas sin fuego.* Pero el poeta es *un cuerpo que no habla,* que no responde. Vuelve el poeta al mismo sitio, y se repite el enfrentamiento, esta vez disuelto en

* Tercera edición corregida y aumentada, Letras Cubanas, 1991.

humor: *Su redondel de gato de nuevo me murmura: / su son impropio me escuda, me divierte.* Obsérvese que ahora la protección viene de la negatividad de la tentación misma, no de una negación asumida por el poeta.

IV. Librarse del comadrero, del conversador vulgar, exige más que una huida. Ha huido el poeta, pero le importuna ese *ser animadizo que se cuelga.* Las palabras han cumplido en parte su tarea de perturbarlo: *El desprendido son lo reconstruyo / arañando con sal la rosa en valvas.* El tentador ejerce los dominios de lo nocturno en el hombre y puede vencer: *El trasgo traspasa si interpreta // la oblicua, pasajera noche de algas, / donde salta la astilla en su furor secreta.* Hay un peligro en seguir considerando esos calores: *Así me pudro y caigo, así no huyo.*

V. Pasa la tentación concreta y fuerte pero no su atmósfera: *La invasión se durmió, la noche en vilo / se mascaba su rabo y se extendía.* Hay *alguien que busca lo que sabe hundido,* en una ciudad invadida por botellas orgiásticas. Las mejores reputaciones fallan: *Augustas codornices prevenidas / tiznaron su collar y su pico recomido.* ¿Algún pintor? Una referencia a Van Gogh y luego esta observación comprensiva y perdonadora, que equipara el erotismo del arte al otro: *idéntico pincel devora los frutos o los esmalta.* ¿Qué determina estos abrumadores desórdenes? El poeta lo dice con gracia irónica en el último verso: se trata de la apostura masculina: *El Teniente de la Plaza de Malta.*

VI. Sí, los bloqueos, las codornices prevenidas, las voluntariosas defensas morales pueden fallar y fallan y está bien que fallen. Cualquier bastión deviene ilusorio: *El cuchillo y el tajo en la estructura / rompen en gotas de agua toda esencia.* Algo que nos falta y que buscamos provoca esos derrumbes: *Artífice de desplomada arquitectura / cuelga en el aire la fusta de la ausencia.* Hay sucedáneos para paliar esa necesidad: *El tejido fugaz en colmo de asistencia / busca en la araña su contrapunto de fiel apoyatura.* Esta tela de araña espera la caza: *preludian la ventura.* Los dos tercetos confiesan por primera vez el contenido de la tentación, nunca elogiada: la imagen es la de un pulpo: *en su tinta, tesón del cuerpo soterrado, despegas / las venas retocadoras en lo oscuro;* o también una desagradable imagen de bosque: *las moscas que doblan las lianas en los claros.* La tentación es enorme y sucia, natural y cósmica: *El mar es carne y se alza a lo maduro / si le da tripas a la espiral de giros vagos, / pulpo que me conoces y me ciegas.*

VII. El último soneto resuelve esta dialéctica de la tentación. *Si no se abre la escala,* ha comenzado el primero: si no ascendemos sobre ciertas realidades encontramos la tentación: ahora *se interrumpe la escala,* en realidad hemos ascendido a través de la poesía, y esa ruptura *va creando la tinta del mar interrumpido.* La escritura nos permite distanciarnos del asunto, distinguir dentro de la tentación: *Hueco de la derivación en pausa de negrura / separa el humo inicial del cuerpo aparecido.* Ciertamente el poeta ha logrado un resultado apetecible: *La derivación un fruto desprende.* ¿Será otro sucedáneo? No, porque *otra rama no entona el nacimiento,* es un fruto escogido. La poesía da ese fruto por una potencia suya superior, que determina esa victoria: *Dentro de oblicuo y sin causal entendimiento / ya el rocío por el fruto o ya la almena esplende.* Esta defensa ya no es moral o procedente de la costumbre, viene de una altura espiritual mayor, de una resistencia distinta. En la ronda nocturna aparece pues *el fanal primero.* Pasa en efecto por el mar una balsa con un fanal de cartón y papel, encendido. Es la misma pequeña luz que le permite al poeta alzarse con el triunfo de su integridad: *En donde me resumo como entero, / gruesa mancha engulle al reino dividido.*

RAPSODIA PARA EL MULO

Favorito de los lectores, por su claridad clásica y por su contenido sensible, este poema ha tenido más de una exégesis. Intento la mía, sin pretender nada nuevo. Dentro de la línea confesional lezamiana, la *Rapsodia* destaca por su inmediatez: el poeta escoge un animal trágico, híbrido, que ha sido creado para el trabajo duro y que no puede reproducirse. Pero ya el primer verso declara una superioridad: *Con qué seguro paso el mulo en el abismo.* Si *Ronda sin fanal* termina con el triunfo de la integridad moral venciendo las tentaciones sexuales, la *Rapsodia* eleva esa autodefensa al grado de naturaleza y al cumplimiento recio de un destino: *Su misión no siente. / Su destino frente a la piedra, piedra que sangra / creando la abierta risa de las granadas.* El mulo se erige en una impasibilidad frente a las asechanzas del tiempo: *los inmutables ojos recorriendo / lo oscuro progresivo y fugitivo.* El poeta nos da una interpretación creíble del animal, creemos verlo físicamente a través de sus imágenes, como una realidad más que como el símbolo, como una realidad que es símbolo. Su carácter trágico genera desde luego una compasión, y también una admiración: *Seguro, fajado por Dios, / entra el poderoso mulo en el abismo.* El mulo es un obediente a un designio divino, y esa obediencia le da un poder. También un sufrimiento: *El no puede, no crea ni persigue,* pero la impasibilidad no es insensibilidad gratuita: *No crea, eso es tal vez decir: / ¿No siente, no ama ni pregunta?* La respuesta trasciende al animal en dirección al hombre: *El amor traído a la traición de alas sonrosadas / infantil en su oscura caracola.* Practica un amor *a los cuatro signos / del desfiladero*, a los rumbos del universo en su propio camino, y por eso: *Su don ya no es estéril: su creación / la segura marcha en el abismo.* Victoria suficiente, que de todos modos deja colgando *las preguntas que el mulo / va dejando caer sobre la piedra al fuego.* La sexta estrofa continúa describiendo el avance del mulo en la montaña, con palabras intensas. La obediencia se hace más difícil: *Aprieta Dios la faja del mulo / y lo hincha de plomo como premio.* En la estrofa séptima el poeta vuelve a la confesión, con más claridad todavía: *Ese seguro paso del mulo en el abismo / suele confundirse con los pintados guantes de lo estéril. / Suele confundirse con los comienzos / de la oscura cabeza negadora.* Lezama se declara contra un determinado tipo de homosexual que niega su identidad sexual, humana y divina, que detesta y con el que evidentemente nada tiene que ver: *Por ti suele confundirse, descastado vidrioso. / Por ti, cadera con lazos charolados / que parece decirnos yo no soy y yo no soy.* La condición homosexual puede manifestarse en familias nobles en dificultades: *en las casonas / donde la araña hogareña ya no alumbra / y la portátil lámpara traslada / de un ho-*

rror a otro horror. ¿La propia familia del poeta, arruinada después de la muerte del padre? En todo caso, se trata de la predestinación divina: *La faja de Dios sigue sirviendo.* Sirviendo, esto es, cumpliendo un trabajo necesario, un duro oficio de salvación: *Así contraída la faja, Dios lo quiere, / la entraña no revierte sobre el cuerpo, / aprieta el gesto posterior a toda muerte.* La esforzada obediencia del mulo ha *puesto en cruz los dos abismos,* el del mundo y el del trasmundo: el animal está haciendo el trabajo, la épica de la trascendencia: *Entontado, Dios lo quiere, / el mulo sigue transportando en sus ojos / árboles visibles y en sus músculos / los árboles que la música han rehusado.* El animal está ahora en una cumbre, con toda esa carga simbólica de vida y de sueño: *Árbol de sombra y árbol de figura / han llegado también a la última corona desfilada.* Esa cumbre constituye una pregunta, un peligro, una tentación: *La soga hinchada transporta la marea / y en el cuello del mulo nadan voces / necesarias al pasar del vacío al haz del abismo.* Pero el animal no se despeña, teme: *el poderoso mulo duerme temblando.* Y es en el sueño donde se resuelve la tragedia: *Con sus ojos sentados y acuosos / al fin el mulo árboles encaja en todo abismo.* Este último verso contiene todo el poema. Es una declaración de fe en una épica personal enfrentando al destino —el término rapsodia alude aquí a los términos homéricos—, y es uno de los versos más fuertes y masculinos de cualquier lengua, que culmina un poema que tiene como referente la condición homosexual. El autor barroco que cree en el ocultamiento y en la expresión compleja, se da el lujo de hacer una confesión completa con una invención y un lenguaje clásicos.

SACRA

Imposible valorar cabalmente este poema sin un estudio de las Eras Imaginarias. Una de ellas sería la de *el Monarca como encarnación viviente del Uno*: el poema escenifica esta idea, mostrándonos primero la visión del Monarca por el pueblo y el poeta de la época, y luego una escena palaciega que describe la vida real del rey erigido en metáfora. Lezama incluye las voces populares en la taberna y la sobremesa, que coinciden en la veneración del Monarca como metáfora del Uno, jamás como el Uno mismo: *Estaba borracho. Yo también los domingos me embriago*: *Yo también, en el baile, celo mis miradas.* El Monarca es un hombre como los demás, incluso se puede disfrutar de una cercanía con él: *Cuando Él duerme yo echo agua en las copas. / Después bebemos en la hermandad de los caballos.* La voz del poeta menor de la época sitúa al Monarca en otra profundidad: *Reduzco en mi metáfora una redada inabarcable,* dice, *pero esa harina del Uno entregada por Él, / no la toco ni gimo, pertenencia de oscuros encuentros resueltos.* El poeta envidia la condición metafórica del rey, que reúne en su persona misma todos los significados del ser. Este poeta llega a desear la desaparición de la era imaginaria del rey, esa *metáfora del árbol moviente,* imagen de Cristo resucitado, para que ascienda la suya *amasada de métrico marfil con tinturas arameoasirias.* Lezama parece decirnos que toda la poesía posterior a esta era es así de alambicada y fraudulenta.

En la escena que sigue estamos en palacio donde Saturno, el ayuda de cámara del Rey, acude a la llamada del timbre. Llega una berlina con una dama inocente, pensamos que se trata de una Isabel del Palatinado que es mencionada antes en la voz de la sobremesa. Esta doncella *guarda el germen escogido,* ha sido escogida como mujer por su estirpe: la esposa anterior ha muerto: *en un humor verde se ha convertido la cabellera anterior.* Llegan además en berlina sucesiva *los judíos de los que depende el Reino.* El Rey tiene pues que volver a casarse y negociar con infieles, nada de eso le hace feliz: *La mañana profundiza como una manzana caída / y Saturno sólo ha oído el timbre de hondonada y vacío.* Sin embargo, hay un bálsamo: el hijo: *el garzón vicegarza real aparece como el gato,* descifrando el laberinto palaciego. Y también la vida del monarca: *el niño llevado por el río hasta su Rey, / se convierte en la espada de su Padre.* Hay una nostalgia en estas majestuosas palabras, tal vez la del habanero que en el laberinto de una fortaleza veía a su padre el militar como un monarca, como una metáfora del Uno. En el poema la presencia del hijo le da al Rey su legalidad, lo libra de creerse por encima de su pueblo: *El cuello del Uno no diferente se abulta, / recuerda la pesadilla de Domiciano y su infarto / de oro en el cuello,* el emperador romano que se proclamó *dominus et deus,* señor y dios, para escándalo de la aristocracia y el pueblo que acabaron asesinándolo. El Rey debe cultivar su no diferencia con los súbditos, obedecer a sus funciones, rogarle a los judíos y casarse con *la dama rosicler de las canciones.* Se van las berlinas y el Rey queda solo en palacio con sus temores y su angustia: *una ola suave se pierde en los rincones / y la ola grande comprime la cámara secreta.* Vuelven entonces las voces populares, que insisten en la no diferencia del Rey, pero el poeta menor comenta el difícil destino del Rey: *El hombre, la inundación, las co-*

sechas y el árbol. Esta dimensión de servicio es ajena al poeta menor: *En la entraña del árbol solo puedo ver mi escondite.* Muy distinto el caso del Rey: *Cuando el rayo entra en el árbol, / el Uno no diferente recoge una astilla y hace su cuchillo.* Pero el poeta menor está lejos de esa épica: *para mí el árbol sólo sabe esconderme / cuando el pájaro frota el pico en una piedra de fuego, / navega sobre la hoja y la hoja es sacada de la noche.* El poeta menor cumple una función erótica y menor de rescate, la poesía ha descendido a esa función. El propio Lezama se siente en esa nostalgia, esa envidia, esa tarea. Si en la *Rapsodia* se ve como el mulo del trabajo poético, en este poema nos aclara la humildad y tal vez la culpa y la vergüenza de ese trabajo. Queda en vilo esa posibilidad de vivir la poesía del servicio y del acto, el compromiso del príncipe con su Padre, la persona como metáfora del Uno que es Cristo para iluminar al pueblo, que él sabía que ya se había cumplido entre los cubanos en la figura del poeta, ungido monarca sin trono, José Martí.

SONETOS A MUCHKINE

Este Muchkine no es otro que el príncipe Michkin de *El idiota* de Dostoievski*. Lezama comenta en seis sonetos infieles cinco momentos de la novela (un momento es comentado por dos sonetos). Los sonetos van encabezados

* He consultado la versión de Ediciones Huracán, Instituto Cubano del Libro, La Habana, 1971. Las referencias lezamianas las encuentro en las páginas 238, 303, 313, 311 y 316 del primer tomo. No es la traducción leída por Lezama, y las palabras no coinciden exactamente.

por un texto de la novela. Es raro en el autor un caso de intertextualidad tan explícita y abrumadora, como también la problemática moral y religiosa, como si al católico Lezama le interesase especialmente la ortodoxia de Michkin.

I. *Se trata de una cosa seria, declaró doblando la carta y entregándosela a su dueño.* Capítulo XVI de la primera parte de la novela: Ptitzin devuelve a Michkin la carta que prueba que va a recibir una herencia enorme (luego se verá que, en realidad, no era tan grande). Una de las habilidades de Dostoievski en esta novela es presentarnos a Michkin, que regresa a Rusia desde su sanatorio en Suiza, como un miserable, un desamparado total, y en ningún momento creemos al personaje cuando dice que no intenta pedir dinero. Ha regresado, empero, para aclarar el asunto de la herencia. Ptitzin, hombre de negocios, testifica la autenticidad del documento. Ni Michkin ni Lezama se conmueven por la noticia: *Ni aun la carta al devolverla en punto / y derroche de seriedad gastada, / lograba en su doblez de borde cejijunto / llegar maciza a completar cuadrada.* Pues Michkin solo habla de la carta cuando intenta casarse con la acomodada Nastasia Filipovna, aunque dice que trabajará si es pobre, provocando la hilaridad general… El príncipe vive al margen de cualquier ambición: la carta pasa *a un espejo en que sigue desterrada / de otra visión rendida complaciente.* Ptitzin, desde luego, *espera un azoro de ave claveteada / y no soplar la carta en nube y soplarla negligente.* El príncipe dejará que le saqueen, sin preocuparse. Por su enfermedad y por su nobleza tiene una idea clara de qué importa en la vida, si es que la vida importa.

II. *No, yo te creo; pero no acabo de comprender.* Se trata del capítulo tres de la segunda parte de la novela: el enfrentamiento esencial de Michkin y Rogozhin —Lezama escribe Rajogine— por el amor de Nastasia Filipovna. Michkin dice que no la ama, que solo siente compasión por ella, aunque esa compasión es desde luego amor: y esto es lo peor para Rogozhin, porque comprende que la compasión de Michkin es más intensa que el amor de posesión que él siente por esa mujer, que por esa razón ama a Michkin y no a él. Esa es la tragedia de Rogozhin, que intentará matar a Michkin y acabará asesinando a Nastasia. Pero a Lezama no parece interesarle esta anécdota en sí, sino al momento sicológico en que se configura la tragedia: el creer y el comprender. Rogozhin cree y comprende pero de hecho no acepta, ni el amor cristiano de Michkin ni la existencia de Dios. Podemos creer y comprender pero negarnos a aceptar lo que no nos conviene: *Tendido el arco en la creencia y tierra / que le brinca los pies y luego el salto / de la creencia en el último arco que se entierra / en el galope de pronto que se cierra en alto.* Esta negativa procede de nuestros fines egoístas: *Y mientras te creo y organiza el arco / y el no comprendo se enfría por el molde / que en lascas toca y la otra cara restriega // su nacer en el desprecio de un nuevo engorde.* Lezama rechaza la hipocresía, la apelación a una fe que se desmorona en la pasión egoísta: *tizne mayor hundido en la refriega / del gato del* yo te creo *y comprendiendo enarco.*

III. *El príncipe bajó un peldaño y se volvió.* Lezama está fascinado con esta escena del diálogo entre Michkin y Rogozhin en casa del último, en efecto la escena clave de la novela. La contraposición del amor de piedad en Michkin y el eros de la posesión en Rogozhin, se devela como la de la fe en Dios y el ateísmo. Rogozhin tiene una copia de un cuadro de Holbein que muestra a Cristo muerto como un hombre. *Yo creo que examinándolo puede llegarse a perder la fe,* dice Michkin, y Rogozhin asiente para asombro del príncipe. Por eso, cuando ya se han despedido en la puerta y Michkin va a bajar la escalera, dolido del amigo que vacila en la fe, se vuelve y le habla de la complejidad del asunto, y también de su posibilidad más inmediata. Lezama subraya la obligación de esa defensa de la fe en Michkin: *Cada peldaño tiene un rostro vuelto / o en su espejo decae rostro en arca.* Por su propia naturaleza el personaje tiene que cumplir con la libertad de esa caridad: *Si bajar y bajar, lo propio suelto / es el rostro que gira ante el tetrarca.* Esa apología de la fe sencilla y popular, la de Dios concebido como nuestro Padre, tiene una majestad: *En la exigencia que se vuelve y clama, / hopalanda en la voz alzada y ya declama, / cuando roto el peldaño, el rostro ceja.* El poeta entiende que para Michkin esta fe profunda es dolorosa, puesto que se trata de un enfermo incurable, y por eso la celebra, mencionando el ridículo título nobiliario ruso como una dignidad real: *Príncipe que al descender se vuelve hacia el engaño / de ver su rostro en el peldaño en queja.*

IV. *Mi difunto padre compró todos esos lienzos en las subastas forzosas.* Son palabras de Rogozhin a Michkin, en esa escena de su casa, aunque anteriores a la del momento de que se ocupa el soneto anterior. Lezama ha escogido con justicia este pasaje, ya que el eros de posesión, la desgracia de Parfión Rogozhin, es una herencia de su padre, con quien estaba en conflicto: *el cabeceo en la sangre sumergida.* Ya el hijo ha averiguado que esos lienzos no valen nada, excepto la copia del Holbein: *Los lienzos de sonidos caían en sus testas espantables / y el nuevo rostro pasaba por un hilo los nuevos caminantes.* Ese afán de posesión, de tener por tener, de no poder renunciar a tener, convertirá al hijo en asesino. En el padre era una pasión menos terrible, pero igualmente indeseable: *El que fue a las subastas y detenía / el lienzo, roto el anterior oblicuo, traspasaba / inútilmente la hora de los murciélagos saltones.* Los murciélagos son animales nocturnos y ciegos.

V. Este soneto es una variación del momento de la carta, y una curiosa otra versión del primer soneto: mantiene las mismas ideas e incluso las mismas rimas. Hizo bien el poeta en abrir con el otro, que es mejor, aunque me gustan los términos con que Lezama alude a la condición del príncipe enfermo: *El dueño sonreía al pasar su contrapunto / o tocar banal su seriedad gastada, / si decía y borraba al irse a su profundo / látigo, rindiéndose en otra mano recortada.*

VI. *¿Llevas contigo la cruz que le compraste al soldado?* En la escena de la escalera, Rogozhin le pide a Michkin una cruz de hojalata que un soldado borracho le ha vendido como si fuera de plata, y que él se la ha comprado a sabiendas, dejándose engañar y repugnado de la miseria moral de su propio pueblo. En un arranque de ambiguo entusiasmo, Rogozhin, siempre deseoso de posesión, le pide esa cruz que no vale nada, excepto el valor de la caridad y de la fe, nada menos. Michkin no quisiera deshacerse de la cruz, pero Rogozhin insiste, se la cambia por la suya de oro, que el príncipe acepta como símbolo de una fraternización entre ambos. Lezama comenta: *Rajogine que quiere comprar en oro el engaño.* El poeta se atiene a la lógica de Michkin: *Viene bien que al comprar la cruz seamos engañados.* Incluso *contribuimos a que el soldado doble mejor la esquina.* El *otro pícaro barbado,* Rogozhin, *sabe que la cruz pagada como oro, si es de lata, / es otra joya que rompe en la suprema esencia.* Pero esta otra variante del deseo de posesión resultará igualmente inútil: *el que llega sabiendo el pecho que la respira como lata, / quiere imantar con oro el nacimiento del fulgor en el engaño.*

II

La segunda parte de *La fijeza* está integrada por diez poemas en prosa, cada uno un párrafo breve y densísimo, que aportan un tono distinto, de ironía y humor feliz, y constituyen el corazón del libro y tal vez de la poética lezamiana.

NOCHE DICHOSA

A diferencia de su maestro Juan Ramón, la felicidad está lejos de ser uno de los ejes de esta poesía, que sin embargo tiene muchos grandes momentos de entusiasmo por la vida. Este poema imagina una suprema bendición terrenal: *La choza a la orilla del mar ha guardado el cuerpo desnudo del pescador solitario.* El pescador despierta y se dirige al mar: *Un brazo, una pierna, pero siempre el cuerpo como una señal perseguida termina en una dignidad perpetua.* Regresa a la tierra que *sigue silenciosa y nocturna, pero el peregrino la toca con su frente y su señal perseguida,* y recibe el homenaje del universo: *El silencio de su cuerpo acompañado del canto de los peces, de la sangre acurrucada de los acordeones de coral y de los árboles de luciérnagas que se allegan a la orilla para tocar el cuerpo del pescador solitario.* ¿Entusiasmo panteísta? Penetra en la choza, *pero ahora la ha encontrado toda iluminada.* Este pescador que es un peregrino está siendo premiado por Dios: *Su cuerpo transfundido en una luz enviada parece manifestarse en una Participación, y el Señor, justo y benévolo, sonríe exquisitamente.* El pescador está en perfecta armonía con el cosmos porque goza de la amistad de lo que lo trasciende, está en una familiaridad con lo sobrenatural: *no interrumpe su alegría en la Presencia, lanza un curvo chorro de agua, reminiscencia de amor a la enemiga orilla y a la choza benévola, y nos dice: ¿Qué ha pasado por aquí?* En la presencia de la divinidad tanto la enemiga orilla, el cosmos, como la choza del albergamiento terrenal quedan como recuerdos amables, que por cierto nos incluye en ese *nos dice,* como si esta declaración de proscenio rompiera la ilusión del poema y nos presentara la sorpresa de participar de Dios como un acontecimiento coloquial, corriente, esperable: la experiencia cabal, posible. Nunca la imaginación de Lezama fue más sana y más noble que en este perfilado poema.

El poeta pasa pues a ocuparse de *la enemiga orilla.* ¿Qué ha pasado por ahí, en los últimos millones de años? El agua, que lo ha cubierto todo: *Las grietas, las secas protuberancias son llamadas a nivel por el paso ballenato del agua.* Todo el planeta está lleno del agua en la que surge la ferocidad de la vida: *El recipiente cruje morosamente, y el tiburón —ancha plata lenta en el ancho plomo acelerado—, va asomando su sonrisa, su frenesí despacioso y cabal.* Este animal simboliza la legalidad de la creación: *en todos los años posteriores se ha mantenido en el agua con el júbilo musculoso de la estrella frente a la ventana.* Esa legalidad distante del hombre concluye el poema con unas afirmaciones escandalosas: *La roca es el Padre, la luz es el Hijo. La brisa es el Espíritu Santo.* Si estas sentencias estuvieran en otro contexto, ya no lo fueran: porque se puede apropiar metafóricamente la roca, la firmeza de lo creado, al Creador: la luz está asociada al Hijo desde el evangelio de Juan: y el Espíritu ya se sabe que es una brisita. El escándalo consiste en que esta roca es la roca del mar, etc.: concreciones de Dios en su creación, que son de Él, no de nosotros: nosotros debemos censurar todo eso, eliminar el cosmos, si queremos entrar en la participación de Dios. De ahí la censura fabulosa del título: rechazar el universo para recibir a Dios. Obsérvese, desde luego, que es posible participar del universo y de Dios, como hemos visto en el primer poema, pero como una gracia extraordinaria que se recibe.

LA SUSTANCIA ADHERENTE

Tarea cualquiera esta de censurarse el cosmos. El poeta propone un curioso experimento: *Si dejásemos nuestros brazos por un bienio dentro del mar se apuntalaría la dureza de la piel hasta frisar con el más grande y noble de los animales y con el monstruo que acude a sopa y a pan. Toscas jabonaduras con tegumento del equino.* Participando del cosmos carnalmente pudiéramos convertirnos en tiburón o caballo, destinos ininteresantes: *Calidades que acuden y son rechazadas con lentitud, con desagrado y corrección. Con asco celeste.* Porque en efecto, el hombre está más cerca de Dios que del universo. Sin embargo, dejar podrir los brazos en el mar equivale a una renuncia a la acción humana por la acción del cosmos, que de alguna manera es la de Dios: *Así aquel fragmento sumergido, asegurado por la paz probatoria, es devuelto por eco y reflujo, en misterio sobrehumano, blanquísimo.* De alguna manera podemos participar del cosmos sobrenaturalmente, puesto que hay más que él: *Lentísimo como de la vida al sueño; como del sueño a la vida, blanquísimo.*

PÍFANOS, EPIFANÍA, CABRITOS

Para el cristiano el cosmos no está maldito. Dios ha nacido en el cosmos en Jesús, y por lo tanto esta creación ha sido rescatada: *Hasta entonces la oscuridad había sido pereza diabólica y la claridad insuficiencia contenta de la criatura.* Este rescate estaba previsto: *Un nacimiento que estaba antes y después, antes y después de los abis-*

mos, como si el nacimiento de la Virgen fuera anterior a la aparición de los abismos. La sustancia universal que se nos pega queda trascendida: *El prescindido barro descocido cocido, saltando ya, fuera de los orígenes, para la gracia y la sabiduría.* Alcanzado este desprecio, ocurre en el poema un momento extraordinario de la poesía de Lezama: el poeta se dirige directamente a Dios:

> *El Libro de la Vida que comienza por una metáfora y termina por la visión de la Gloria, está henchido todo de Ti. Y tienes el castigo tremendo, la decapitación subitánea: puedes borrar del Libro de la Vida.*

La Creación funciona como una fase de ese Libro exigente: *La Vida Eterna, que se enarca desde el hombre aclarado por la Gracia hasta el árbol nocturno, puede declarar mortal, abatir, desgajar la centella.* Pero esta terrible verdad no espanta al poeta, estamos en Navidad: *Tremenda sequía ahora borrada por los cabritos de contentura familiar, por las chirimías de vuelcos y colores.* El entusiasmo navideño del poeta le arranca estas valien tes, ardientes palabras:

> *Acorralad, tropezad, entendeos, más hondo si se está dispuesto a nacer, a marchar hacia la juventud que se va haciendo eterna.*

Hay que entenderse para nacer: hay que pelear, hay que pelear en sí mismo por Cristo. Una inmensa, peleadora, sabia alegría hace exclamar al poeta: *Acorralad, tropezad, cabritos; al fin, empezad chirimías, quedan solos Dios y el hombre*. El universo ha sido trascendido. Dios ha entrado en el universo para librarnos de él. Pero la soledad del hombre con Dios, inevitable por esta operación, siendo una gracia, se erige igualmente en exigencia: *Tremenda sequía, resolana: voy hacia mi perdón.* No conozco una formulación más hermosa y perfecta del deseo de penitencia, aunque según el padre Gaztelu el poeta no practicaba la confesión. Oración de Navidad, tremenda y única.

PESO DEL SABOR

La censura fabulosa del universo y los riesgos del no censurar, en modo alguno eliminan sus tentaciones: *Sentado dentro de mi boca asisto al paisaje.* El poeta estudia la degustación del universo, pero con las evidencias anteriores, su abordaje ha de ser necesariamente irónico, incluso cómico. Dice peso del sabor, ni siquiera gusto, y el poema consiste en una revisión del proceso de degustar, tragar y digerir: nada menos. Cualquier realidad puede entrar en la poesía de este autor. El sarcasmo propone ese peso de la degustación ejemplificado por una lámina de papel y una gota de plomo, que si se retira la lengua, *no podrían resistir el terror* de caer hacia el estómago. Se puede pensar entonces en un sabor sin lengua, que *se multiplicaría en perennes llegadas,* una especie de recepción del cosmos por el sentido del gusto. Pero las dos materias son tragadas a pesar de su desagradable presencia: *La pesadumbre de la bóveda palatina tritura hasta el aliento, decidiendo que el rayo luminoso tenga que avanzar entre los estados coloidales forma-*

dos por las revoluciones de los sólidos y los líquidos en su primer (sic) *fascinación inaugural, cuando los comienzos giran sin poder desprender aún las edades.* Este sórdido humorismo llega a la carcajada con *la nostalgia del ejemplar único limitado, pavo real blanco, o búfalo que no ama el fango*, como bocados imposibles. El proceso de degustar, tragar y digerir el cosmos carece de mérito. El poder de la imagen asegura entonces *la opuesta maravilla,* la inversión del proceso de posesión y uso humano del mundo: *que día a día el escriba amaneciese palmera.*

MUERTE DEL TIEMPO

La imago puede cualquier cosa. *En el vacío la velocidad no osa compararse, puede acariciar el infinito.* Líneas abajo aparece la rectificación: *no puede haber un infinito desligado de la sustancia divisible.* Y el comentario risueño y sardónico: *Gracias a eso podemos vivir y somos tal vez afortunados.* Dentro de ese bienestar la imago puede hacer sus travesuras: *supongamos algunas inverosimilitudes para ganar algunas delicias.* Un expreso que va impulsándose hasta deslizarse como por sobre un cordón de seda, a velocidad de progresión infinita: *la realidad de la caja de acero sobre el riel arquetípico, es decir, el cordón de seda, es de pronto detenida (...) el expreso no puede avanzar porque la potencia y la resistencia hácense infinitas. No se cae por la misma intensidad de la caída.* A pesar de estas paradojas, todo el sistema: expreso, riel y aire, *no quieren ser reemplazados por la grulla en un solo pie.* La realidad delirante de la imaginación se resiste a ser reducida a la realidad prodigiosa. ¿Por qué? ¿Necesitamos matar el tiempo, anular las realidades universales? *Mejor que sustituir, restituir. ¿A quién?* Para qué cambiar los absolutos por las contingencias. El asunto es restituir el absoluto que las ha generado.

PROCESIÓN

Hemos sido arrojados del Absoluto, del Uno: *El desfile del número se hacía en el hastío de su caída invencible, malestar tolerado en prueba de su cómoda sucesión.* El hombre no puede matar el tiempo, eliminar la variedad del mundo, y acaba encontrando gracia en esas disposiciones: *Dentro de los números, existían sucesiones y significaciones, si aquellas motivaban sus agrupamientos amistosos, éstos la retadora soltura de sus ritmos.* Habitamos dentro de esas estructuras, hasta el punto de que el hombre mismo se vuelve generador de números: *propaga y lastima su sustancia, Dios sobreabunda, el encuentro se verifica en sus generosidades.* Fijémonos que Dios no carece de número sino que dispone de cualquier cifra, pero no es número. Esta opulencia lleva a que los hombres se dividan en dos grupos: *los que creen que la generosidad del Uno engendra el par, y los que creen que lo lleva a lo Oscuro, lo Otro*: los que creen en el mundo y los que aman la trascendencia. El católico resuelve este problema en la eucaristía, porque la Forma, la hostia consagrada, siendo el Uno que es Dios, se multiplica para iluminar a cada hombre: *el católico sitúa la procesión para despertar en el cuerpo como límite, la aventura de una sustancia igual, real y ricamente posible para despertar en Él.* Se dice que Lezama se abstenía de comulgar, y debió dolerle, creyendo en la comunión con tanta lucidez. Cristo convierte la procesión numérica del universo en salvación: *Cuando muere, la Procesión se ha hecho tan desmesurada, que la coral plástica es reemplazada por un eco que parece volver de nuevo hacia nosotros, ya extendiendo las manos, caminando otra cruz.* Sin embargo, los hombres seguimos irredentos, incluso distribuyendo o estropeando los signos de la salvación, en una procesión sin sentido: *En la nieve, en el desfiladero, en la mansión escogida, la procesión de hombres continúa dividiendo por semejanza, ocupando, traicionando o comunicando el mismo cuerpo, la sangre y los aceites.*

TANGENCIAS

Podemos, sí, rebelarnos contra el número, contra la sucesión universal: podemos cultivarnos erróneamente como un uno bastante. *Después de haber inventado el cero, el príncipe Alef-Cero marchó a caballo,* comienza el poema situándonos en el centro del asunto: un hombre que es único, príncipe, que ha inventado el símbolo de la nada, siendo él Alef, el primero de una sucesión cabalística, pero marcha a caballo, es decir, se encarama y depende de otra entidad, que finalmente lo derriba. Entonces el personaje rendido por un sueño practica el onanismo: *Al recorrer el cuchillo la tierra, saltaba la fuente, pero moría la semilla.* En el sueño es otro, no es él: *No es el inventor del cero, es el de la honda y semilla, el que espera que el agua se pudra para que empiece el recuerdo planetario de la semilla.* El hombre natural es potencia de número, de generación. *El hombre maravilloso, por el contrario,* brujo o tribuno gimnasta, se entrena incluso en la medianoche. Es el verdadero cero, el hombre dedicado a sí mismo. Porque la semilla del príncipe fue derramada en el sueño, en la inconsciencia: *Al depositar la semilla no pudo saber que estaba traspasada.* El gimnasta, en cambio, fortalece su pulso hasta cansarse, pero no puede evitar que *cada cansancio monstruoso se paralice con el terrígeno prendido escozor de la semilla traspasada por el hombre lanzado del caballo.*

ÉXTASIS DE LA SUSTANCIA DESTRUIDA

Es este uno de los textos mayores de Lezama, a mi juicio uno de los momentos más complejos y profundos de su reflexión, y tal vez el corazón de su poética. En su *Primer Diario* encontramos una anotación del 9 de octubre de 1943, titulada *Gráfico de una concepción del mundo*, que contiene dos dibujos, cuyo contenido coincide con los términos que usa el poeta en este texto. Como el poema fue publicado por entonces en la revista *Nadie parecía,* podemos asegurar que a sus treinta y dos años Lezama ha llegado a la audacia conceptual que genera este poema extraordinario, cuyo comentario tiene que ser aquí necesariamente un abordaje elemental, culpable.

Siguiendo la indagación acerca del número que contiene la serie, el poema comienza con la versión digamos laboral del tema: *Y tú, Promacos, cierra la doble cadena de hormigas. ¿Contaste el ganado?* Porque vivir en el número, lejos de la unidad, significa esfuerzo, trabajo, sufrimiento. Se impone combatir la unidad que es cada número: *Destroza el cuerpo y el signo de su oquedad para lograr la reminiscencia de su transparencia:* la unidad quedaría así disuelta en el uno fundamental. Obsérvese que del esfuerzo del trabajo o la existencia terrenal pasamos al *destroza*, o sea, a una actividad negativa que se le asocia necesariamente: *Destruye la relación inversa de unidad y sustancia, del número y la cosa sensible, resuelta en la figura desprendida por el éxtasis de participación en lo homogéneo.* Aquí está ya todo el poema: se trata de destruir el carácter fragmentario del ser para gozar del Ser que Es en su universalidad y trascendencia. Veremos cómo. *Pero antes, la esfera está abarcada por la mano del garzón.* Es decir, la totalidad del ser está siendo sostenida por la inocencia, pues no se trata de una visión maniquea que contemple lo que existe como una negación de Dios. No, el ser es del Ser que Es. *La violenta sustitución seguida de una ráfaga hueca prepara el vacío, la ballena y el frasco, por donde se sale y entra como originario principal, ahumado y apresuradísimo.* Porque el ser es del Ser que Es, la muerte (ser tragado por la ballena como Jonás, ser envasado) tiene una salida (Jonás es vomitado por la ballena, imagen tradicional de la resurrección). Lezama quiere insistir en la habitación de la muerte: *Ahora, ciego estoy. Me abarco y comprendo, ennegrecido en el frasco que contiene la esfera armilar suspendida muerta por imanes boreales. Ciego estoy, mi casa es la ballena.* No está solo, desde luego, toda la humanidad la habita: *una inmensa cerámica funeral entresaca los decapitados del templo para establecer con su simultáneo furor un zumbido espeso de recuerdos.* Todos enfrentamos con temor la posibilidad de morir, cualesquiera sean nuestras oportunidades terrenales: *el artesano relojero tiembla ante las espantosas coincidencias y el agricultor flordelisado recibe, al sembrar el único documento falso, las descaradas bendiciones de la ley.* ¿Cómo enfrentar el sufrimiento de ser y de morir? *La sustitución de la metáfora y el acto, pulverizando la cosa en sí, iluminándola como un vitral reparte la luz primera. El éxtasis de lo bello en sí, insufla aliento participante en la cosa en sí, por la transparencia del hombre y la lectura de las rocas.* El éxtasis de la belleza transfigura el ser. Sin embargo, no se piense que es la metáfora en sí misma la que desata ese éxtasis, como una posibilidad propia del hombre: forma parte de una mecánica trascendental, que Lezama enumera a continuación (a mi juicio, debió incluir dos puntos y seguido delante de la palabra instante): *Desarrollo lineal de instante, erótica, ser (unidad), existir (acto), metáfora (sustitución del ser), participación (sustitución del existir), Paraíso (éxtasis de participación en lo homogéneo, intemporalidad).* Así, el éxtasis de la belleza desencadenado por la metáfora es solo un momento del diseño necesario del ser, que conduce enseguida (por la distinción entre ser y existir) a la participación, a un acto de comunicarse con el Ser que Es sin perder el propio ser. Y esa participación nos lleva a eliminar el propio ser en la homogeneidad del ser. Desde luego, esta mecánica es así de recta solo en el concepto, su manifestación es más compleja: *Linealidad rota o hinchada por los tres momentos circulares del germen, ente, eternidad, necesarios para apoderarse de su asilo, dejando a la puerta el perro de llamas del Doctor Fausto,* esto es, la acechanza demoníaca. Esta máquina universal gira y gira y en el fondo determina todas las aventuras del ser: *La destrucción de la sustancia, iluminando sus variantes o metamorfosis, por la sequedad de su suspensión o retiramientos.* La tarea de la sustancia es autodestruirse en el ser.

Ahora bien, ¿cuál es la fuente, la legitimidad de estas especulaciones? *El Hijo del Hombre destruido, convertido en la perdurable sustancia del cuerpo de Dios, porque a todo transfigurarse sigue una suspensión y el ejercicio del Monte de las Calaveras, era sólo un aprendizaje para sumergirse en una violenta y sobrehumana capacidad negativa.* La Transfiguración de Cristo, en la que Jesús se presenta a los apóstoles con un cuerpo que tiene ya la plenitud del Ser que Es, garantiza el sentido de la Cruz, en la que el ser humano de Cristo va a destruirse voluntariamente para que quede solo esa plenitud. La muerte de Cristo es para Lezama una operación necesaria del Ser: *Frenética autodestrucción que ridiculiza toda metamorfosis,* pues el asunto no es cambiar de forma o sustancia sino alcanzar el Ser que Es, *para alcanzar el constante germen dentro del ente.* Pues desde luego este Ser que Es sigue haciendo ser. Esta operación negativa no consiste empero en una eliminación del universo como error: *La potestad del escorpión —Apocalipsis, 9-5—, que no ataca al verde, sino al hombre que no tiene signo en la frente. La potestad del escorpión en alianza con la* esplendor formae. Puede existir el ser en toda su riqueza, pero el hombre tiene que destruir en sí, siguiendo a Cristo, todo lo que le separa del Ser que Es. Lezama concluye: *La sustancia natural no se muda.* Pero el hombre pertenece a un orden más alto, como ha sido revelado en la Transfiguración de Cristo: *El alma racional recibe la luz inteligible por medio de la figura iluminada o plenitud.* Pero es la

Cruz la que realiza esa operación de llevar el ser al Ser: *Cuando el testimonio exclama:* así únicamente muere un dios, *ha sido resquebrajado y caído en batalla contra el espíritu mudo o incesante despierto.* El espíritu del hombre tiene que estar despierto siempre para sumarse a esa operación rescatadora.

RESISTENCIA

¿Cómo lograrlo? Bueno, en primer lugar el hombre tiene que resistirse a quedarse del lado de acá, en el ser contingente: *La resistencia tiene que destruir siempre al acto y a la potencia que reclaman la antítesis de la dimensión correspondiente.* Si nos dejamos llevar por lo que podemos hacer en este mundo, nunca aspiraremos al trasmundo. Pero justamente ese disparate es el mundo contemporáneo, dominado por la ciencia y la tecnología en función del bienestar. *En el mundo de la* poiesis, *en tantas cosas opuesto al de la física, que es el que tenemos desde el Renacimiento, la resistencia tiene que proceder por rápidas inundaciones, por pruebas totales que no desean ajustar, limpiar o definir el cristal, sino rodear, romper una brecha por donde caiga el agua tangenciando la rueda giratoria.* Obsérvese que Lezama contrapone poiesis, creación, a física, o cosa creada: la poiesis apunta a una creación permanente, a ese germen dentro del ente que vimos antes. La poiesis no es una tecnología, no pule lentes como Spinoza: intenta abrir una brecha en la física, lograr un molino medieval que mueve el agua del ser. Resistirse a la física es posible, incluso tiene sus ventajas: *La potencia está como el granizo en todas partes, pero la resistencia se recobra en el peligro de no estar en tierra ni en granizo. El demonio de la resistencia no está en ninguna parte, y por eso aprieta como el mortero y el caldo, y queda marcando como el fuego en la doradilla de las visiones.* Este resistirse a quedarse en lo que es, incluso en lo que uno es o cree ser, es el centro del ser, aquello que lleva al ser hacia delante, hacia su culminación: *La resistencia asegura que todas las ruedas están girando, que el ojo nos ve, que la potencia es un poder delegado dejado caer en nosotros, que ella es el no yo, las cosas, coincidiendo con el yo más oscuro, con las piedras dejadas en nuestras aguas.* La potencia como germen del acto solo puede dar actos, no sabiduría, nunca una visión mayor del propio ser, mucho menos del ser: *Por eso los ojos de la potencia no cuentan, y en la resistencia lo que nos sale al paso, bien brotado de nosotros mismos o de un espejo, se reorganiza en ojos por donde pasan corrientes que acaso no nos pertenezcan nunca.* Si bien el esplendor de las formas es legítimo y permanente, la resistencia quiere trascender la variedad de formas para alcanzar el germen que las genera: *Comparada con la resistencia la morfología es puro ridículo. Lo que la morfología permite, realización de una época en un estilo, es muy escaso en comparación con la resistencia eterna de lo no permisible.* Renunciar a lo que no conviene en la dinámica del ser, es una dimensión de libertad: *La potencia es tan sólo el permiso concedido.* La obsesión contemporánea por el dominio del mundo ha llevado al culto del método, de los procedimientos: a este lector de Descartes le resulta sobrante: *Método: ni aun la intuición, ni lo que Duns Scotus llamaba conocimiento abstracto confuso, razón desarreglada. Método: ni la visión creadora, ya que la resistencia total impide las organizaciones del sujeto.* Por esta última declaración entendemos que la *poiesis* enfrentada oblicuamente a la física renuncia a la creación en el sentido de generar obras concretas, lo que desde luego es también morfología: *Cuando la resistencia ha vencido lo cuantitativo, recuerdos ancestrales del despensero, y las figuraciones últimas y estériles de lo cualitativo, entonces empieza a hervir el hombre del que se han arrepentido de haberlo hecho, el hombre hecho y desprendido, pero con diario arrepentimiento de haberlo hecho el que lo hizo.* Es el hombre moderno y culpable de serlo, el hombre renacentista que ha logrado dominar inútilmente el mundo y se verifica a sí mismo como una fuente de creaciones insatisfactorias y fúnebres. Lezama cita entonces el Diario de Navegación de Colón, las señales que apuntan al Descubrimiento con el que comienza esta aventura, y que quería originalmente reencontrar al hombre paradisíaco, incontaminado: *No caigamos en lo del paraíso recobrado, que venimos de una resistencia, que los hombres que venían apretujados en un barco que caminaba dentro de una resistencia, pudieron ver un ramo de fuego que caía en el mar porque sentían la historia de muchos en una sola visión.* Lo que importaba, lo que importa del Descubrimiento, de la Historia, es esa aventura conjunta en pos de una visión, el ser que está tratando de superarse a sí mismo: *Son las épocas de salvación y su signo es una fogosa resistencia.* En efecto, este último poema completa la concepción lezamiana del mundo con el papel de la historia, que no se hallaba en los gráficos del *Primer Diario.* Las categorías de la filosofía griega, las revelaciones cristianas, el poder de la poiesis y el papel de la historia conforman este atrevidísimo pensamiento que parece sacado de Heráclito o de Lucrecio, por la indistinción entre pensamiento y poesía y por el alcance de sus formulaciones.

III

DESENCUENTROS

Suite de doce poemas independientes, abre un festín del grotesco a escala de los temas y sobre todo del lenguaje: *El truchimán de espina hipóstila / cuece mazorral los vanos dobles.* La angustia del encuentro con la realidad insatisfactoria, fea, perjudicada, innoble, condenada, asunto raro en la poesía lírica, abunda en la obra lezamiana, y aquí ocupa todo el espacio. Lezama emplea abundantes coloquialismos, de intención sarcástica.

I. Este personaje inescrupuloso, el truchimán, se pasea por una casa en donde se prepara una comida: *La vuelta de su recorrido agrio, plumoso y cenizoso.* Se sienta entonces al piano, *y allí decrece en escobillón pecoso, langaruto.* La comida no es gran cosa: *Resuelve la sopera la fiesta achaparrada / y el interior se pela en la cocina.* El ambiente humano resulta maligno: *La cáscara de papas se cuelga del búfalo / en la panoplia del masoquista de calzón corto.* Es la hora de servir la sopa o puré de papas: *Se detiene (humillo lento) y cruza la pareja de asnillas.*

II. Una fiesta que se prevé fallida: *El aguafiesta vendrá para comenzar.* Lo que se ofrece tampoco vale la pena:

una ciruela quemada, otra alambicada. / La doncella rosada, adorable, despreciable. Fiesta inmensamente aburrida: *Permanecen las horas como una escalera que no se puede quemar.* Eventos intolerables: *Ahora el baile se hace engrudo, se acera.* Al fin llega el fin, y los coloquialismos: *Ya es hora de irse, salgamos. / Me olvidé por donde entré, es por allí.* Hubiera sido preferible que la fiesta fracasara: *Pero caramba, qué lástima, qué lástima, / el aguafiesta no ha venido esta tarde.*

III. Interpreto este poema como el proceso de cocción de un dulce, tal vez un suflé: *Heliotropo a sus lascas dulzainas / cierra sus broches de tambor o de chocolate fangoso.* La referencia al heliotropo viene dada porque esa flor puede capturar a un insecto con la dulzura de sus estambres. Pero el poeta rechaza el dulce: *Cierra heliotropo tu pesadez y vuelve a no mirarme.* Sin embargo, el proceso del dulce continúa: *La ruedecilla gira hacia atrás, trabajando aguas / rellenas por el mazapán que masca el cazón.* El contenido parece subir como un suflé: *sube cartílago almidonado.*

IV. Inspirado en el capítulo 18 del Segundo Libro de Samuel, comenta la derrota y muerte de Absalón, hijo rebelde del rey David. El rey ha ordenado a Joab (o Joas, según Lezama), jefe del ejército, que venza al sublevado pero que tenga consideración con su hijo, pero Joab, que quiere en realidad coronar a otro sucesor, le da muerte: *Absalón, Absalón, / la orden no será cumplida, cumplieron.* Buen momento para descifrar el modo de hacer lezamiano: *el alcornoque, / la cabellera y la mula tienen plástico destino:* porque según el relato bíblico, el mulo de

Absalón *se metió debajo de una gran encina, y a Absalón se le quedó trabada la cabeza en las ramas, por lo que se quedó colgado en el aire, pues el mulo siguió de largo* (2 Samuel 18: 9)*. Joab dispara tres dardos contra Absalón y lo remata. El dolor de David es inmenso. Lezama, que ha estado hablando para Absalón —*tu cuerpo se guindaba para cerrar la huida*—, se dirige ahora a David: *Querías que tu sangre resbalase / solo sobre ti. Que no saliese / el rompimiento de la criatura / y que él fuese jefe del estado / mayor del padre.* La relación padre-hijo, como sabemos, es esencial en Lezama (y en el cristianismo), pero el poema trata precisamente de un desencuentro de esa relación. David encargará a su sucesor Salomón que dé muerte a Joab. Lezama rechaza esa venganza: *No mates a Joas, no seas cojitranco.* Pero ciertamente Salomón mató a Joab y de esta manera consolidó el reino y la dinastía (1 Reyes 2): *Motivo con venablos, gran tañedor, alábale David.* Este hijo preferido cumplió en todo con su padre, lo prolongó y lo superó en realizaciones. Lezama entiende que el trágico desencuentro de Absalón tiene trigo: *Es necesario también que esta batalla se cuente en este Libro.* Porque lo sagrado no es un ocultamiento del mal, sino su reconocimiento para la salvación. Cristo será el hijo fiel del Padre, capaz de asumir su sacrificio por él. Pero es el desencuentro doloroso del hombre en la historia lo que importa aquí al poeta. Y el encuentro en Cristo. Este poema es la clave de la suite, y de hecho difiere, por el recurso intertextual, del resto. El último texto volverá sobre el asunto de la historia.

---

* Biblia *Dios Habla Hoy*, edición estándar, 1994.

V. Parece describir un extraño ciclón en París, ciudad cuyos desagües no dan abasto para evacuar las aguas: *En la plaza de Vendôme miles de arlequines / volvían a decir el comportamiento flojísimo / del desagüe ante el ciclón de Barlovento.* Desajuste de la previsión humana ante la libertad de la naturaleza: *Y el ciclón frío, sulfúreo / en la vitrina del acecho.*

VI. La buena mesa era un placer favorito del poeta, y también motivo de sus ironías: *Qué* larghetto *de la serpiente para picar la aceituna. / Tristeza de la frente abierta en mantel / y agua muerta. Resta duelo.* Miseria de la comida acabada: *La aceituna con su pico de guinda* frappé, */ rueda su hueso cuando alguien tira del mantel. / Cuando cae la aceituna, cae también la cabeza de plomo.* Este cenicero o centro de mesa es recogido y devuelto a la mesa, define una vulgaridad renovada: *la cabezota de plomo vuelve al centro del mantel / y la aceituna y su guinda coletean por los confines.* En este poema aparece el sustantivo *azadores*, que no encuentro en ningún diccionario. Tal vez errata por *asadores*.

VII. Retrato de una mujer con su hijo, para nada una madona: *Su carcajada taimada, indiscutible, / huele a cuarterona que enfunda los muebles / y los desenfunda conjurando en la mesa de los espíritus.* Esta farsante tiene que desagradar al nacido de familia católica, que la describe con dureza: *Sus masas cenizosas con brotes de grulla / reciben a Orión olvidadizo de las coronas bautismales / y de gordos inútiles chillidos cuarterones.* Del niño, seguramente sin padre, ha dicho: *Polichinela y se duerme.*

VIII. Escena de sinsentido junto a un estanque: *El palito del algarrobo sobrenada a sus anchas. / Se encuentra con el cisne que pelusa plácidamente.* El cisne puede traer una evocación mitológica: *como antaño cuando un recuerdo pesaba / como el dios bifronte.* Pero todo es corriente: *El palito del algarrobo vuelve a ser observado / y lo guardamos también.* El cisne sale y trepa al borde. Se supone que el estanque es lugar de recreo, pero qué va, mejor hacer algo: *Salgamos, no comprendo, y vuelvo para arreglar el chaleco.*

IX. Los desencuentros pueden llegar al absurdo y caer como en cascada: *cuerdas de acero para el violín plegado. / Torres que no caen / en ciudades dinamitadas por el sueño.* Pero la poesía puede salvar esos absurdos desde su misma conveniente oscuridad: *Así hay un acto que decide en el agua: / la fosforescencia risueña del pez nictálope / que salta cuando la luna está de espalda.*

X. Y eso hace de inmediato, con la imaginación de un castor trabajando en la basura: *Escarba el ancla vieja, la espina nevada, / el caracol con un agujero en su esqueleto / y las latas de salmón rosado abiertas a hachazos, / para que el deleite no sea interrumpido; / contempla el castor lo inútil lastimoso, / lo que no fue el círculo del delfín.* El divertido delfín, símbolo de la gracia, envuelve al laborioso castor *como una cortina que tapa / el instante roto con la misma hacha ejercitada / en las latas de salmón rosado.* La gracia del juego, el juego de la gracia alivian lo inútil lastimoso de la vida. *Están bien estos insultos en Noel.* Sí, la Navidad es la llegada de la Gracia.

XI. De regreso en las aventuras de la historia, el poeta describe un barco: *el velamen se mantiene ileso / como un torso más firme que su idea.* Discípulos del castor y del delfín, los marineros combinan su trabajo con el juego: *marinos que se alzan de su tablero de damas / y sueltan el cordaje.* Desde luego, prefieren jugar a trabajar: *Nadie los toca, si les preguntan / escupen lentamente a estribor.* El barco atraviesa una nube que *retrocede / al tablero donde juega con nadie.* Pero la naturaleza parece estar a favor del juego, no del trabajo, como si la naturaleza fuera también juego, aunque peligroso: *Cuidadosamente la nube deja caer el barco en el tablero, / pasa de un cuadrado diagonal a un rasponazo coralino.*

XII. La historia humana, en fin, vista no como el encuentro del hombre con la naturaleza, cuya libertad es inocente y juega, sino del hombre con el hombre mismo, sigue siendo el mayor de los desencuentros, condenado siempre al fracaso y al crimen: *Manda a perder, por encima de los carros / donde insulta un rey a otro rey, donde cerca del humo / los guerreros conversan. / Toca la huida, cuenta los que saborearon la espada.* Lezama ve a estos falsos agónicos como gente perdida, que no sabe lo que hace, caricaturas espantables del hombre: *Perplejos, o lo ya dicho, espantapájaros.* Pero fijémonos en ese *manda a perder.* ¿Quién manda a perder? El *sieg heil*, la búsqueda de la victoria, repugnaba al poeta como estupidez y crimen. Dios manda a perder en las falsas batallas de la historia, manda aceptar los desencuentros como la evidencia de que la verdadera naturaleza se ha perdido y fallaremos siempre en sustituirla por una u otra mentira. Este último poema contiene una energía afirmativa, dura, rara en el poeta, signo de una profunda convicción moral y religiosa.

RESGUARDO, ALEJO

Solicita una protección contra el inventario caliente y seductor del mundo: *la sedosa colección de signos breves, / de animales de existir fulgurante.* Estas conocidas tentaciones comparecen ante *los magistrados oscuros, / pesados como reyes.* Conocen el carácter abrumador de esta invasión y permanecen vigilantes: *Esperan la crecida del río / que rellena el oído.* Poema entre los más breves del autor.

CORTA LA MADRE DEL VINAGRE

El título contiene el poema. El acto corriente de separar la madre del vinagre del líquido, adquiere para el poeta una dimensión trágica: separarse de su madre para efectuar una operación de consumo de la vida: *Deseas clavarte carnalmente / en tu sombra espesa. Allí está, en la médula del aceite.* Aceite noble contrapuesto a vinagre agresivo, clavarse carnalmente en esa nobleza. Inmediatamente la reacción, que más que sentimental y ética viene de la autenticidad: soy así, para qué esas oscilaciones: *No te cuelgues del péndulo / que raspa la madre del vinagre.*

EL ENCUENTRO

Pero el deseo de clavarse carnalmente sigue atormentando al poeta. Elusivo aunque sincero como siempre, el contexto del poema y la circunstancia específica del encuentro sexual o de su rechazo quedan en la penumbra:

aparentemente se trata de un ambiente rural o de quinta: *En la desenvoltura de una palma / sacude la lluvia breve y atardece:* tal vez una ceremonia de bodas y su fiesta: *Firmen, las firmas, vuelvan a firmar.* La sensualidad vulgar domina: *El perejil y el orégano nadan sus risitas en la sartén / y acariciando los tatuajes la menina se humedece.* La tristeza acecha: *Los dioses en el atardecer cosen su manto / y el paño de cocina tendido en su espera / es intocable.* Hay una familiaridad del poeta en la escena, definida por esta intimidad de la cocina. Pero él mismo se siente ajeno: *Su buena llama nadie toca, / la escasa llama ya no toca escasa suerte.* La intensa sensualidad del ambiente lo marea: *Las caricias como papeles mojados / pegados a nuestros cuerpos.* Ve crecer ese recubrimiento hasta el asco: *Una nariz medioeval, húmeda, inmensa, / que crece como los helechos rodeados de grullas rellenas / con velas amarillas, / y nos nausea.* Estar solo frente a las parejas que gozan entristece al poeta: *Pares o simple tarde que se amolda, / impar o tarde simple que se aleja.* La noche le consuela con la soledad cósmica: *Impar la noche como un buey suelto / se tumba sobre cascadas*, pero las contradicciones se mantienen: *Y la sangre que mueve sus preguntas / tropieza con la parte de su cuerpo que se tiene que quedar.* La fiesta continúa con su vulgaridad y sus alardes de machismo: *porque hay que ser originalmente la ceja recta y colorada.* El gallo recorre el poema: *Fuego colorado, cresta en picadillo*: una figura negativa: *el gallo desprecia la aurora.* A esta figura se opone otra igualmente fálica: *un gigantesco tubo violeta, / ya que en el fondo del pozo / el gallo ancho iba ocupando todo el espacio, / cercado por el recuerdo de los coros de niñas.* Difícil tentación: *la anchura del gallo preferible a los fragmentos nocturnos / que revelan el destierro de una vida sombría.* El poema cierra con la consideración del asunto, sin una decisión explícita, incluso con la indiferencia o el absurdo de la decisión: *Cierra sus manos con el peso de ese animal corpulento / y siente en las dos manos iguales el mismo peso escuchado.*

CUENTO DEL TONEL

Como contestando al poema anterior, este poema en prosa tira a relajo el asunto del encuentro sexual del macho: *En la puerta es la conversación súbita del tonel y la puerta. Se abre la puerta y el tonel se pone de punta. Parece que el tonel va a lanzar una eyaculación capaz de saltar la puerta abierta.* Este macho borracho se prodiga: *el tonel desenvuelve sus acontecimientos sobre el segundo vientre húmedo, redondo que se abre y cierra como si el mar lo hubiera incorporado a la calidad de sus descendientes.* El elemento femenino está dado por el chiste más que tibio de una vaca *que ha reemplazado los cuernos por dos tetas nocharniegas, espesas y con espesuras.* El macho en cuestión se siente saludable, añejo, ancestral, universal, permanente: *Ha sumado escaleras y espesuras, escalerillas y nubes, y la bodega reemplazada por el mar, asegura que el tonel abre y cierra los cien años.* Desenfadado y formidable texto, cuyo descaro ratifica el constante acuerdo lezamiano de la vitalidad y la eticidad en la total ausencia de hipocresía.

INVOCACIÓN PARA DESOREJARSE

Publicado a veces como un cuento, este poema en prosa participa de la naturaleza narrativa propia de la poesía lezamiana, acentuando sus presupuestos de lo incondicionado, que aquí llega al más divertido aunque revelador absurdo. La estética y la filosofía del absurdo comenzaba entonces a invadir el panorama artístico y literario, pero desde la angustia y el sinsentido. Lezama propone una situación delirante, de extraordinario humor negro: al personaje le cortan las dos orejas y luego unos mozalbetes que parecen soldados le insertan borlas azafranadas en los huecos. La escena ocurre en un ambiente hogareño, y hay una patrona que se jacta de su eficiencia: *Claro, mis dos orejas han sido cortadas, me cuelgan dos borlas azafranadas, y cuando me asomo veo un delantal inmensamente blanco, no se mueve, y por la tarde guardo caparazones vacíos de almejas.* La patrona ha estado recogiendo esos restos, haciéndolos *caer en su falda como si fueran flores.* El mutilado solo ve ese ambiente femenino que le es extraño: *Otro delantal, otro delantal, delantales, otro delantal, otro delantal.* El chistoso absurdo oculta una angustia: alguien que ha sido mutilado inocentemente en casa para un ideal de eficiencia femenina que le es ajeno. Para los que creen que Lezama era un materno-dependiente típico, esta es la prueba, pero también de la libertad y la profunda independencia del hijo de su mamá, capaz de sufrir esa circunstancia y de burlarse de ella con gracia y con amor. Este delicioso texto es además una joya de la poesía entendida como liberación personal.

ACLARACIÓN TOTAL

Después de los dos deliciosos poemas anteriores, este contrasta por la casi brutalidad del tema, sobre todo teniendo en cuenta la fecha en que fue escrito y publicado. Tal vez no hubiera entonces en la poesía de expresión castellana, como no abunda ni aun hoy, el tema de la masturbación: *tazas impulsadas / en el remolino de palomas sin pico.* Con su habitual pasmosa sinceridad, el poeta se confiesa: *tú en* voluptas voluptatis*, llenando / un cántaro al revés, vaciando, vaciando, / hasta adquirir el molde de una vaciedad.* El poeta se siente culpable: *Trabajar en hueco tiene que partir de la gracia operante / y el retorno de las cenizas tiene que estar tirado / por los caballos de la gracia operante.* La gracia del amor que justifica el contacto sexual está ausente en la masturbación. Peor, aparece el recuerdo no de la gracia ausente, sino del elemento físico en sí: *Los instrumentos operantes manejados por el rebaño / de mis compañeros y en el soez de que me vería / visto por ellos, / y cuando afloraban sus delfines, / el río de la memoria era también un instrumento operante.* El poeta separa su masturbación de la del resto de sus compañeros, seguramente estudiantes, en una operación clandestina que sin embargo tiene en cuenta la eyaculación de sus conocidos, incluso en el recuerdo. El poeta considera que esta realidad es inevitable y que forma parte del conocimiento: *Es un instante interpretado y el hombre trata de sumárselo, / tiene que llegar con su rocío cuando la sangre se entreabre.* Para ciertas personas la masturbación puede ser negativa, y el poeta usa una aliteración para expresar su rechazo: *los hombres / desdeñosos del rocío, llevan la leche a la lechuga.* Puede usted estar sin embargo involuntariamente lejos de la posibilidad de la gracia operante que otros gozan: *la pareja, la soledad y el fiesteo que bien entran por allí.* El poeta queda al margen de las parejas que se besan: *yo salía con la camisa desabrochada del orgullo de mis labios.* Entonces llega la visión brutal que define el tratamiento lezamiano del asunto: *Y tenía que fijarme en el caballo capado que subía / de los ruidos de la herrería, un martillazo geológico / sobre su sexo y la fuente y afluente de su chorro / de sangre que disolvía sus reservas espermáticas.* El caballo debe ser arrastrado hasta el árbol de la yamagua, cuya sombra se supone que tiene el poder de cortar la hemorragia. El caballo sigue desangrándose: *Vaciando, vaciando la sangre que trae el árbol. / Vacío de chorro yerto que ya no es nuestro. / Vaciando los cordones espermáticos de sangre yerta.* Este terrible espectáculo es visto por el poeta como una alegoría del pecado de la masturbación: *La advertencia puede penetrar en la semejanza / y el alimento acostumbrado. No es el rebaño / de tus compañeros y el río de la memoria.* Pero el poema está lejos de concluir en moralina: *En la gran hondonada de las advertencias / y los tambores, los emigrantes tornasolados / empiezan a construir en esa sombra que corta el chorro.* Hay una necesidad de hacer ciertas cosas: *el caballo quiere subir también por el hilo del tedio,* cuya contraparte es la masturbación recreativa, idea que recorre el poema. El cierre es claramente negativo, se olvidan del animal por negligencia o no llegan hasta el árbol curador: *No ganan su sombra: el árbol no marcha para buscarlos.* El vaciamiento voluntario de los propios bolsos espermáticos queda como un terror. El poeta nos aclara totalmente que lo ha hecho y por qué, y con la misma claridad nos impone un rechazo.

EL CUBREFUEGO

El vocablo cubrefuego no se encuentra en el Diccionario de la Academia, ni en el Larousse, ni en mi memoria de cubano. Dudo que se trate de un localismo habanero. Por el contexto lo identifico como la reja vertical de horno o fogón: *Generalmente / es el hierro vejestorio.* Pero la imaginación de Lezama propone esta rareza tecnológica: *Éste es un enrejado / de espinas* de pescado, tal vez devorado por una ostra que no se pudo arrancar y ahora está pegada *al nacimiento de aquella escalera / que se pone delante del fuego merovingio.* La escena parece que se ubica en la Edad Media: un cordero se asa en la candela tras la reja hecha con el esqueleto del pescado de río, frente a *los caballeros poseídos / por una caperuza de poder.* Empieza entonces una serie de relaciones oblicuas: *El enrejado de pescado lleva el riachuelo/ hasta el fuego, y así la rueca / lo disuelve por el aire que no quiso / soplar el fuego de la Mayor:* ¿la escena ocurre junto a un templo? Puede tratarse de un personaje eclesiástico: *aquel pulmón / lo desmayaba.* La rueca, lo que gira, es el asador: *caía con sus desmayos / en el laberinto de aquella rueda que cubría / el enrejado de pescado.* El propio poeta se interroga por su visión: *¿Cómo pegar / el enrejado, hacer cuadrados de espina / con espina?* Increíble que un espinazo pueda soportar el fuego: *Cerrar el fuego / con la rueca, volver a un fuego / que goce al árbol con su llave.* Se cambia entonces el dispositivo: *El enrejado con nueva cara / se divierte.* Continúan las operaciones del manejo del fuego: *El tridente se le hunde por el techo.* La clave de este para mí enigmático poema pudiera estar al final: *En la estación del fugitivo / en el reinado tan* *divertido al comenzar, / el cubrefuego reaparece con su tigre.* Al comienzo de la dinastía merovingia (481-751 de Cristo), se imponen las tonterías de los asados, los banquetes con tecnología rudimentaria de los poderosos de siempre. Pero todo ese ambiente de poder mundano está destinado a desaparecer, como la prolongada dinastía merovingia, sean cuales sean sus procedimientos, porque el hombre es un fugitivo sobre la tierra: *la nieve tan divertida al comenzar.*

EL ARCO INVISIBLE DE VIÑALES

El valle de Viñales es uno de los monumentos de la naturaleza cubana y ciertamente uno de esos sitios donde la realidad del Creador se evidencia en forma irresistible: semejante colmo de belleza parece artificial, concebida para deslumbrar al hombre por su refinamiento, como un jardín-paisaje de Edgar Alan Poe. Lezama visitó más de una vez este importante centro turístico y dejó unas respuestas líricas, y esta es la más importante de ellas. El extenso poema se organiza como una ensoñación a partir de un instante de realidad: *El doncel del mirador me muestra su estalactita,* sacada desde luego de las numerosas cavernas del valle: *me la muestra como a todo el que por allí transcurre, alaba.* Es desde luego un muchachito pobre, pero el poeta le encuentra algo más: *Su nerviosa curiosidad se rompía cuando mostraba la estalactita, / como si la fuera a regalar.* Dicho de otra manera, el vendedor no quiere vender, está más fascinado con el objeto o con la dación que con la posibilidad de la venta, aunque, *después de haber entregado y dejado acariciar la piedra,*

/ *dice: la suya vale diez céntimos.* Va a conservar la propia, tal vez. En realidad el muchacho está lejos de ser un comerciante: *Ahora él es como nosotros, se acerca al mirador / y se pierde después, después ya no está.* A partir de la epifanía del muchacho, el poeta comienza a profundizar en ella, como clave de la manifestación de la realidad creada que es la excepcional belleza del valle. La opulencia de Dios, el dinero del hombre, la necesidad de la posesión y de la dación.

De la misma manera que ama la estalactita, el muchacho recoge saltamontes o cocuyos, que guarda en una botella —*castillo de cuello de cristal,* dice gongorinamente—, junto con los diez céntimos. Antes de dormir, el muchacho repasa sus tesoros, luego coloca la botella debajo de la almohada: *era como si nos apoyáramos en el sueño esa agua de cocuyos.* El poema mima la refinada hermosura del valle con metáforas de un barroco alígero: *el aguacero se sentó en su trono de diversidad.* Pero en esa botella hay realidades opuestas: *el severo multiplicador de los céntimos / y la magia de las monedas frente a la cárcel de los cocuyos.* Porque el dinero es para el niño eso, un multiplicador de riquezas, y los cocuyos están presos en su afán de posesión. Esa es la tragedia del hombre, como sabemos, pero en el muchacho la necesidad de multiplicar y poseer la riqueza es un sueño de la inocencia. El vendedor de estalactitas duerme y sueña en el colchón hundido de su cama, *un trampolín para ser lanzados / al mar con la magia de las monedas.* Mientras duerme el muchacho, pasan por el cuarto su madre, dos hermanos, y una hermana *que antes de ir a visitar a su soldado, / pasó por allí para no hacer ruido, para no despertar.* Lezama va a usar estas dos últimas frases para encabezar las siguientes estrofas. *Le robaron la magia de las monedas,* dice, con una sintaxis ligeramente ambigua que parece referirse a la muchacha, no al hermano dormido: *las que sirven para coserlas en un traje / o para sumergir sus testas en harina.* La muchacha parece haberle robado las monedas al hermanito para ir al baile pascual con el soldado: *La cuchara deja su relieve en la cera del baile, / la copa de la alacena le sacude su rocío de cocuyos.* Sea un robo al hermano o el que le han hecho a ella, sucede que la muchacha no es inocente, las monedas no tienen para ella la magia de la riqueza indeterminada, sino la posibilidad de satisfacer las necesidades corrientes de la vida: *En la alacena cae la hoja / y se desprende una cuchara, después arena, después la luna / abrillanta la cuchara, después las hojas y los días.* Lo mismo vale, en la estrofa siguiente, para el mundo del trabajo masculino: *la cinta, metro a metro, en sus plomadas, / rodea la espuma necesaria de humo que nos vuelca / y el martinete enterrado que se mueve lentamente.* La pareja de la muchacha y el soldado han usado de monedas para gozar del baile: *Las monedas cosidas en su traje, baila y zumba.* Ahora parece que habla el soldado bailarín, el poeta o la humanidad adulta: *Con mi piel cosida de monedas soy jabato, perezoso y gaviota, / para afirmar que la espuma no es lo que sobra / o que la espuma es un sueño o metamorfosis innecesaria.* Sí, la riqueza material permite el goce de la vida, que es una riqueza de un orden más elevado y siempre legítima. Pero cuidado: *La magia de las monedas no es el mismo tema que la fertilidad de las espumas, / ya que yo hablo sólo de las monedas cosidas en su traje / o de las que no tienen resonancia al caer en un piso de cera.* La magia de las monedas es la magia de la opulencia del ser, solo soñada por la inocencia. Los dos adultos jóvenes están ya lejos de esa capacidad de ensoñación, o de visión.

El soldado fue también niño desde luego, tal vez hijo de un panadero, o trabajador en un almacén: *los rostros legañosos de harina, con aretes / de puntas de maní cruzan sus piernas en un relicario.* La familia, como todas, ha tenido la opción del sueño y la de la sobrevivencia: *Coser la moneda y el coral, el sudoroso cordel de las fiebres, / el puntazo limpio y chabacano que lo cosió a una suerte.* Encuentro una referencia al acto del engendramiento en este último verso, el destino del soldado, probable hijo de panadero o almacenero y costurera: *Las cubetas lanzadas sobre la carne de coral / y el barquito que galopa sumando sus monedas.* Pero el *guerrero bailarín*, el joven soldado está avanzando ahora por entre los pinos de su región: *Sus ojos, como un canario que se introduce, / atraviesan la pasta de los olores, remeros del sueño.* La participación en el paisaje es venturosa y escapan versos simpáticos de una intensa sensualidad: *La innumerable participación de la brisa / en la cabellera de los pinos enanos y del guerrero / que ondula su piel, impulsa sus recuerdos / a otras batallas dormidas, a otras rendiciones / donde su esbeltez tocaba al hijo de Poro y no de Afrodita.* Poro, la Abundancia, hace el amor con la Pobreza y engendra el Amor en una casa ofrecida a Afrodita, y en su fiesta. Pero el amor no es hijo de Afrodita, como suele decirse, sino de la Abundancia y la Pobreza, de Poro y Penia. Lezama debe querer decir que el soldado se apartaba del amor de una mujer, para una abundancia provocada por el aire sensual del bosque pinareño: *dormir es aquí también endurecerse cara al tiempo, / donde el cuerpo se embriaga cuando el aliento explora un nuevo círculo.* El soldado descabeza varios sueños en el bosque: *El combate toca entre dos pausas aladas / y el sueño vuelve a retirar las alfombras donde parecía hilarse la muerte.* Pero en este esplendor es difícil el descanso: *aquí el hombre no puede adormecer sus silencios;* por el contrario, la vida del bosque, única batalla para este guerrero bailarín, le impide el reposo: *Tiene que cobrar un ademán, detrás de la cascada / que él no podrá mirar sin reproducir.* El pueblo duerme, sin embargo, en una batalla paralela: *Nadie despertaba como queriendo ganar a nado la otra noche, / la suspensión del sueño era ágil como el varillaje de la gaviota, / como la quietud vigilante del martín pescador cuando clava sus ojillos entre dos bambúes.* La estrofa final corresponde a la mañana siguiente, en el que la lluvia *enfriaba el juramento de los guerreros y secuestraba el metal al fuego*: las promesas que se hicieron a las muchachas en el baile serán olvidadas: *Los guerreros llegaban y desaparecían con el antiguo traje / bordado de monedas, extraídos de la harina del almacén.* El combate de estos soldados *terminaba con los ropajes cosidos de monedas y corales, / sobre los guerreros que ganaban la otra noche.* Lezama no condena a estos muchachos: ellos han trabajado para el dinero que les permite divertirse, gozar de las muchachas, incluso salir enamorados de ellas o del bosque. Pero entonces se dispara una frase que aparentemente no viene a cuento: *Y el garzón del mirador muestra su estalactita: / la suya vale diez céntimos.* Se ha completado el arco invisible del valle, volvemos al tema de la opulencia fascinadora del ser, invaluable, imposeíble incluso desde el sexo o el amor, que solo la inocencia puede soñar y ofrecer por el precio irrisorio de unas monedas, metáfora de esa opulencia. Sólo Samuel Feijóo ha tenido una percepción tan profunda del espectáculo de la naturaleza cubana, y sólo Eliseo Diego ha podido enfrentar a esta altura el asunto de la riqueza vista por la inocencia. Pero el heroico Lezama los funde a los dos en este poema embriagado.

DANZA DE LA JERIGONZA

La fijeza termina con este poema angustioso y formidable, de densidad extrema aún en el caso de un poeta tan intenso como Lezama, lo que lo hace muy difícil de reseñar o interpretar sin pérdida de su riqueza. Si el dedicado a Viñales se ocupa de la opulencia del ser creado, con una celebración gustosa y comprensiva de la sensualidad del mundo, de la abundancia de Poro, este se ocupa de la otra cara de esa hoja de yagruma, de la miseria del ser en nosotros, destino de Penia, a través de nuestros cinco sentidos y de nuestra autopercepción y estima. Lezama comienza contrastando nuestro ser con el del ser natural no humano: *Crea el ser su caracol / y va la tierra ligera a su canción.* Es la inocencia de la Creación cuyo propósito sería el de conocerse a sí misma: *El ser nace y su nacimiento cumple la mirada.* Pero este destino se tuerce en el hombre: *La piedad por nosotros en su cambio borra su anterior,* esto es, el ser del hombre no es inocente, aunque obsérvese que esta condición oculta una piedad. El hombre crea y mira lo creado pero sin inocencia (recordemos que aún el garzón de Viñales vendía sus joyas): *No importa la construcción estable del objeto / ni la mirada que eternamente repasa su pareja de plura-*

les. Estamos condenados a indagar nuestra miseria: *¿Por qué los griegos, paseantes muy sensatos / nos legaron el ser?* Somos culpables sin escape: *Otra guarida enfrente, / otra guarida lame como lobo a su noche.* Ya que somos culpables debiéramos estar fuera del conocimiento: *La chispa fue robada ¿por qué en nosotros el ser? / y en su huída los dioses nos dejaron el ser.* Lezama describe la típica condición del hombre contemporáneo, la pérdida de lo divino que lleva en esos años a la desesperación existencialista: *Así su vacío tiene flores con ojos, que sin preguntas / acompaña la errante población de lo perdido.* Ni la creación ni el placer pueden erigirse en sucedáneos: *Y el ser no es la construcción morosa del objeto, / no se despega de una adúltera carne veneciana.* El ser se construye en nosotros como un batido o mezcla de las percepciones de los sentidos en la desesperación del tiempo: *Los cinco prisioneros no se oyen, / son los cinco vinos en la garrafa sucedidos. / Hasta la eternidad. Que se repita la eternidad.* El poeta les pasa revista en forma sardónica, sin mencionarlos por sus nombres: primero la vista, relacionada con las imágenes como ídolos: Uno, *que es un feto de hornacina empuñada la grasosa serpiente, / gordezuelo se nutre con rosas de cordero:* probablemente un Mercurio. Sigue el olfato: *Nada por su celda* Otro, *sílfide / se aclama, pretende irse como el humo.* Luego el gusto: Tercer órgano, *también preso, en el suelo / rodéase de los platos que no come.* Con el oído se ensaña: Tetra, *infla los carrillos para un nombre, / la ronda le oirá zumbar su reclamado: / Riosotis de Miraflores, / entrambas partes miro o giro.* Y cierra con el tacto: Cinco *los dedos acarician por el muro / o cinco se van a cuello de guitarra.* Como se aprecia, este poeta sensual nunca es un poeta de la sensualidad, los sentidos se le aparecen como prisioneros del ser exterior, están condenados a reflejarlo sin que ese oficio aporte un conocimiento del ser propio del hombre ni tampoco una posibilidad de mejorar su ser. Pero el ser exterior está ahí, y también la ley moral en el hombre: *Fija la línea del horizonte y tú, Horeb, dilata las fronteras.* (El monte Horeb o Sinaí, en el que Dios le da a conocer a Moisés su Ser y los Mandamientos). Así, el mundo exterior se erige en un desafío para la identidad y la felicidad: *Lo exterior entre el ser y la canción.* No, el hombre no es un inocente y feliz caracol. Por la piedad de Dios está llamado a la trascendencia: *Su locura, su ¿oye alguien mi canción? / hace del ser una guarida y recela lo exterior.* La pérdida de la idea de la trascendencia conduce a una desesperación que el poeta refiere con inmejorables palabras: *¿Oye alguien mi canción? ¿Oye alguien mi canción?* Cuando se tiene la fe infantil de un Eliseo Diego, lo exterior es precisamente el asidero de la fe, la seguridad de salir del ser culpable hacia la inocencia de lo creado, la otredad en que sospechamos a Dios. La ausencia de fe nos aboca a la tragedia de una desconfianza global, contra todo cuanto existe. *¿Qué es lo exterior en el hombre? / ¿Por qué nace, por qué nace en nosotros el ser?* Terribles interrogantes. En otro lugar Lezama dirá que el nacimiento es nuestro único acto inocente. Hartos de estas preguntas nos atenemos a las tentaciones de nuestro diálogo con el exterior: *Cuando llegamos a la línea del horizonte regresa / la mujer y tocamos. / Los cinco prisioneros ávidos de esa mujer que regresa / de la línea labial de las vírgenes mudas.* El sexo acumula la tragedia de la identidad y la felicidad, se convierte en su microcosmos: *Las viejas locuras preguntadas, / que lan-*

zaron por la caparazón o el hornillo / los viejos disfraces titulares / vuelven sobre nosotros como el ser, lo exterior y la canción.

Se desata entonces una nueva danza de la jerigonza de los sentidos, que vuelven a aparecer con sus máscaras de Uno, Otro, Tercer órgano, Tetra y Cinco: *Recorren los cinco prisioneros / el cuerpo resguardado en la línea del horizonte:* porque la actividad de los sentidos jamás logrará la meta de poseer, de conocer ese cuerpo que permanece en la lejanía de su ser, en la lejanía del ser: *La concha del natural rocío dilata las fronteras.* Con esa evidencia, la atracción sexual es vista con un criterio que la distancia y la anula: *Ahora lo exterior en la mujer se va a su sombra.* Significativamente lo que sigue es la narración de un asalto sexual: *Estoy descalzo y cierro bien la sala. Los cerrojos / impiden que la llama del promontorio penetre por mi sueño.* Comienza otra danza de la jerigonza de los sentidos que narra el asalto, y que comienza con la vista: Otro, *con una tira de papel encendido penetra los cerrojos.* El poeta intenta rechazarlo: *Tú quisieras huir en los añicos del Dioscuro en la plazoleta,* es decir, continuar con una amistad civil, con una hermandad reconocida, pero *el estirado tergiversador,* a mi juicio el demonio, *precisó tu corrida inoportuna, la que destruye.* Este *Primigenio* pues, *resuelve no tocar la danza aparecida / para el cuerpo y la flauta, indeciso / entre el reto del cuerpo y la lenta historia de un desenvolvimiento / preludiado por la flauta.* Se diría que el asalto sexual ha sido neutralizado: *la voz penetró hasta grabarse en la placa de cobre:,* y esos dos puntos dan paso a una explicación y otra escena: la explicación de que en un frío invierno podemos pensar que bajo nuestros paños *alguien más allá puede caber, / como animal pequeño de dulzura mecida / o como sobrante monstruo que sopla la corneta.* La escena presenta la audición de un disco de Prokofiev en un tocadisco (época de las placas de high fidelity): *y la aguja lanza una chispa que es una gota fría. / La gota fría está en mi cara al empezar. / Alguien me mira fijo y me avergüenzo.* Hay más de dos personas: *Todos, lo creo, me están mirando, me disuelvo. / Mi aguja fría los ha tocado en una pasta.* No es un ambiente en el que el poeta pueda reconocerse, a pesar de Prokofiev. Este intento de asalto sexual fracasa también.

Se repite entonces la jerigonza, en versión disminuida y final. La alusión al tacto ya propone una conclusión: Cinco *los dedos interpretan por el cuerpo el fingimiento de la entrega, / su cautiverio en el éxtasis sólo expresa su rescate secular.* Una salvación puramente temporal desanima al poeta. El asunto de la identidad también le preocupa: *¿Hay que disfrazarse de peluquero para bailar sus propias danzas?* No, no hará eso, y esa opción cuesta: *Necesito moverme en el baile hecho para otros, / mi memoria precisa las danzas de mi nacimiento.* Finalmente se pliega a la necesidad con decoro: *Entré cuando no oía la nota adulterada y así pude entrar en el baile / de los otros sin sobresaltarme. En la noche, disfrazado de peluquero, nadie me reconocía.* Confesión de categoría, en aquella fecha. Que trasciende su sinceridad para enfrentar interrogantes de altura, dentro de los temas del texto: *¿Disfrazado de peluquero puedo penetrar en el exterior remolino? / Si estoy frente al espejo, saco la lengua ¿oye alguien?* Esta aventura del conocimiento del ser a través de los sentidos en el sexo resultará siempre incompleta y nos alejará de nuestra identidad y de la trascendencia:

¿La conclusión de los cinco vinos en la garrafa sucedidos / la puedo llevar a la línea del horizonte? ¿me pertenece? / ¿Tengo que penetrar al baile de los otros en el compás adulterado? La jerigonza de los sentidos continuará, desde luego, pero la idea de la felicidad, la realidad de la felicidad vencerá siempre a sus confusiones: *La duración en la canción olvida la enemistad / del polvo del carey en el ser y la uva lusitana en lo exterior.* El poeta queda iluminado por la felicidad en la trascendencia, en donde está su verdadera identidad: *Con el disfraz de peluquero podemos bailar las propias danzas, / pero de la canción a la canción vuelve a cantar el ¿oye alguien?* El poemario *La fijeza* concluye en este texto de inmensa riqueza y pasmosa valentía con la fijeza de la identidad en la trascendencia, probada en la zona más íntima, difícil y trágica de la vida. Contados poetas en toda la historia han llegado más abajo y más alto.

DADOR
(1960)

Dador es el poemario supremo de Lezama. La lírica objetiva que triunfa ya en *La fijeza* se extiende y eleva en este libro por más de cien páginas, constituyendo, literalmente, un volumen de poesía. Escritura corporal la de Lezama, y culmina en este libro grueso, nunca obeso, majestuoso. Jupiterino, sino que le dice a Fina García Marruz: *No tengo el genio ni el rayo / de Jove...* Y dejando a un lado esa frase de humildad: aunque lo mítico es fuerte en este poemario, resulta el libro intensamente religioso y católico de Lezama. El título ya lo plantea sin ambages, porque el Espíritu Santo es el Dador de vida. La oración de Navidad de *La fijeza* se amplía aquí en unas direcciones impensables, abisales, imprescindibles. Tengamos en cuenta que Lezama era un asmático severo. Su padre había muerto a los treinta y tres años. Marcado por la muerte y la enfermedad, obeso, obsedido por deseos homosexuales, carente de hijos, el poeta tenía que hacerse continua y especialmente la pregunta de todos acerca del valor de la vida. ¿Vale estas penas? ¿Cómo es que nos *han dado* estas desgracias? ¿Somos inocentes de ellas? Si Dios existe, y hay además Navidad de Dios, ¿cómo es que hemos nacido para esta muerte de extravío que llamamos vida? Por otra parte, el poeta fue siempre un tipo bien plantado, fotogénico a cualquier edad, insertado en la cultura vitalista cubana y el desenfreno de consumo y fiesta de la Habana de entonces. Para contestar a estas polaridades erige Lezama su monumento de lírica filosófica, en donde la fijeza de la embriaguez del conocimiento enfrenta al Dador —Víctor Hugo había titulado *Dios* a un poemario— y testimonia lo que sabe, lo que sufre y lo que celebra, sin renunciar a nada y sin ocultarnos, ni mixtificarnos, nada. La visión lezamiana de lo real se expande en estos poemas con una riqueza desenfrenada, como un desafío espiritual contundente.

La lírica objetiva de *La fijeza* llevaba en su centro unas revelaciones teológicas. En *Dador*, que se aparta de la estructura triádica de otros libros suyos, se parte explícitamente de esas revelaciones. La estructura en dos partes concede un protagonismo a la primera, encabezada por una visión casi blasfémica del Dador. Porque la vida que nos ha dado el Dador está profundamente corrompida, porque el Tres que es Dios se multiplica en infinidad de basura medio demoníaca, o demoníaca a pulso, Lezama elude las versiones edulcoradas o por lo menos optimistas de la salvación cristiana: le interesa el extravío humano y universal, las evidencias de un posible fracaso de la Dación. La teología se convierte en ballet, y en ballet pagano. Lezama estaba consciente del desafío que intentaba, pues en algún lugar recuerda que hay un pecado que Dios no perdona, y es el pecado contra el Espíritu Santo, contra el Dador. Rey de la sinceridad, no oculta que esta tentación le ronda: el poema final, *Nuncupatoria de entrecruzados*, exorciza mediante *la forma* la condena de la generación humana del mal. Sólo en tres ocasiones menciona al Espíritu Santo en su poesía: y ninguna tiene un valor digamos de devoción. Lezama conocía desde luego el dogma del pecado original, la doctrina de la justificación, las proposiciones doctrinales católicas y protestantes que sirven para enfrentar esta problemática terrible. Pero a él no le interesa una propuesta salvífica, le interesa la problemática. Es su deber como poeta, porque además sabe que la poesía, trascendiendo la función irrenunciable del testimonio, tiene sus propios recursos de salvación. El Dador nos ha dado esta vida, y también el don de la poesía salvadora.

A partir de este desafío Lezama alimenta su lírica objetiva con nuevas penetraciones en lo real. Una bahía de Jamaica, el carnaval de La Habana, los campesinos cubanos, los amigos de su casa, un inesperado repertorio realista que triunfará en *Fragmentos a su imán* mediante los recursos del estilo coloquial, nos demuestra que *lo dado* puede ser también glorioso, o combatible, o amoroso. Y que incluye la confesión: el poema que da título al libro es confesional *passim*, aunque solo se revela ese sentido en el extraordinario fragmento final, donde se pasa de lo mítico especulativo a lo demoníaco de una escena habanera, sin transición. La lírica objetiva de Lezama alcanza sus topes cuando describe la erótica de la materia, tierra, viento, agua, fuego que nos marcan y nos retan. El Dador nos ha dado Algo muy grande, que nos excede y nos fascina.

I

DADOR, EL POEMA

Dador comienza con un guion de ballet, lo que recuerda el fragmento inicial de *Aventuras sigilosas*, que parece un libreto de ópera. Pero a diferencia de aquel, que contiene todos los episodios del libro, este ballet no se relaciona con las narrativas de los restantes poemas, ni con el tono, ni con la forma, puesto que se trata de un poema en prosa y el resto del poema son versículos. Por supuesto, hay una relación muy profunda entre este prólogo y el cuerpo del poema, más allá de la numerología del tres, el nueve, el cuatro, el dos, que luego serán la del seis y el cinco, por ejemplo. Dador es uno de los nombres de Dios en la teología católica: Señor y Dador de Vida se le dice en el Credo de Nicea-Constantinopla al Espíritu Santo, la Tercera Persona de la Trinidad. El Credo se dice habitualmente en la misa. El poema en prosa inicial describe de una forma convincente un ballet: escenografía, iluminación, pasos de danza, creemos oír la música y ver a los nueve adolescentes con máscaras doradas y los cuatro hombres con armaduras que verifican un *rejuego y algazara*, una extraña confusión de semicírculos y líneas, y en la que uno de los guerreros va a morir. Por ese que muere, entendemos que tres de los cuatro guerreros son representaciones cuasi blasfémicas de la Trinidad en sí misma, y la figura mortal es la de la Segunda Persona Encarnada: lleva una mancha, asume el pecado de los hombres. Una de las tres figuras porta fragmentos vegetativos —Creación, alude al Padre—, la otra danza, es acción o movimiento: alude al Verbo, y la tercera es grotesca: alude al

Espíritu torcido en nosotros. La suma de los danzantes arroja una posibilidad convergente: hay trece danzantes, uno ha de morir: el número de los Apóstoles más Cristo. Poderosa imagen de la vida que nos ha sido dada, que tiene en los números la huella del Creador, pero en la que estamos confundidos y condenados sin remedio.

Nada mejor que esta visión de altura, total y durísima para introducir las indagaciones en el abismo de la vida que constituyen el poema. Tengamos presente que el poema y aun el libro al que le da nombre no pueden ser cabalmente interpretados sin estos dos elementos decisivos: el título y su significado dentro de la teología católica, y el prólogo-ballet que explica el significado que el poeta quiere darle a ese título, y que no volvemos a encontrar en ningún otro sitio del poema o del libro. Con este entendimiento podemos comprender por qué el cuerpo del poema está compuesto por *nueve* fragmentos de tipo, digamos, míticos, y un texto final que nos muestra una escena perfectamente realista. Hay un poema para cada figura adolescente, para cada múltiplo terrestre del Creador; y hay un poema final, en el que los temas encarnan. Los fragmentos suman un Diez, número de perfección, del retorno a la Unidad, que solo se logra por ese texto final, distinto. El poema posee una estructura ternaria: el prólogo-ballet, los nueve textos míticos, y la coda realista y demoníaca. La suma de todos los elementos es 11, un número también interesante puesto que una de las obsesiones del poema es la de la reproducción de la unidad. No solo por el título, sino además por su estructura, el poema refiere a la Unidad y Trinidad de Dios según la teología cristiana. Sin la intelección de esta voluntad de arquitectura que contiene una definida propuesta de orden religioso, nos equivocaríamos al enfrentarnos a las realidades de espanto que el poema contiene. Lezama quiere ser sincero y objetivo hasta el arrojo, jamás impío.

1. El primer fragmento es uno de los típicos poemas lezamianos que ocurren en el plano mítico e histórico: es el tema de las primeras civilizaciones, de lo que él llama *el cómputo por seis*: la creación terminada que ahora se mantiene y se reproduce a sí misma en la agricultura, la ganadería, los oficios y el sexo, y que es controlada por los sacerdotes de la religión natural. Todas estas actividades humanas están regidas por lo tanto por una suerte de Eros de la naturaleza, *el cómputo por cinco* cuyo objetivo sería completar el Seis de la llenura o completitud, pero que funciona como una realidad autónoma, autoerotismo que evoca la masturbación: *La mano derecha estruja la centifolia* y *repasa las flores del desierto regadas con arena*, y que tiene como una dimensión universal o panteísta, pues *amiga la distancia del jinete y la estrella fría*, de manera que *las caricias son de poro a poro, de poro a estrella, enloquecidas*. Lezama imagina incluso una erótica anterior: una de sus fantasías primordiales es *el árbol de la conjugación del Eros* —preciosísimas palabras— que brota en el hombro de un hombre y provoca su reproducción sin el otro sexo. Pero la masa del poema refiere el estadio civilizador que supone un control y un goce de las cosas del mundo desde una perspectiva mágica, calculadora y por lo tanto numerológica sin trascendencia, controladora de su ser como ha llegado a ser sin más: *el culto maternal de las aguas* practicado por un sacerdote repleto de la *hybris* del deseo, o por los que *inauguran sus metales como si las estaciones / siguieran*

la ley de su excepción y no sus murmuraciones sucesivas: o dicho de otra manera, este mundo primitivo es tan fascinante como fallido, está lleno del pecado y del error: es un mundo confuso, turbio, sin claridad, que evoca las dinastías egipcias o babilónicas, pero sin referencia concreta más allá del *misional, egipcio insecto* que interviene en alguno de los versículos: dos evocaciones de la ciudad de Damasco se equilibran con las danaides (mito griego que refiere a Egipto) o el esturión o el cultivo del mijo (Asia, África), sin que podamos fijar un marco geográfico. Pudiera decirse atrevidamente que constituye la descripción de la lezamiana Era Imaginaria correspondiente al modo de producción asiático. El recurso al ajiaco cultural se resuelve en un arte culinario de enorme lucidez: se trata de una sociedad imaginaria que contiene el imaginario de unas sociedades por demás en el mismo estadio evolutivo, descubriendo la misma propuesta de la Imago. Porque lo que estuvo en la historia está en la imagen: lo importante es la participación del individuo en las fuerzas primordiales del universo, en las que está sumergido sin orientación y sin escape.

2. Si el fragmento anterior nos presenta una cultura primitiva, este comienza nada menos que por la descripción del acto de la escritura del poeta en la pizarra: con la tiza en la mano, *las tachuelas de diamante preguntando por el encerado*, el dómine prolonga su cuerpo en unas revelaciones de sí mismo que son sin embargo primitivas y eróticas: tigre, antílope, hoguera, jugos ácueos. Hemos ganado en sutileza pero seguimos esclavos del *sueño en el cuerpo espesando*. Sin transición, la escritura que es el propio poema aporta una sentencia elevada e irrebatible:

Existir no es así una posesión sino algo que nos posee. Estamos poseídos por la realidad de nuestra existencia, que no hemos decidido y no podemos controlar. Todas las posesiones son ridículas por sobrantes e imposibles, como también el *luego*, la existencia sucesiva en el tiempo, y más todavía la *derivación* de sí mismo que conduce a la otra *criatura*: la reproducción y la creación. Como católico, Lezama sabe que *la criatura / se reconoce en la distancia cuando la distancia se nombra / en la suprema esencia y la suprema forma*, o dicho teológicamente, solo puede reconocer su distancia de Dios, y por lo tanto su positiva relación con él, incluyendo la unión, en la eucaristía, en donde la esencia divina y la forma del pan coinciden. *Pero a nosotros*, dice el poeta, desligados de esa relación (téngase en cuenta que Lezama no se confesaba y por lo tanto no comulgaba) *sólo se nos hace visible la caída y la originalidad por la sombra y la caída.* Ciertamente la sombra y la caída son la fuente de la prodigiosa inspiración de Lezama, pero la confesión es tan lúcida como terrible. Lezama no es el jinete del primer fragmento, no está sometido a un panteísmo ni tiene que estar subordinado a un erotismo sin control, y el hecho de pertenecer al mundo de la revelación cristiana lo pone todo más claro pero no más fácil: *Ser primero en el uno indual y luego reconociendo el cuerpo deslizado / que se detiene frente a él, desaparece.* El deseo del otro cuerpo nos aparta de la unidad con Dios. Vulgaridad: *cuerpo que en la derivación se entrega al baile.* Como en otros momentos, Lezama opta por sublimar el deseo: *Las numéricas claves del perfume logran su relieve / hacia la otra esencia sin deseos de su forma*, lo que se verifica por la creación artística: *La esencia sustancial y la forma esencial abandonan / la sorpresa de su escala y tocan la suspensión del contrapunto*: es un *Giorgione que detiene y ofrece su violín*. Estamos de regreso en la escritura sobre el encerado, el cuerpo sigue oponiéndose a la posesión por el ser en la esencia sustancial y la forma esencial, pero ahora la *visible absurdidad* del otro cuerpo *se remansa*, y podemos reírnos de él cuando *se hinchan en los arrogantes paseos playeros* y cuando los enfrenta la brisa, o dicho lezamianamente, cuando *suenan soplados por la puerta de algodón*. El humor de esta metáfora final certifica la autenticidad del poema.

3. No conozco otro poeta al que se le haya ocurrido escribir sobre las aventuras metafísicas del espermatozoide. Ya hemos visto cómo el misterio de la reproducción obsede a Lezama: este fragmento está dedicado a la realidad que la desencadena, esto es, a la acción fecundadora del germen, que contiene a la muerte como obligación: *En cuanto el germen se escurre lánguido hacia el ajeno protoplasma / ya siente la presagiosa nube del tanatos vorazmente inalterable*, porque él mismo es un eslabón de la cadena de la vida, *de un voraz ancestro / que está en su propio protoplasma*. En el espermatozoide aun no tenemos la criatura definida, pero sí esa ambición de devorar el ser que habrá de distinguirla como impulso vital: *Sólo la voracidad del germen se incluye en la identidad / de la sustancia y golpea los perros del trineo*. Sin embargo, el germen en sí no tiene capacidad para decidir una nueva vida, por el contrario contiene una pasividad: *pulula, se recuesta como la madrépora / y se encadena en el centro a la contracción de su gota*. Lo que pone en marcha la reproducción es *el lanzazo vertical del verbo*,

la acción divina, que por su parte requiere de la sustancia para engendrar el huevo que comienza a multiplicarse: *El verbo sobre el germen se aclara en la sustancia, / que no sólo recobra la unidad del centro con la piel, / sino lo igual que vuelve a la humareda de los troncos navegando.* El espermatozoide queda pues destruido, trascendido en la criatura que comienza a conformarse como un ser espiritual: *Después que el verbo y la sustancia traspasaron el germen / el sentido se alzó a la estatua penetrando por la mirada*. A seguidas de la coma con que acaba esta majestuosa frase, Lezama incluye una versión de humor ácido acerca del proceso de la maternidad: *y convocando a las irradiaciones saltantes de los sábados, / y su donoso cerco de gatos ovalando la ventana lugarteniente, / sutilmente derivada, criatura adormecida y empujada*. El poeta no está interesado en el feto ni en la madre, sino en la característica del germen que parece negar en sí mismo el acto de la reproducción: *En aquella voracidad del germen hay la vuelta al ancestro, / como el ser se anega en el ser absoluto y la potencia / se destruye en el océano de ese absoluto domeñado*. Más que la repetición interminable y absurda del acto de la reproducción, lo que el poeta añora es anegarse con su ser en el absoluto ser, y por eso lamenta que esa potencia de absoluto que contiene el germen se destruya en la reproducción. Con todo, reconoce que hay un consuelo en este misterio: *El germen metamorfoseado en el acto puede participar, / se libera de su hambre que lo rendía a la doctrina del padre.* Y lo mismo ocurre con el hombre que no se reproduce:

Así el espíritu que no puede operar sobre el germen,
que vuelve siempre a la destruida niebla
de su centro
y se decae en el espejo vuelto hacia
la entraña aporética,
sino que al apoyarse en la fila de álamos
y la envoltura
reconciliada del bosque, en el acto de penetrarlo
por el sueño,
encuentra el acto de penetrar en la piscina.

He aquí una sublimación más poderosa que la del anterior fragmento: se trata de penetrar con el sueño, es decir, con la imagen, el acto de la fecundación y de la multiplicación de lo creado como participación en el ser absoluto. Armado con esta visión intelectual el poeta puede reírse de las tentaciones del sexo, y hasta de la sintaxis del texto, provocativamente:

El germen se consumía en la planicie
del ser absoluto,
pero el acto necesita de esa cobardía que es también
una medida de las criaturas
y que reemplaza el océano infinitamente mordido
por la piscina, que tiene también
su escandaloso reto,
permanece cerca de nosotros y nos sonríe
como un pez,
y se burla de la grosera inutilidad de su cercanía.

4. Pero ni remotamente el poeta se conforma con la sublimación. Este fragmento está dedicado a la aventura he-

terosexual, concebida como *la sobreabundancia lanzada a la otra orilla carnal*. De ninguna manera defiende el autoerotismo, que rechaza sarcásticamente: *Sabemos el acrecentamiento de la estatua en la concavidad de la mano, / aclarada cuando muchas manos oyéndose, / la van reavivando al bailar en otra playa*. La función está en la otredad, la sobreabundancia no es una abundancia de semen, es la otredad de la mismidad, una responsabilidad peligrosa: *Abundar como dormir no chorrea el sentido del cuadrado, / pero sobreabundar es como cuando el durmiente / (...) se encuentra que la luna ha llegado también al fondo del infierno*. Sí, la naturaleza es un riesgo, hay que ver qué se hace con ella porque *si la llama se va esponjando / por el árbol de la respiración, tropieza con los confines / del propio cuerpo y allí se seca en las arenas*. El autoerotismo tiene un precio: *el espejo va secando el germen para el acto*, para el acto de la cópula que es mucho más de lo que creemos, es esa sobreabundancia universal lanzada a lo otro. Lezama describe o inventa un insecto, el antílope volador o *volatus discantus*, que aparece como cegador del hombre y provocador del onanismo: *se desprende / como cometa que va formando sus aceitados anillos / por las piernas del cazador o del caricioso hombre pez*. A lo que se opone la penetración en la vulva, referida con humor: *El reseco tegumento, columnata piriforme o elefantita paradisi / araña el cucurucho de nieve de la matriz en tubillos de cristal*. Sí, el hombre pez, el nadante o espermatozoide, *se lanza en la segunda muerte al remolino*, incluso *desea morir.* Porque no es el deseo o la necesidad de la reproducción lo que dirige este acto, sino la sobreabundancia de la imagen, que *puede alzarse contra las frondas / y contra la muerte*. Porque la función de la cópula es engendrar un nuevo espíritu, una criatura que está en la naturaleza pero por sobre ella, por el don de la inmortalidad. *La aprehensión análoga es el único ojo de la imagen*, o lo que es lo mismo, la imagen sólo se ve a sí misma, solo quiere engendrar el espíritu que ya es, y esa fabulosa realidad rige al deseo y su realización: *el acto sobre el azogado ombligo nos rinde el cuerpo irradiante*. Importante adjetivación: el ombligo azogado, el ombligo que es espejo de sí mismo sin dejar de ser otro, incluso el del cuerpo femenino. La cópula y el orgasmo constituyen participaciones en el ser absoluto, sin que alcancen la condición de anegamiento en él, tampoco de fusión definitiva. Pero la sobreabundancia procedente del ser absoluto nos regala un cuerpo que la irradia.

5. Este complejo poema nos hace la gracia de proponernos su asunto en las primeras cuatro palabras: *El apresamiento del objeto*, los accidentes de la posesión. El poeta usa a este fin dos fuentes de referencias culturales constantes en él: el mundo egipcio y el griego. La posesión del mundo, ya ironizada en el primer fragmento, es aquí presentada en su fin corriente: la muerte personal, evocada en el rito de la preparación de una momia. *La primera sustitución del escudo de Aquiles por la copa sin vino, / no obtuvo en su disfraz el objeto en su tegumento selenita*. La posesión del mundo en el cuerpo reducida a un pellejo reseco que resulta una caricatura de la persona, vaya destino, incluso si es *recibido en la camerata de Nu el Canciller*. Esta alusión al Libro de los Muertos preludia otra variante de la posesión, ya esbozada en el segundo fragmento, la de la escritura. La escritura ideográfica, especialmente la de

los egipcios, es una variante de la posesión del mundo, ya que un mismo ideograma puede representar un objeto, una cosa, una idea, pero no exactamente las palabras que las significan. Dicho de otra manera, el ideograma es plurisémico, es un acto de abarcar o poseer cosas, de agarrarlas y cifrarlas. El propio poeta lo revela: *un solo ideograma / significa* pelambre, pellejo, piel, despejar y desollar. Pero al mismo tiempo, el ideograma rechaza entonces una significación precisa, o lo que es lo mismo, a fuerza de querer poseer mucho mediante un símbolo, no tenemos nada concreto, y la posesión fracasa: *la escritura borra el análogo que necesita la visión / y el* puesto ahí *fatalmente es el innumerable rechazador*. Se abre entonces otra etapa del poema que nos presenta a un jinete nocturno que atraviesa distintas posesiones profanas: el correaje de su corcel, el desierto, el mar, el buey, el gato: véase la progresión: dispositivos del viaje, opuestos de la inmensidad del universo (desierto, mar), en el fondo muy conectados, el animal productivo, el del recreo. Son las posesiones del mundo. Pero este jinete nocturno sabe que *la brevedad de su mano le basta para medir / incesantemente la distancia de la puerta hasta el símbolo*. Y es por eso que sus aventuras profanas no prosperan y se encuentra abocado a la meditación de la muerte: *ahora estamos inclinados en la copista servidumbre / de las sombras regidas por el látigo de Proserpina*. Esta escritura o libro de los difuntos provoca el *gemido en busca de la nocturna maternal*, de una protección originaria, que está siendo estorbada por tentaciones eróticas: *la tiorba de la siria gemebunda*, colocada *entre las desdeñosas espaldas del dios arbóreo / y la garduña centinela embadurnada* (la garduña es un animal carnívoro parecido a un gato). Hay un rechazo de un *monstruo boca formica*, que queda *patas arriba bien peinado, / baba de rasurada pierna bailarina en el trompo androginal*. Llegado a este punto el poeta se lanza a sus acostumbradas bromas con la mitología: Júpiter convertido en águila bisexual para raptar a Ganímedes, Céfiro que mata a Jacinto (para quitárselo a Apolo), que en realidad está planteando el tema de la bisexualidad de Apolo y de Júpiter, *hybris* de la posesión si las hay. Ahora bien, a diferencia de otros poemas del autor, aquí la relación homosexual no aparece castigada, ni desviada hacia la imagen, por el contrario se establece un paralelo y una tangencia entre la imagen y el orgasmo en cópula:

La marcha de la metáfora restituye
el ciempiés a la urdimbre, el vuelco del Eros
relacionable logra las tersas
equivalencias siderales
y las coordenadas donde las palabras
se hunden en las semejanzas.

No deja de señalar sin embargo que el *espejo ptolomeico,* nuestro descubrimiento en el eros universal, *está reemplazado por el agua untada / con la tenebrosa cornamenta del reno*: hay algo frío y animal en esta experiencia, que alcanza al mismo tiempo un autodescubrimiento voluntario en el otro:

Así el alertado antílope penetra en el espejo
Y la escarcha de papel o nieve iguala
la sangría del espejo astillado.

Entonces la nocturna maternal, la violada cascada maternal, la matria, ha sido superada, y cuando se duerme blandamente *surge priápico y tumultuoso el Eros relacionable*. ¿Onirismo sexual? Lo que importa es una segunda superación, a nivel del espíritu:

La metáfora nos obliga a creer
en la primera existencia
del pétalo del jacinto, antes que
el tejo coralino de Céfiro
descendiese al Hades con el gracioso Jacinto,
y levantase el plañido de las excepcionales
flautas apolíneas.

La flor del jacinto se parece al término ay en griego, lo que supone el lamento de Apolo, que ha perdido a su amado. Luego la flor del jacinto es un ideograma adelantado del lamento de Apolo. Lo creado tiene previsto todo sufrimiento, toda aventura del ser. Nuestra ambición de poseer lo deseado es errónea y absurda pero está prevista. Está previsto también nuestro lamento por la pérdida y la muerte. No hay que espantarse con el deseo de posesión, sea cual sea. *Ya* estamos escritos, poseídos.

6. Es este un poema relativamente sencillo y transparente, que se ocupa del acto de la cópula. Se inicia con la advertencia de que el acto en sí mismo contiene un peligro de traición en su multiplicación irresponsable: *la potencia pellizcando la cornisa marina con nidos / alcióneos, no ofrecen la medida de nuestra respiración*, por la que pudiéramos ir a parar a una lamentable animalidad: *si ponemos la mano en el ancla de ese ritmo /*

desciende a la fauna del reverso, el ojo de la tortuga. No se trata de fornicar todo lo que uno pueda: *La potencia actuando sobre el* posibiliter *desazona,* ni tampoco nos ofrece una liberación: *no es saltar de la boca de la malhumorada ballena*, risueña alusión a Jonás, el profeta tragado y vomitado por el cetáceo, narración que es considerada como una prefiguración de la muerte y resurrección de Cristo. El placer sexual es celebrado por el poeta con estupendos versos: *El placer comienza cuando el campo de la visión toca / y se ciega y se extingue en la coincidencia del contorno y el éxtasis*. Sí, puede ser pecado, pero eso está incluido en la naturaleza humana: *La errancia del hombre le permite crear su error, / la mentida perfección temporal.* Pero conociendo esas limitaciones y peligros, *lo corpóreo aparencial* (sic) / *se suma el placer como un arco romano*, esto es, sólidamente. La cópula puede ser fornicación y también una burla de la fornicación desde ella misma: *un salutífero y reidor / fantasma sobre el puente;* pero sobre todo es *la exploración entrañable*: magnífica celebración. El poeta regresa a la parábola de Jonás: *El techo del horno nocturno de la ballena, / manchado por baba de profecía*, que conecta con las del Libro de Daniel, *los tres garzones que prefirieron el fuego*, y que salen ilesos del horno al que habían sido condenados por negarse a la adoración idolátrica. Lezama ve en la ballena ocupada por el cuerpo del profeta, un acto de posesión que no le satisface, aunque no por su desmesura: *El falo fue tan solo entonces la forma de cumplimentar la ocupación, / no el puente de violín entre la ballena y las guijas lastimeras*. Se esbozan pues, varios personajes que matizan el asunto: un jovial tañedor de flautas que desdeña a la muchacha que está siendo poseída por un escita, y el sátiro Sileno disfrazado de mujer y con un síndrome de impotencia. Son variantes de la cópula equivocada. Para que la exploración sexual sea entrañable y con el puente de violín, hay que resistir en la fe como los tres mancebos del horno. Los últimos veintidós versículos enfrentan el germen que *gime en las propias escalas de su tanatos*, y la posibilidad no del placer sino de la reproducción sin pecado, dentro del matrimonio cristiano:

Pero rehusar la semilla
al húmedo de tierra cascada, cuando la ruptura
del pecado original rechaza la escenografía
del naipe regalado,
o el árbol se ahorcó en el milenario
correaje del corcel,
es rechazar la enemistad del otro cuerpo
que deposita los huevos
debajo de la piedra con inscripciones arponadas
por la cíclica estación.

La cópula para la reproducción no es para el hombre una obligación cósmica, es de origen sobrenatural por el bautismo que ha abolido el pecado original e incluso por la eucaristía, en la que el soplo divino transmuta el vino en sangre de Dios: *la ceremoniosa sorpresa de las copas / acrecidas por el aliento hasta aumentar el origen sustitutivo*. Esta borrachera, y no la del Sileno amujerado, es la que nos conviene. Hay que rechazar la cópula entendida como reproducción animal y que no es más que una variante de Tánatos: *La muerte confundida apuntala los bastos de su presuntuosa / y temblona monarquía, cuando no traspasamos hacia otro cuerpo*, cuando nos negamos a una vulgar biología reprimible. Pero la última palabra es justamente para los condenados a *las escasas nuevas sediciones, los escandalosos / cortejos de los que marchan no de la ballena al despertar arbóreo, / sino amarrados a las aterradoras metamorfosis del jabato, / no rompen el círculo de la danza.*

7. Este fragmento es un momento de descanso en *Dador*: se aquietan los conflictos para lograr un tempo de adagio, dedicado al cuerpo y al mar. El cuerpo se dice indistinto; el mar evoca el Mediterráneo oriental y sus culturas (adriáticos velámenes, la sombra del dátil, troyanos hipocampos, mosaicos otomanos), aunque el espacio es como de costumbre onírico y/o mítico. El cuerpo está tendido en una embarcación de remeros y oníricamente en contacto con el agua, con moluscos (el múrice), los salmones, las algas, las vacas marinas. Pero no se trata de una inserción panteísta del cuerpo: por el contrario: el cuerpo indistinto obtiene un reconocimiento en la luz, que entra en él como una burla de su fisicidad: *Burlado al son del reconocimiento al llevarse la luz / penetrando en su cuerpo*. La sintaxis es muy libre en Lezama como sabemos, pero en estos versos sospechamos erratas: *Aquí la luz se divierte / al hundirse en el cóncavo en donde el cántaro / vacío el moviente influjo del infierno lunar*. En cualquier caso hay una relación entre la marea al claro de luna y el cuerpo, que duerme: *El cuerpo sueña / su posible surgimiento del algoso / lecho, que lo mantiene degollado adormecido*. Se ha dormido oyendo una melodía de flauta y ahora sueña con las profundidades del mar por el que navega: *El sueño en el cuerpo era una espina*

de agua que lo ocupa, / tocado en un punto se adormece en la extensión de la flauta. Por fin los ondulantes campamentos de las naves topan con las hogueras de una orilla y el cuerpo despierta al escándalo de la llegada:

El despertar del cuerpo
en las exclamaciones orilleras,
redoblando en el petrificado aullido de muerte
de la hoguera, extiende
en las blancas pestañas arenosas,
la respuesta tejida de números y de brazos,
siguiendo las tergiversaciones astutas del fuego
contra el viento.

El cuerpo pasa del espacio onírico al de las fogatas:

Recorría su cuerpo en la conversación
con los salmones
y ahora lo comprueba al soplar la alabanza,
que recorre las estalactitas del fuego
para el éxtasis.

Viene entonces la siempre nutritiva interrogación lezamiana: *¿Y si el cuerpo como un bulto se perdiese en el orgullo / reposado de su devenir?* Pero no, el cuerpo no se cierra porque le llega una interrogación desde afuera: *La luz que lo recorrerá preguntándole / lo hace oscurecerse para el ejercicio de despertar / en las ruedas de la luz comunicada, tenazmente indivisa.* No el fuego dividido en estalactitas de la hoguera, sino esta luz indivisible que gira y comunica. La oscuridad del mar onírico resulta entonces un requisito, una estrategia del despertar a la luz, en *el hastío por el que las cosas se bruñen en su tiempo de reconocimiento*. Pero una vez que el cuerpo se ha reconocido en la luz, recibe una alegría que lo transfigura: *Su cuerpo ahora no se redondea en los invisibles cántaros / de las nubes, sino se transparenta en la luz melodiosa, / y la contemplación como un absorto en torno al órgano / donde la naturaleza gozosa está reemplazada por las prodigiosas / llaves*: el cuerpo indistinto escapa de la tentación panteísta y de la nulidad del devenir por un reconocimiento divino.

8. Esa paz dichosa es interrumpida de inmediato por un maratón de escándalos fálicos típicamente lezamianos, que anticipa a *Paradiso*. Situado también en su espacio mítico habitual, el poema remite al sexto de la serie, puesto que los fornicadores van a ser identificados como animales: el toro, la cabra, un cerdo que tal vez lo es, su porquerizo. El falo tiene una colección de epítetos en este poema: la vara del porquerizo, el falo charlatán, el falo subterráneo, el falo piróforo, el falo luciérnaga, la columna conmemorativa, las torrecillas de las flautas, el aguijón, las espinas del esturión, el tridente; y termina con *el bastón con sierpes congeladas y centellitas del Júpiter cosechero*. El humor es imprescindible para sostener las descripciones hiperbólicas de las bestialidades de los fornicadores, no solo homosexuales, pues

> *El* lingam *con su mascarón ornado*
> *de cuchillas japonesas,*
> *penetra en las campanillas de la vagina pluviosa;*
> *las espinas del esturión atraviesan*
> *el indiviso tegumento*

y los gatos faraónicos chillan
en las hipóstilas vaginales.

Es decisivo que en estas fornicaciones sigue presente la luz, aunque los fornicadores la desprecien; no el poeta. Al falo piróforo —la Academia propone pirofórico, que se inflama espontáneamente al contacto con el aire—, sigue otro encendimiento superior, que sin embargo se queda ahogado y despreciado en la masa verbal de las bestialidades:

Es una luz la que proviene, es una luz la que restalla
la transparencia maternal desprendiendo
a la paloma.

Pero el toro y la cabra están muy lejos de estas realidades ostensibles y divinas de la madre y la luz. Lezama utiliza todo su genio verbal para incluir en un poema, sin descender a la vulgaridad ni al tapujo, ni a la maldad ni a la excusa, como todo un hombre espiritual, las fases y accidentes incluso biológicos de una fornicación gay:

Deslenguada tensión antes de penetrar
en el húmedo cucurucho,
se repliega al recibir
el lanzazo que lo enzeta abullonado,
permisado para hablar bobalicón limoso diosecillo,
mordisqueada por los bordes
la despreciada torre sonambúlica,
suelta su agua de coral albino nadando
por hormigas
hambrientas, galerías del mazapán, nudillos

del peine asordinado,
y al final el toro lame el centro de la sombra
en el bastión.

El poeta contrasta esta condenable animalidad de los hombres con la inocente actitud similar de algunos animales: *El aguijón del insecto hundiéndose en los estambres / conjugando al vegetal con los nudillos áureos del ciervo volador*. Pero no es ese el aguijón del porquerizo. Las referencias culturales —helenismo, hinduismo, budismo— universalizan estas transgresiones, no las salvan. Fornicación, masturbación, felación, sodomía, nada asusta ni disminuye al poeta. Atrevido y terrible poema, que solo un genio puede escribir elevándose sobre la mediocridad de la vida y de la palabra.

9. Habiendo llegado a estos extremos, el poeta vuelve a recogerse en una meditación más amplia: la del cuerpo como potencia erótica universal. El vapor de agua que sube del cuerpo hasta las nubes y luego se derrama en lluvia y crea el río y la cascada: *las evaporaciones que tiran del manteo, el pico unitivo de las mantas y las nubes, el entrante de arcilla, el frontis musical de las aguas*. Este círculo cósmico de vida, *el origen maternal de las aguas*, engendra *el esbelto cuerpo no tocado, hundido en su derivación*, esto es, sumido en su sexualidad particular y comunicante, y por eso atractiva, deseada y rijosa, *pues todo cuerpo se trueca en alcancía abierta en los dentros / por los hurones*. El deseo nos defiende de alguna manera inferior, puesto que el poeta aclara con gracia que *los hurones resguardan los fortines sureños*. Por el ciclo cósmico levitan contra la infernal gravedad un fantoche

de Halloween o las anémonas; un fruto se desprende; la hiedra se queda prendida; chorrea la lluvia. El deseo nos domina con la promesa del placer del tiempo aun cuando nuestra conciencia descansa:

Si tengo que poseer la oreja de la liebre
para la vergüenza del instante
y a veces dormimos mientras nuestra ventura
se estremece,
la embriaguez y su irregular condensación
de las nubes,
gimen el rendimiento temporal
de la invasión musicada,
el tropel de las ondas intenta apoderarse
de la nariz
en la gruta rota por el grotesco amanecer
de un dios.

En efecto, se trata del erotismo onírico en su sentido estricto, erecciones y poluciones nocturnas, elementos que faltaban en esta suma de sexualidad. El poema describe esos estados con metáforas relacionadas con el mar, la tierra, los paisajes agrestes. Hay una tentación para salir del deseo:

La rechazada ocupación de la música
despierta el conocimiento lejanía, la llave
en el signo de nuestras manos
coincide con la puerta voluptuosa abriéndose
soplada hacia afuera.

Resistencias y renuncias son inútiles, al final se impone el orgasmo culpable*: el cuerpo alzaba su transparencia sin leer en el tapiz como los ángeles*. Hay una contradicción que no puede resolverse, entre el hombre que conoce la palabra revelada y el deseo de orden cósmico, que de alguna manera contiene también una verdad de Dios. El final es doloroso:

Diversamente concentrada hoguera
unía la diamantina embriaguez
de la criatura revelada
con el conocimiento del libro, rotos los sellos,
donde cada cuerpo que nos ciñe forma
el remolino medusario
del unificado dios mutilado por la lejanía.

El Eros de la lejanía, el otro que nos provoca al deseo, tiene una legalidad, delata a un nivel bajo la otredad de Dios.

10. El fragmento final constituye la corona del extraordinario poema. Después de los nueve poemas que *ocurren* en el cronotopo mítico, Lezama nos presenta una escena realista: él y sus amigos recorren las calles de La Habana bajo la lluvia y entran a un cafetín aledaño a una barbería, donde comen y conversan mientras la gente baila al son de una victrola. Una escena corriente para el poeta, que debió repetirse cuántas veces, pero *de pronto, el acordeón decidió la enormidad / de un hechizo*. La cotidianidad resulta entonces transfigurada en su propia fuente: *una bocanada nos hundió / en la sombra que pulsa el ordenamiento del acordeón*. La música en sí misma pudiera ser irrelevante, pero está esa sombra que anula

la realidad visible para abrir un abismo: *la provocación silenciosa / que enviaba la muerte afianzada detrás de la música, / el tiempo sin la mordida del compás de nuestra suspensión.* Un tiempo de eternidad negativa, donde las graves verdades del pecado van a ser nombradas. No importa que el poeta y sus dos amigos *—estábamos los tres aún en el primer salón—* conversen de los más espirituales y a veces ridículos temas, como refiere: *Hablábamos del saber hecho instinto como en el canario, / y como así se puede sentir la estrella / del misterio del parimiento y cuando nos despedimos / despidiéndonos del pañuelo.* Los tres amigos están sentados a una mesa como las de los adolescentes del proemio, en el salón del restorán donde se baila: el otro salón es la barbería Alaska. Son estancias profanas: para embellecer la carne, para nutrirla y para gozarla; y la conversación intelectual está presa en esa doble realidad demoníaca: la de la belleza masculina que se pule fría para el goce. Pero los tres amigos tienen compañía: un niño virgen, un perro, un billetero, el mismo acordeonista cuya camisa *lucía los signos de quien fue elaborado / para domar potros, pero tiene que deslizarse en el acordeón*: inocentes o frustrados. Todos están sitiados por un espacio triple demoníaco: la ciudad con la lluvia que los encierra, la enorme barbería desierta y helada, el salón del baile sensual: la música del robusto acordeonista delata esa sombra que parece estar definiendo toda la realidad como si fuera obra del diablo:

El infierno es eso:
los guantes, los epigramas, las espinas milenarias,
los bulbos de un oleaje que se retira,
las dos máquinas que se seguían,

el Orfeo de Pergolesi,
los mozos recogiendo las migas ingeniosas
en su fuga,
la puerta que se cierra como un tutti *orquestal*
en el vacío,
mientras el japonés en smoking *se inclina,*
para recoger el clavel frappé, *en el bostezo*
de la cuarta dinastía de sus sandalias charoladas.

Lezama decide terminar su poema al Espíritu Santo con la epifanía del posible carácter demoníaco de lo creado. ¿Es esto lo que el Dador nos ha dado? ¿Una lluvia que nos encierra, un gato espantosamente cortés, un acordeonista condenado, tres intelectuales que celebran un banquete sin el calor de un hogar? El asunto se agrava si consideramos los nueve fragmentos anteriores: la materia dada, el cuerpo dado con todos sus peligros. ¿Significa que Lezama adopta la doctrina maniquea, que considera el universo como obra del demonio? No: se trata de la objetividad implacable de la poesía espiritual, que ha decidido enfrentarse con los abismos del ser y de la naturaleza humana separada del Dador. Si hay algo que admiro en este poema es su increíble valentía, sobre todo para la fecha en que fue escrito, pero inencontrable también hoy: y la capacidad artística para erigir su temática espiritual con una originalidad y una eficacia geniales. El poema es casi blasfémico, pero solo casi, y ya sabemos que la blasfemia es una forma negativa de oración: pero hay más: el colosal poema *ha sido dado* a este poeta creyente, su fuerza y su grandeza son en sí mismos un himno a la potencia del Dador. Y ya nos hemos referido a la estructura: obsérvese que este poema final, al describirnos el banquete de tres amigos en una sala de baile, constituye una versión realista del proemio. Yo diría que la epifanía del acordeón, suceso seguramente real, desata el proemio-ballet y los nueve fragmentos que se desenvuelven en el cronotopo mítico lezamiano. Pero el proemio-ballet tiene una estructura definidamente crística, que va a ser declarada en forma oblicua pero inequívoca en los versos de esta escena final: el saber hecho instinto en el canario, el don del canto presente en la naturaleza, nos puede hacer sentir la estrella del misterio del parimiento de Cristo. El canario nos ha sido dado, Cristo nos ha sido dado. Con Cristo somos la humanidad creada y salvada, y por eso el poeta dice *cuando nos despedimos / despidiéndonos del pañuelo*, puesto que Cristo ha resucitado y regresado al Padre: con Él nos hemos despedido de las despedidas, nos hemos encontrado para siempre y nos hemos salvado. Se nos han dado los abismos de la vida para que vivamos con esta esperanza. Mientras ella no se materialice, debemos *resistir* al demonio —nunca combatirlo— con el saber hecho instinto de salvación en el don del canto.

Mediodía del Viernes Santo, AD MMX.

LAS HORAS REGLADAS

Las horas regladas es como el exorcismo de la poesía: combatir al demonio con el acto de la escritura enfilado hacia lo hermoso y lo alto. Tal vez los poemas más deliciosos de Lezama, dotados de una rara conformidad y satisfacción con el mundo y con el ser. Incluso con la naturaleza de Dios, la tri-unidad de personas que desafía a la persona dividida y precaria del hombre. Pero todo eso es misterio, y para Lezama lo misterioso, lo que no se puede saber, puede ser frustrante pero motivador: *no está, no está*. Ocultarse uno mismo, ser uno el misterio. Lezama se oculta en su casa, la madre dice en la puerta al visitante que no está, y él se somete a la disciplina de la poesía, íntima, feliz, suficiente. Poemas apolíneos, 28 sonetos irregulares, incluyendo sonetillos, como si el arte menor fuese el arte mayor de su sonrisa, de su intelección de la belleza.

Toque blando en el sueño... Recuerdo de sí mismo como niño, gracioso: *En un sin interpretación codazo, / saltó de los vapores el pequeño / homúnculo...* Es ese niño perpetuo el que lo ilumina en su creación: *Pero la voz rajaba al hombrecito / y lo nadaba por lo escrito, / enmascarando el próximo peldaño.*

Salta el pelo musicado... La escritura como una divertida cacería de imágenes, en un tiempo histórico, es decir, ahistórico, sirio o asirio. *Pregunten los reyes unitivos* —los poderes de la imagen— */ la siria manada en relieve, / paréntesis de corno y traílla.* Cacería abisal y risueña: *La liebre sacrifica a la nieve / sus recuerdos incisivos. / Brilla liebre —grito asirio—, brilla.*

Gira el rostro y su tinta... Más explícito, la escritura en su proceso: *...va alanceando en la cursiva, / laberinto en la gota de cinta / si flautín en la mansión fruitiva.* La tinta que se convierte en letra sobre el papel culmina en la firma: *Resguarda la firma el instante.* El texto ha sido terminado: *zumba el algodón su ballesta, / y al virrey incógnito embridan.* El rey es el Creador, el virrey es el poeta al que se le ordena parar de escribir, puesto que la blanca dulzura del texto ha concluido.

A fin de sumar alfileres... Burla de la prostitución homosexual: *Irrumpe en el gusto ladina, / campanilla abdicada en donceles // hundidos al mostrar la extracción / selenita en su puño de gruta.* El poeta se ríe del prostituto: *la función sudorosa del pecho // en su lámpara de ijares cosquillas.* Y del salario que recibe, o que debiera pagar por su propio placer recibido: *En el gusto, sumando del doble, / divide de su plata el redoble.*

Espuma de jabalí a su cuchillo... Volvemos al acto incluso físico de la escritura: *el papel, anchura de un hilillo, / por donde la muerte se retira.* Los tercetos celebran la inspiración: *Resuelven las horas de paciencia / la brisa hilando el pergamino; / las siete gracias del camino // blanquean al papel su conciencia.* El dístico final reconoce su dichosa limitación inevitable: *Eternidad adormecida en su rodaje, / acaricia la caridad hecha tatuaje.*

Tuerce el agudo hierro aconsejado... Procesar la inspiración es arduo, se puede fracasar, pues aunque *el áureo ruiseñor del número trazado / borra los palacios del destierro*, a veces la batalla del decir encuentra a un poeta que *diserta // fuga en compases sin apoyatura,* que se siente *un perro mudo*, animal fiel pero incapaz de decir, que *sigue su historia como el humo.*

Cúbrenos diligente, oh irreprimible... Ruega por cumplir con la inspiración, venciendo su dificultad: *la embozada absorción de tu vacío*, y la torpeza y la vanidad: *la semilla en la nieve y la punible / identidad en sí raspada, ídolo frío.* Sí, la creación tiene que ser obedecida desde la experiencia propia: *entona la servidumbre del poro desatado // en las exigencias bruscas de la miel.* Puede lograrse si eres inteligente como Ulises y te encierras en casa a escribir tus horas regladas: *Las hogueras de Ítaca, oh pordiosero*. Bajo una presencia maternal: *Oh encubridora, guardiana del cordero*.

Su implorante mano no se hunde... Pero precisamente, si la inspiración abandona al poeta y cae derrotado en la abundancia de su escritura: *¿Qué hiere si se despide?/ Ejército de truchas impide / al río en nombre del espejo*, el poeta se queda en su confuso ser, en su experiencia sin salvación: *En océano infernal va su desnudo, / arremolinado al pasar por el embudo / gime oculto y se astilla circunflejo*.

Ya las interrupciones suscitando... Pausas, contradicciones, la lucha de la escritura poética, sus fracasos: *aspa alanceada malogrando el bulto, / cuando se lanza presuntuoso insulto // o se despeina en el rocío burda*. Se siente un poetastro más: *A mí el humo, bastón de tropa*, pero es solo un *áureo hastío remando por la sopa*.

Entre un violín que nos dice... Bellísimo elogio de la música: *la alabanza en columna nos predice / la escala que más nos toca*. Poder de la creación atenida a la fidelidad de lo grande, un cosmos: *Cuando penetra la mano de la yedra / en el árbol mayor, suave desprende / el diapasón, como imán de nébula*.

Aquí gravita entre la flor y el pan... Encuentro con otro poeta (¿Cintio Vitier?): *su ancla dócil de igual consentimiento* a la escritura, de vida ordenada (flor y pan), pero igualmente amenazada de muerte: *el redoble del cuello que gravitarán* (otra persona: ¿Fina García Marruz?). Lezama sigue *resistiendo el lanzón de la navaja*, atento a la demanda de crear: *La panoplia renace por un ombligo*. No está solo, pero los dos poetas *vuelven de nuevo a las fronteras de oro, / donde el silbato final sin tregua me persigue.*

Como viene lo oscuro hacia lo verde... Uso homérico del símil, alude a una inevitabilidad de la superación de todo, incluso de la propia angustia: *Como viene el árbol a su entrega, / dando la sombra a su reverso entera, / el cuerpo sentencioso ya se anega, / jurándose desleído en la noche verdadera.* Y de acuerdo con esa ley, el poeta además *salta en la semilla que nos deja // creando el increado sin sentido*, por lo que vuelve, obediente, a la escritura *con la sutil reverencia de la abeja.*

Por donde se apoya la simpleza... es decir, el sexo. Intenso texto erótico, relacionado con el cuerpo femenino a penetrar: *borrón moviente en hongo punteado, / hincan las hormigas su cabeza / en el lunar del palacio borrado.* Arrebato: *suspenso oscuro brusco pedazo, // gimiendo el estiramiento la pelleja. / Mece la corza a vuelo en el trapecio.* Es simpleza pero el poeta está estremecido: *farol su lengua hinchada en el silencio.*

Monárquico vidrio, ámbito de copa... La buena mesa, tema lezamiano tan conocido. Flores, plato distinguido: *Aquí la flora, aquí el celeste viso / alcanzó en justicia su corona. / Aquí el faisán su infierno paraíso / calentó la astronomía de su doma.* Y sin embargo, hay gente en esa mesa que no gusta del faisán, sino de la carne de vaca, y Lezama se burla: *serpiente amante de buey descompasada / finge colorete, tartajo o ramadán.*

Desdobla, no el confín, flauta... Después de haber celebrado la música, hay que rechazar una interpretación fallida: *clama silbar como nauta // la canción, sierpe en la pira, / rota al escalar su pauta.* Eso no lesiona, claro, la majestad del arte: *Prueba final de destreza: / cánones del desvarío, / la brisa en la llama ilesa.*

Sin sarcófagos ni fuentes... Continúa el rechazo, ahora a una joyosa mujer cuyo sentido de la riqueza dista de esplendores egipcios o renacentistas. Egoísmo total: *Grano de arena ¿para el pobre?* Ningún esplendor esclaviza al poeta: *si el pavorreal atragantado eriza, / el erizo, ríspido tetrarca, irisa.*

Oh, granada, el acierto... Mañana en la playa, refrescante como la granada. Y aunque se siente como *delfín al Mar Muerto,* anclado a una silla, celebra la fiesta ágil del ser: *Inútil hilado del tapiz, / escocesa mañana la perdiz.*

Sumerge la onda el rescate... Diría que es continuación de la escena anterior. Las olas borran las huellas humanas en la arena, pero hay una insistencia ingenua: *Copia el garzón las huellas / perdidas al blanco azote.* ¿Sana? *En el recodo las centellas / el tonel de vino provoque.* Dejar huella, tentación fuerte: *Bebe el áspid la arcilla, // espuela en arcos de viento.* El paisaje se vuelve nocturno, demente: *La luna sobre la hiena: / tiorba a su vid enajena.*

El deseo, no en la fruta... Lezama no es un asceta. No rechaza el deseo, que *solloza inadvertido*, pero no por la fruta en sí: *distingo en su disputa, / bruñe fiel el sentido.* El poeta que solloza por el deseo insatisfecho, fiel *Can adormecido*, valora lo sensual del mundo: *Ciempiés de olor la fronda, / guirnalda se encarama.* Ninguna tristeza excesiva, represión o frustración: *Cascabel de lo oscuro / esconde lagarto maduro.*

Cigarro a su desusado... Tabaco sí, vino no, para deslindarse de los borrachos: *sus escuadrones mareados / en la redoma rechazo.* Y también de un ofrecimiento sutil: *Ganimedes, entrepuente / mojado al indiferente.* El placer de fumar le resulta intenso, masculino y bastante: *Enano sopla, que estalle // la noche, enagua despierta.*

Teresa, que es buena y ancha... Dedicado a Santa Teresa de Jesús, que nos invita a la humildad porque el ser mismo es humilde: *la estrella suda y ensancha / a la escoba en humildad.* Como ella, el poeta desea a Dios: *Salivo el supraceleste / donde la piedra respire,* y la muerte y el pecado hayan desaparecido: *el búho que no nos mire / y nuestra aguja se acueste.* He aquí que volvemos al vino, pero es otro: *Desequilibrada mina / oscuro pámpano apura:* el vino de la Comunión. Porque no alcanzamos el sacrificio de Cristo: *sale del monte a su ruina / el ciervo que no se alcanza.* Con este otro vino el universo está en orden, hay confianza a pesar del pecado y la muerte: *Oh bosque, noche es balanza.*

Buen mirar, si caigo... Escena callejera. Pasa Venus, la hija de Chipre: *brinco en soledad*, dice. *Se esconde, me embriago*. Tirar un piropo, demasiado para él: *Las insinuasiones, no; / si rabia, me alcanza. / Es... si pregunto yo, / Chipre y la peroración.* El pueblo sí lo hace, uno timbra en la bicicleta: *Truenan las insinuaciones. / Escampa ¡manubrio / hala música de su doradilla!* Bello momento que el poeta agradece: *Insecto del astro dora / tus relojes.* Delicioso el vivir: *Almendra: / Pasta y temporalidad.*

Empezando por las cien cascadas... Sátira contra el filósofo Glaucón, que predicaba una oposición entre la naturaleza y el *nomos*. Lo describe pescando en Eubea, y que *quería ser dios y consolar al salmón / apaleado y encontraba los muros de peces*. A fuerza de querer ser hostil a la naturaleza, *Cuando Glaucón como dios / quedó sumergido, sólo apretaba / el cayado de las cien cascadas.*

Lezama siempre se reirá de las oposiciones, los antagonismos y los fanatismos.

Recórreme ciempiés cuando alanceo... Este soneto compuesto por siete pareados remite al mito de Orfeo, muy visitado por Lezama: puede leerse solo como una evocación del lado infernal de la experiencia, pero *alancear los ocultamientos de Orfeo*, sería ir con la poesía hasta los abismos, para obtener la sabiduría que se ama: *cuando esclarece en la serpiente / el triángulo de oro hirviente*. Esta Eurídice es una diosa inmóvil, *que no se mece*, que está muerta, en la que se pierde la experiencia erótica y la del poema: *entre el humo y el cuerpo recorrido / por el pez en su tesoro hundido*. Revisar el poema, volver sobre él, equivaldría al gesto de Orfeo de mirar hacia atrás para ver a Eurídice: *al morder la espalda en su ironía, / traición para anclar su mediodía*. Inútil operación: tratar de recuperar, asir, mejorar la sabiduría de la experiencia, o la experiencia de la sabiduría, repite el fracaso infernal de Orfeo, la pérdida de Eurídice: *Con los sones en el humo dañas / el cuerpo exánime en las cañas*.

Unidad del círculo ¿dónde?... En la estructura del sonetillo Lezama aborda el tema mayúsculo de la fe cristiana: la Trinidad. Precisamente porque no hay forma de completar una sabiduría o de asir una experiencia suficiente, ni siquiera a través de la palabra poética, el poeta se pregunta por esa unidad de una esencia universal que buscamos: *Esencia universal, sustancia / necesaria ¿dónde pasas / tiznando la sangre, quedando?* Obsérvese que esa esencia o sustancia pasa, es decir, no está inmóvil: lo que la teología llama circumincesión de las Personas Divinas: el diálogo entre el Padre, el Hijo y el

Espíritu Santo, donde cada uno contiene al otro y es el otro sin dejar de ser: *Persona, concurrentes luces / hacen la persona y el acto / tercero; está la persona / en sí y en la otra unidad.* El acto tercero, porque ya sabemos que Lezama prefiere al Espíritu Santo. La naturaleza de Dios tiene equivalentes en el Universo, huellas de la Trinidad podemos hallarla ahora aquí, según San Agustín: *El aliento flota, muerde / el aceite, la llama / sobre el agua tira y reclama.* El acto tercero, la evaporación del agua, queda privilegiado: signo de una superación de los opuestos, de la trascendencia normal de cualquier sustancia o naturaleza. La Trinidad ofrece su mecánica absoluta: *Círculo, clama por cerrarse; / reclama, abierta espiral. / Disfraz, persona unitiva.* Este sonetillo resume el poema *Dador* y enlaza con él las *horas regladas*.

La flor cierra sus dados... Este sonetillo prolonga la meditación anterior haciéndolo pasar al mundo humano. La flor, el ibis se repiten en el tiempo sin preocupación por la muerte o la desaparición: *el cerrojo del número*. Semejante a una roca eruptiva, la diorita, la cultura brota y triunfa: *aquí el pavorreal es el ave / de Minerva, las columnas nacen.* Aparece el mito, digamos el de Jacinto, el joven convertido en una flor que parece la palabra ay en griego. Los mitos, ya se sabe, poseen variantes: Lezama considera que es Júpiter y no Apolo quien realiza la conversión: *Jacinto sustancial, metamorfoseado / en jacinto por el ceño y la* voluptas */ de Júpiter*. La persona humana convertida en flor, ¿por qué no? Un acto de amor homosexual que Lezama ironiza: *Ay, ay, la flor / reaparece en la metamorfosis / del instante, y Jacinto / Júpiter y Jacintillo graban el Ay*.

Lápiz a su nube... Habiendo llegado las Horas Regladas a estas cotas y simas, el poeta puede volver al tema inicial: la escritura. Ningún miedo, continuar obedeciendo: *di, prosigue. / Borra lo que sigue. / Tacha lo que sube // al cuarto inclinado, / acecho de alfil, / infante enjaulado.* Véase cómo retorna al primer soneto en la figura del niño creador, enjaulado en la casa, también en su obediencia y función de juego infantil: *Seda de Boabdil, // luna semiandante, / ¿ijar o turbante?* Aventura distinta, deliciosa: *Riscos, aquí caracola.* Que asimila el mundo y el destino, que son salvados en la belleza: *Dice más la suerte / herida de muerte: / ópalo, batahola.*

Oh, dúo, mensura... El sonetillo final nos entrega la clave de estas Horas. El poeta tiene necesidad de un diálogo, de ese dúo con quién, que es la medida de las dos espigas, la de la experiencia (el sexo, sobre todo) y de la creación. El poeta es feliz con ese diálogo en el que el Círculo detiene su unidad y se derrama en número de palabras: *El círculo detiene / y sonríen las valvas / de arenas y anillos / rotos, peces discursivos.* ¿Cómo no estar feliz? ¿Alguien toca en la puerta? *¿El misterio toca?* Si es persona es misterio, de manera que el poeta *Se ríe, saluda / y vuelve a su misterio*, el de su creación y su persona. O mejor: permanece en su oficio y se transforma: *Se ha quedado, mañana / no lo reconocerán, sonríe.* Está escribiendo, alguien contesta ahora por él al misterio que toca la puerta: *saluda: no está, no está.*

PARA LLEGAR A LA MONTEGO BAY

Para llegar a la Montego Bay es una de las fiestas verbales lezamianas relacionadas con el paisaje antillano, como *El arco invisible de Viñales* o *Noche insular, jardines invisibles*. Y como en otros poemas, la forma es una lucha entre la medida y la desmesura: una estructura triádica, que comienza *desarrollando ceremoniosamente las campanas del cuarteto*, como comenta al final, luego pasa a unas estrofas de creciente desmesura, y luego regresa al cuarteto de verso desbordado, al versículo ordenado en cuatro para las pausas. Esta lucha de la forma es igualmente expresión del combate entre las tentaciones demoníacas del famoso centro turístico jamaiquino que visitara en 1950, y el aliento divino de la poesía, que celebra *el jocundo tornasol de la criatura derivada*, como una joya del espíritu. Es también uno de los poemas humorísticos de Lezama, tal vez el que más se acerca al mito del gozador de la vida, emblema del cubano. El mito resulta muy trascendido, por cierto.

Permiso para un leve sobresalto, subtítulo del poema: pues el poeta va a manejar las metáforas escandalosamente, y comienza con este redoblante cómico y feliz que ha sido muy citado: *Furiosamente las abjuro y clásicamente / las convoco al mismo redondel del frío / bajo, tosco laurel movido y al recojo / de sacra para siembra y arte.* La gracia de las metáforas será la clave del poema, como en *Muerte de Narciso* o *Aislada ópera*, pero aquí la imaginación trabaja sobre un lugar, unos personajes y una circunstancia reales. El redondel es una piscina del balneario, *locus* no demasiado santo del poema. El centro turístico jamaiquino se convierte en material para descripciones y fábulas divertidas, al estilo lezamiano. El poeta está de vacaciones y rechaza a los *adustos del adviento* (tiempo de penitencia), por *una sombra de escaramuza en jarra de vino, / sustituido por la criada del milenio gordo*. Bebida, fiesta, sexo con personajes populares. En efecto, los personajes pueblan este poema y Lezama los presenta con una simpatía irónica, cómica: *La doncella es la papisa, el caracol y el alcalde, / los copetines del recaudador del oeste; / mi grito descifrado requiebra el hacha de la doncella, / pero mejor, el toronjero y la nueva estación de estalactitas*. Ténganse en cuenta que esos jaimiquinos son desde luego negros, pero Lezama no está atento al color de la piel, sino a sus aventuras, dichos, enlaces. Luego vendrá un verso mayúsculo: *De la boca del negro gigante salía un ferrocarril de mamey*, pero ningún pintoresquismo: es un negro pastor y gay: el poeta apunta sin maldad *su divertida coquetería andrógina* en la piscina. En esta primera sección del poema, al ritmo de las estrofas de cuatro versos, el poeta está captado por la gracia del pueblo jamaiquino que trabaja en el balneario, lo que le permite ironizar su propia condición de hombre culto:

El canon en el mortero te mancha la nariz,
la sección
áurea se presenta como el estofado de una Baviera
de juguete. El ojo no tiene por qué parecerse al sol.
¡Jehová del sargazo un cometa para
esas bravuconerías!

Al final de esta sección encontramos un personaje importante: *Furgan, el hijo del hullero inglés*. A este caucásico el poeta le dedica el cuarteto final:

Reaparece por el pueblo con la gracia y el sueño.
Con la gracia, relieve del sueño.

Y con el sueño, fortaleza de una gracia aumentada
por los astros que duermen y las playas despiertas.

Sublime elogio. La sección central del poema abandona el ritmo del cuarteto y se extiende en versículos descriptivos y narrativos. Ahora los personajes tienen otro color, no de piel sino de alma: turistas mujeres, los herederos ingleses asociados a *la decadencia capitalista* —con sus anuncios publicitarios que manchan el paisaje—, el pastor andrógino, el estanciero del carbón, el sargento del tráfico *con prismáticos de almirante*, estas personas vuelven a ser presentadas con simpatía irónica, pero sin el entusiasmo de la primera sección. El poeta quiere ahora contrastar el mundo humano dañado con el paisaje. Lezama comienza reconociendo *el oscuro furor adolescente* que obliga a *aposentarse en el escarbar y el agujero*, la búsqueda del placer que procede de una justicia de la naturaleza: *el ramaje que nos indica la aleluya de la flor, / si no la miel avanzando por el secreto de los pistilos*. Es el daño del hombre y no su naturaleza lo que rompe el paisaje: *el reciente nadador / estaría inmóvil entre la penetrabilidad de la espesura y la transparencia / angélica*. El hombre puede fingir paraísos pero no engañar al hombre paradisíaco: *Las diez y siete ensaladas que se brindan en el Hotel de los Mirtos, / están elaboradas para el tapiz del antílope volador, no para la espesura / del sueño del varón de églogas y los recursos de su flauta suficiente.*

La majestuosa flauta lezamiana suena para celebrar el bosque de cocoteros, los palmares, las cascadas que se le antojan carcajadas. Sin embargo, nada parece suficiente para penetrar el paraíso terrenal: *El oleaje del vegetal no recogió el reconocimiento del nadador.* La amistad con la naturaleza nos deja fuera: *El paisaje para el sexo del insecto y no para la memoria del hombre, / es el que rueda las atolondradas lunas del oleaje / en la Montego Bay.* La flauta consagrada canta: *La erótica lejanía denomina la mecida extensión de lo estelar*, pero esa distancia puede ser coloreada con el entusiasmo humano, por torpe y escaso que sea: *al caer la chispa en la bahía cuando llegaron los esposos / ciegos, no soltaban sus manos con el nacimiento de los peces cantadores / en la Montego Bay*. (Prefiero usar la palabra *esposos* y no *espesos*, como aparece en la primera y en la última edición de la *Poesía completa*, erratas a mi juicio).

Con estas gloriosas claridades regresamos al ritmo cuaternario. Solo que ahora desaparecen el humor, la ironía, los personajes. Estos veinte cuartetos versiculares, expansivos como asimilando los ritmos de la sección central, adoptan una seriedad meditativa, incluso severa, como si se aceptaran ahora los criterios de los adustos del adviento: *Las salientes desfiguraciones de la lengua seca*, primer verso. La ironía graciosa se convierte en sarcasmo:

El rabo, la lengua, humildoso bracito,
sonreían saltantes,
en la antológica experiencia del diseño sumergido,
o la claridad sobrextendida, que ya no es
al doblarse
en clavijas de ojazos y torniquetes
de furor penetrante.

La carnalidad se ha vuelto negativa. A partir del quinto cuarteto, y hasta el noveno, el poema se torna confesional, el poeta habla en primera persona: *la bocaza / del misterio de nuestra sangre volviendo después de haber ahincado, / después que nuestra sangre penetró por la ajena bahía y los dos brazos de mar.* El poeta sabe que hay forma de negarse a la sensualidad destructiva: *Si penetramos de espalda el concilio de la marea, / retrocede el rencor de la sangre por las dos compuertas, / pues el misterio indual acoge y ciega la enemistad permitida.* Yo diría que hay una experiencia de moderación: *El mar no se dispara al secuestro del tonel, / pues la sangre espermática se desenredó en otro cuerpo*, y sobreviene un descanso: *Lo que fue rapto, ahora se acostumbra a la siesta en las arenas*. Entre los cuartetos 10 y 17 se despliega una asombrosa especulación sobre el sexo trasladando el asunto al plano mítico:

En la Montego Bay, el detestable tumulto
de los hombros,
para abrirse en un árbol donde se descolgaba
el nuevo doncel,
traía el horror del primer genio, que igualaba
al hombre
con el árbol, manteniendo a la estirpe en el tedio
del pedernal.

En ese cronotopo delirante, anterior a la palabra escrita, hombre y árbol se confunden en la reproducción. El delirio con la historia concibe una especie de sociedad homosexual:

Los domadores escitas saboreaban la divinidad
del rocío
y la pavorosa Nictimene encarnaba
las condenaciones de Lesbos.
Las voluptuosas estancias, despertadas
por el refinamiento de la hoja
del plátano, dejaban para los jinetes
el rocío del sueño fálico.

Pero en algún momento *se hizo el acuario métrico, y el ombligo terrenal / superó el vicioso horizonte que confundía al hombre con la reproducción de los árboles.* Con todo, el sexo sigue siendo un desafío extraño, un desencuentro de la naturaleza, como dice en este formidable cuarteto:

El hocico se enterraba hasta el fracaso del pozo,
los cuerpos tanteaban la llave de dos relojes,
pero la arena quemada no levanta a la murmuración
necesaria para la entraña del vegetal
o el rendido secreto.

Esa murmuración imprescindible y frustrada de los amantes está disponible para el poeta por la poesía. Por eso en los últimos tres cuartetos volvemos a la confesión de Lezama, satisfecha:

Pero el que fue, oyendo musicados números,
a lavar los anillos
librándose de Saturno y de la levedad
de sus manjares falderos,
desenrollando ceremoniosamente las campanas

del cuarteto,
llevaría siempre con gracia a su mujer en la maleta
de viaje breve.

Los anillos de su compromiso con la poesía, siempre resplandecientes. Su breve viaje a Jamaica fue transfigurado por el poema. Allí ha sido recibido en casa de un amigo sevillano:

El hispalense, castillo impedido
por algodonosas tembladeras,
nos recibía, y la pareja cerrada
por un sombrero cañero,
comenzaba sus tumultuosas caricias
y sus eruditos escándalos,
rindiéndose con los cortesanos miedos
del varón principal.

El varón Lezama vence las tentaciones —lo demoníaco con que termina *Dador*, lleva ya dos poemas exorcistas, en el orden del libro— y penetra la realidad y la experiencia con los poderes del hijo de Zeus, Anfión, músico y artista:

El raptor, salido en duermevela
de la entraña hullera,
desdeñando al Niño Diablo que cierra el portalón,
alcanzaba el jocundo tornasol
de la criatura derivada,
penetrando por la antes hostil voz intermedia
en el aliento de Anfión.

CIELOS DEL SABBAT

Pero el asunto continúa. *Cielos del Sabbat* nos presenta una Habana de sábado, dedicada al consumo, el placer y la prostitución en mil formas detestables. Es asombrosa la capacidad metafórica que le permite hablar a Lezama de estos asuntos sin mencionarlos directamente, pero con un filo temible. Así, las prostitutas del puerto son las *damas que barnizan el ancla*. Y por cierto que ya está aquí la jinetera, en *Fátima, La caballista*. Esta puta acaba con el turista, lo que lezamianamente se dice *lo laminó entre dos sábanas*. Desde luego, el poeta rechaza este asco: *a su timbre los cincos / registros, aquí no llega el gusano escanciador*. Ese eros barato de la calle Trocadero, los parques o el malecón, *ahincadas o labiándose*, causa la repulsión del hombre espiritual que es el poeta. Nombrar ese asco es deber de su condición espiritual.

AHORA PENETRA

Por eso siguen una serie de raros poemas que van profundizando el asunto. *Ahora penetra* son dos sonetillos y una décima, irregulares como siempre en el autor. El primero es la descripción de un bailón, de una gozadera. En el segundo el cristiano se rebela la *tijera del verano de halagos*: Cristo ha maldecido a la higuera que no da frutos: *Malhaya de aquel espino*, y estos gozadores desde luego no los dan. Lástima, porque: *En la muerte fue aclamado, / brindando el hijo resucitado*, o lo que es lo mismo, hay otra fiesta mucho mayor desde la perspectiva cristiana.

La décima lamenta la pérdida de la razón más elemental que deja a la gente vivir esa basura: *Suficientemente carnal / la abeja de la razón / ya no vuelve y no protege.* Pero hay que escapar de la lógica del dejarse arrastrar por los imbéciles: *Oh buitre, logistikón / en tu seguir al que sigue.*

APARECE QUEVEDO

Entonces van a aparecer dos poetas: Quevedo y Gracián. Para combatir la vida grosera, que ciertamente ambos criticaron acerbamente en su momento. *Aparece Quevedo* y llega una maravillosa burla espiritual, en la que Lezama glosa el Padre Nuestro en forma deliciosa, expresando al mismo tiempo las profundas razones de su fe: *Cuando me empino no veo / pero allí, redondo, lo creo/ ni fulgor ni sed, no es deseo*, y el ruego: *Líbranos del Mediodía*, del trópico de los gozadores, de la guanajería sensual cubana de *la linda de un caramelo*, y del *ya no acaba lo que empieza*, que me recuerda aquella película musical que termina cuando Rita Montaner dice estupefacta: *se acabó*. Gozar sin fin. Hay mucho delicado e inteligente humor en este poema, que lo dice todo en un dístico: *El cuerpo tiene un orgullo visible, / es despreciable y es comestible.* Pero también hay un orgullo espiritual, como veremos enseguida.

Como intermedio encontramos un poema sin título en el que Lezama expone su miedo a esa época de la gozadera cubana: *Hay un tiempo, un tiempo informe / que abre su cuchilla de filos*. Como siempre, la salida es la poesía: *Cuanto más crece la fiebre trafico / con lunas mojadas y atanor*. Sí, canaliza esa fiebre de sensualidad por tuberías de nobleza. Por eso busca un apoyo en otro escritor de su estirpe.

VISITA DE BALTASAR GRACIÁN

La *Visita de Baltasar Gracián* es desde luego una apelación a la moral orgullosa barroca, el rechazo de lo demoníaco de entrada: *La carta aquella del diablo, / sin leer quedó en llamas*, el retiro a sí mismo como una evidencia que combate el mal: *Sombrío vuelto perfecto / por hilo de propia sombra. / Conspira y no se le ve / sombra que mejor nombra / la noche y su ojo de buey*. Mirar a través de la nave de la noche por el ojo en el que se ve lo otro, las metáforas que *irrumpen como una torre en la masa de azul ecuestre*, el poeta como un *interminable niño combatiente*, que acude a una brisca, *en el castillo con bonete de obispo en cada asiento*, a un juego donde todos los jugadores son altos hombres espirituales. Alto concepto, digno de Gracián y de Eliseo Diego. También de Lezama, que ha usado en ambos poemas la forma barroca de sus antecesores y las formas libres, rimadas o no, de su maravillosa invención formal.

VENTURAS CRIOLLAS

Venturas criollas es una bofetada para los que piensan que Lezama es un poeta de ambientes y temas sofisticados y metafísicos. En este conjunto de poemas que siguen la estructura del soneto está dedicado nada menos que al realismo de la cultura rural cubana de la época, que ha desaparecido con la emigración de los campesinos a las ciudades y el latifundio comunista. Lezama usa palabras de la lengua guajira e incluso el poso de esa lengua, el grotesco que también usó Feijóo. Cada soneto infiel, rural, tiene un tema concreto: el banquete, la acogida en la casa, el bohío, el guajirito, la bodeguera, la valla de gallos, la heroica madre soltera, el exceso popular de los goces, el guajirito herido, el pocero, los hongos del campo, la historia de un hongo venenoso, el papalotero, las hojas de las plantas, el lenguaje de la maldad, el paisaje y la gente en la lluvia, el infaltable Príapo guajiro y su mente enferma, el picaflor que cae en lo gay, el poeta como mirador de bailes guajiros, el cafetucho del marinero, los masculinos primos en sus andamios de empapeladores, la noche y el alba en el campo. Si estos poemas tuvieran un título que remitiera a la circunstancia que poetizan, perderían de inmediato su dificultad, su aparente hermetismo. Ocurre en este conjunto en forma ejemplar la capacidad de transfiguración de la poesía de Lezama, lo que él llama la distancia del lenguaje, que hace noble cualquier circunstancia porque la mira desde el punto de vista del misterio. No se trata de un pintoresquismo ni una visión desde afuera, no: el poeta visita esos lugares, está en una relación profunda, a ratos dolorosa, con esos ambientes y personajes, y también con su sentido del eros, del humor, a veces sarcástico, y de la gracia. Son las venturas populares captadas por el poeta barroco con un implacable realismo, en el que el hombre y el paisaje son una sola peligrosa aventura, como en un cuadro de su admirado Arístides Fernández.

HIMNO PARA LA LUZ NUESTRA

Sigue necesariamente el *Himno para la luz nuestra*, tal vez el poema más alegre y optimista de Lezama. No se dice lo suficiente que este poeta habitualmente presentado como un autor libresco es un poeta mayor de la vitalidad cubana, transfigurada desde luego en un esplendor espiritual: el rayo vital que nos da la visión arcangélica. En todo el poema van a pelear, como en *Noche insular...*, el principio divino y el demoníaco, pero a diferencia de aquel texto aquí lo demoníaco es solo una posibilidad desechada desde el principio por el poeta: *No araño una piel blandida / por el humo de escala secreta.* Es bastante la tentación porque más abajo insiste: *No voy al oro final del bosque, / no escucho el trueque de guedejas. / Cierren el conciliábulo del preboste, / encadenen el puerto de Ostia.* Esta vez no es la noche, es la luz del sol del día cubano. Frente a la luz solar tropical incluso Apolo el mediterráneo se derrite como un terrón. Pero el Apolo justo y real de aquí, el joven luz cubano, discrimina entre la gloria de la belleza transitoria del ser y *la tortuga que no raya la mesa del tiempo*, es decir, entre aquello y los valores de la eternidad. Pero con ese paladar se puede gozar de la visión de cuanto aparece en esa mesa, especialmente del mar, el cielo cubierto de nubes, el poderoso sol isleño: *Redondo amarillo que irisa, / fiesta del oro que estalla.* Y luego: *Diga la luz que nos escucha / la compañía del astro sonriente.* La luz nos escucha, tenemos que celebrar ese acompañamiento, esa sonrisa.

Si *Noche insular...* termina con el acuerdo entre el hombre y sus dioses diciendo la calidad tranquila de la luz, este himno desbordado de sol tumultuoso presenta a Júpiter, Apolo y Orfeo casi en serio: la realidad mítica descifra la realidad actual: las potencias de la vida terrenal desatadas por el esplendor solar. *Dadnos la tierra que interpreta*, ese deseo es la tentación máxima que enfrenta este cristiano, porque todo eso coexiste con las realidades de Dios en el hombre: *Luz junto a lo infuso*. Por eso después de reverenciar la tierra en todas sus dimensiones, desde la música hasta la violencia, el poeta concluye: *ahora, clavad la luz en la cruz de la Pasión*. Porque la Cruz es la dimensión superior a la que conduce el movimiento universal revelado en la luz terrenal.

Es un verso sorpresivo, que coloca a todo el poema en otra realidad que sin embargo no se explicita, que queda solo nombrada en su majestad. Clavar la luz universal en la Cruz: el cuerpo de Cristo es la luz universal misma, su resumen y su apertura a otra dimensión. El cubano tiene que clavar su luz en la cruz, tiene que renunciar a la luz terrenal para realizar el más de esa luz. El propio ritmo del poema ejemplifica esa latencia, esa apetencia: los treinta y siete cuartetos de medida y rima irregulares se suceden en una cabalgata ardorosa, que va de lo ligero arrobado a lo solemne y poderoso. Lezama prefería el ojo al oído, pero en este poema de la luz la música verbal predomina: la combinación libérrima de versos de siete, ocho, nueve y diez sílabas, la combinación de rimas asonantes y consonantes y su distribución sin regla fija, o su sorpresiva ausencia cuando se le espera, conforman una intensidad sonora hímnica como no conozco en castellano. *El oído me da la fe*, dice, y él responde con una estructura sonante, de riqueza insólita, que reelabora y magnifica los recursos habituales de estrofa, medida y rima. Como de costumbre en sus poemas escritos en estancias, Lezama va alargando el verso, rompiendo el molde sin violarlo del todo, en un alarde de transgresión respetuosa y de fuerza que estalla, lo que pudiéramos llamar la energía órfica de su verbo: *la música total en las proporciones escindidas / y el ritmo en el gusano arador*. Ese estallido, esa ruptura, esa hybris de salvación es uno de los grandes resultados de Lezama, y en este himno revela su sentido más completo: el universo estalla de sí mismo rumbo al Cuerpo de Cristo Crucificado.

La forma estalla de sí para buscar una forma más alta. La vida corriente desaparece en el mito, pues a partir de la estrofa 18 las realidades comunes, desde la música de un organillo o un acordeón hasta los peligros del mercado y del sexo, se esfuman de repente para dar paso a Júpiter, Apolo y Orfeo ocupados de sus operaciones sobrenaturales. Y esta vez sin ironía, con una desconcertante y alegre seriedad. La plenitud de la luz nuestra nos aboca a la plenitud de la existencia en el mito. Por el contrario, la historia queda desconectada, o revelada en su extravío esencial. La luz

> *Ocasiona muros, rapta el número que respira,*
> *baña cada guerrero en su escudo agujereado.*
> *Hay en la conducción secreta del fulgor*
> *de la ira,*
> *los órficos compases del carbón preñado.*

La violencia de la historia hace fracasar la plenitud terrenal del mito, aunque esa ira contenga un encendimiento mítico. Pero la luz terrenal insiste: *Luz junto a lo infuso, luz como el* daimon, */ para descifrar la sangre* *y la noche de las empalizadas*. La luz terrenal coexiste con la iluminación divina y con el impulso demoníaco o angélico. Y descifra la violencia de la historia a través del sufrimiento de Cristo: *Las tiras de la piel ya están golpeadas.* Y de ahí que ahora podamos y debamos clavar esa luz en la Cruz de la Pasión, en el Cuerpo Sufriente. Cristo asume la violencia de la historia, salva las ofertas del mito y es homenajeado por las posibilidades del universo manifiestas en la luz.

Esa es la inteligencia que ha oído en la misa. Probablemente el poema contiene una narrativa secreta de misa dominical, almuerzo y paseo por la playa, actividades cualesquiera que él transfigura desde dentro. Lezama apunta que su visión física —que en su caso equivale a la de la poesía— rastrea *lo que el Arcángel flamea / en el punto donde no se ve.* Donde los otros no ven, incluso donde no se puede ver, el ve y declara esa abundancia arcangélica (por el tono combativo del poema, pensemos en San Miguel y en su fiesta del 29 de septiembre). La visión física y la de la poesía le han permitido ver, estrofa tras estrofa, imagen tras imagen, el poder de la luz. Durante siglos los cristianos han intentado amistar la vida terrenal y la divina, lo que es posible e inexcusable porque Dios fue hombre en Cristo y salvó la realidad al entrar en ella: por eso iluminó con un primer milagro una fiesta de bodas. En este poema Lezama se suma a esa tendencia inevitable con unos recursos altísimos de experiencia, lucidez, atrevimiento y creatividad. Es la Profecía Cubana en dimensión insuperable.

PRIMERA GLORIETA DE LA AMISTAD

Después de esta cátedra de la luz nuestra, vienen necesariamente los hombres nuestros, la *Primera glorieta de la amistad*, versos dedicados a los amigos en los que este poeta en do mayor se ensaya como poeta de ocasión, brillantemente. Ocasión, sí, de retratar a esos distinguidos amigos y a su obra, y de fijar la relación del poeta con ellos. Fina y Bella, Gaztelu, Orbón, García Vega, Cintio, Mariano, Lozano, Portocarrero, Milián, Eliseo, José Rey de la Torre, Rodríguez Feo, Octavio Smith, Agustín Pi, y hasta el entonces niño Sergio Vitier: los hombres y mujeres de *Orígenes*. El momento más alto tal vez se encuentre en el soneto confesional —de la confesión del intelecto— que dedica a Cintio, y que termina con una declaración de fe y esperanza en el poder de la metáfora, de la Imago: *¿Pesa el conocimiento como cae el brazo? / El aliento y el bostezo divino enlazo / si el pez y el relámpago son pares.*

DOCE DE LOS ÓRFICOS

Luego, el poeta regresa al plano mítico para cerrar esta primera sección jupiterina del *Dador*. *Doce de los órficos* enlaza, por demás, con el *Himno…* por la alusión al mito griego, y con el *Desencuentros* de *La fijeza*, por el carácter narrativo del poema. Los once fragmentos —el doce estaría en la totalidad del poema— narran o describen operaciones herméticas y demoníacas (lo que lo enlaza con *Dador*) en las que intervienen un elevado número de personajes: el Rey y la Reina, la Sacerdotisa, la Emperatriz, la Sota, figuras de la baraja, el cordero de Aries, el mayordomo, los duendes, trasgos y gnomos, el linternero, el mensajero, hasta el papalotero de *Venturas criollas.* Ceremonias del extravío, de los que juegan con el diablo por la incapacidad y la ilusión de obtener el Resultado, la posesión trascendental, mediante relaciones de causa efecto. Es el corolario del poema *Dador*, el cierre perfecto de esta orquestada sección. El poeta no deja de señalar que la respuesta, no el imposible resultado, a estos desafíos está en la ingenuidad de la Ley y el Nombre, en la obediencia al poder de Dios que se manifiesta en la resurrección. Pero estos individuos dañados desprecian la ley y el nombre como ingenuidades, su falsa sabiduría de magos los lleva al fracaso total en la muerte, sarcasmo demoníaco: *el ahorcadito relame el horóscopo bufón.*

Cuanto más penetra la luna en el caldero... El primer verso nos instala en una atmósfera de brujería clásica, como para ayudarnos a entender el cronotopo, pero la dirección es otra: no hay claridad de lo que hacen los personajes ni en este ni en ningún otro poema de la serie: genial procedimiento para lograr un poema narrativo contemporáneo, sin referencia a baladas inglesas o románticas, o a tiradas de versos heroicos renacentistas. ¿Qué hace el mayordomo? ¿Para qué están ahí los invitados? Da igual lo que hacen o por qué: sabemos que están actuando por sí mismos, con objetivos dudosos. Las citas de Cronos o Hera esquivan un ambiente mítico griego. La definición viene en los versos finales, clave de la serie: *recibe las laberínticas miradas, las devuelve / el ahorcadito cuando silabea el horóscopo bufón.* La adivinación se burla del mago, le conduce a una muerte. El mal está ahí.

El duende, eterna copla de dividir el fuego... Olvidémonos de los duendes andaluces de Lorca: Lezama presenta duendes medievales, pequeñas criaturas de figura humana, ambiguos o decididamente malos: *Bobea el duende, sabiendo que el fuego tira su acechanza.* El rey, el mago, el bufón, dependen del duende que *deshilacha furiosamente el fuego.* Al final *Atropos (las tijeras) empiezan afinando entre el prestidigitador y las resinas*: se prepara la muerte.

Volcadas las copas, los trasgos enemistan... Lezama distingue entre duende y trasgo, que es una variante amable celta del duende clásico. En este poema los duendes devoran al Rey, mientras que los trasgos enemistan a la Sacerdotisa con la Reina, al Círculo con el Canto: *La espera de la penetración de las aguas, / enemistaba a la Sacerdotisa con el espíritu maternal, / y el canto despreciaba el instrumento del círculo.* Esta lucha entre elementos femeninos enemistados por un duende suave oculta en realidad un tercer personaje *con cara de novillo embadurnado*: macho que constituye causa de la disputa, burla del feminismo maternal.

La sonrisa de la Emperatriz adensa el aire para las sílfides... Estos espíritus del aire carecen de la nobleza romántica que encontramos en los ballets: *La cuarta parte del cielo es el reino definido para las sílfides*, y ahí se enfrentan a la sonrisa helada de la Emperatriz. Como en el poema anterior, interviene un mensajero, elemento muy masculino: cabezón y cojitranco. Recurso de la Emperatriz *enviando mensajeros pegajosos a la herrumbre y la carcoma.* La hostilidad con este elemento resulta castigada: *El gran juicio, la muerte de la Emperatriz como un maniquí, / que no se cruza con la yeguada y mensajeros.* Las sílfides bisbisean.

La cara de cada uno de los gnomos en un pentáculo o moneda... Los gnomos comparten con los duendes la pequeñez y la forma humana, pero se les asocia a lo subterráneo y los metales (de ahí, la moneda). En este poema se revuelcan por la nieve y agrietan la tierra, y lanzan una relación entre el número cuatro y Aries. El cuatro desciende al Hades, mientras que *los cabezazos de Aries tienen su ascenso estelar.* En el Hades está Radamanto, que castiga los pecados ocultos. Los gnomos son reemplazados por la Sota, personaje andrógino. Se ríen *de la ingenuidad de la Ley y el Nombre*. Las mayúsculas definen el respeto del poeta. *El Mensajero como una esponja agrieta las Sucesiones, / y suelta sobre el Nombre el ligero cometa de lo ocultado.* La Sota *intenta reconstruir la ley y el árbol del nombre,* pero falla: *el Resultado / irreconciliable con la primera noche en los bastiones.* El pecado que se oculta, de tipo erótico, se insinúa en el final: *el signo entre dos cuerpos y la púrpura fiel de los coperos.*

Las varas y los duendes hablan, pero la armadura... Regresan los duendes con esas varas que supongo autoridades: *Llegaban anticipados y querían oír lo que no se dice, / su cimbreante arrogancia los llevaba a ponerse ellos / antes que el sonido.* El poema avanza hacia un rechazo profundo de sus personajes: *Fingían que oían y ya no dejaban entrar, impidiendo / la errante seguridad de la luna, cuando entre la torre / del mastín y la torre de la garduña bautiza la llanura.* El mastín cuida, la garduña depreda, la luna alivia la nocturnidad. Hay que desconfiar hasta de los símbolos de la pureza: *Sensación final / del rocío: alguien está detrás.*

La aparición de los trasgos, con sus anchurosas... Al llegar al séptimo poema la narrativa va cediendo ante la necesidad de exégesis. Los trasgos *impiden a los animales más sutiles / acercarse libremente para que también puedan reconocernos.* ¿Somos criaturas del mal o de la ambigüedad, o podemos equilibrarnos con el bien?: *¿En la coincidencia del reconocimiento hay un misterio / de equilibrio, en que se conjugan el arco de los imanes / y la elipse gomosa?* Parece que sí, pero nunca fácil: *Cuando queremos rehacer el equilibrio, / aparece el fruto dorado y la tenaz naturaleza de la tentación. / ¿Es un equilibrio o una naturaleza la levadura y la ananké? / ¿Puede la reina dar órdenes al ejército de coperos?* La reina, el linternero, el mensajero escenifican esta dificultad de que *la conjugación del verbo reúne lo semejante con lo hostil.* El poeta católico conoce una salida: *Lo semejante sólo se rompe con la resurrección.* Y reflexiona: *¿En qué forma allí se liberan nuestras efímeras sucesiones / y el tedioso señalamiento de la causalidad operadora?* Libre del tiempo y de las leyes del mundo, al precio de la muerte. Pero antes, en nuestra vida actual, *¿Puede llegar la resurrección en la conjugación del verbo, / o el círculo de imán puede decapitar a la elipse?* No, pero sí en el mito. *La socarronería de Tiresias reúne la tentación y el conocimiento.* Según Ovidio en *Las Metamorfosis*, Tiresias mata con su bastón a la serpiente hembra que está apareándose, y se convierte en mujer. Siete años después, mata al macho en el mismo trance, y vuelve a ser varón. Tiresias conoce el goce de los dos sexos. Lezama refiere con humor *la dualidad gozosa de Tiresias / y las miserables interrupciones de su cayado en el placer de las serpientes.* Somos semejantes todos: *Si el cayado no fuese* *una serpiente seca, no podría / intervenir en el círculo copulativo de las dos serpientes.*

La posesión quiere penetrar por la balanza de la justicia apolínea... Con este verso imponente Lezama comienza el octavo poema de la serie, abandonando completamente la narrativa por la reflexión. Aun así nos define que *hay la manera de poseer del duende y la del trasgo* (...) *la posesión por el fuego y la posesión por el agua.* Ambas se equilibran apolíneamente para rechazar al enemigo:

> *el diablo, el diablo como hongo*
> *de cuarzo transparente;*
> *como maniquí que hace de pelele y de ventrílocuo;*
> *el diablo de sobremesa cuando recuenta*
> *las aljabas verbales,*
> *y las va sorbiendo en la falsa sucesión*
> *y la espada robada,*
> *como enano loco que chilla cuando alguien quiere*
> *reconocer a su amo.*

Esta declaración resulta fundamental en el poema, el libro, la obra de Lezama. Testimoniar lo demoníaco con honestidad, en su complejidad y detalle, no significa coquetear con el demonio, sino reconocerlo y combatirlo. El demonio *no quiere reconocer, ocupar o poseer,* sino que *se entrega podrido, / en las operaciones monstruosas de la noche, a los duendes o a los trasgos.* Ese operar es precisamente su peligro mayor, proponernos unos resultados contra Dios: *El diablo escamotea el pentáculo con el Resultado.*

Los dos ejércitos, como la indistinción de la torre y

de la noche... Volvemos a la narrativa, solo que con una acentuación de lo alegórico: los ejércitos son dos amantes que terminan fundiéndose: *Los dos vasos comunicantes, ya no hay regreso*. Comunicación que sacia y tranquiliza, no rumia circular e interminable de deseos: *El diseño de la rumia favorece la elipse de la venatoria / del dios Pan, es entonces cuando la hoja / se escapa hacia los vasos comunicantes, no al círculo.*

El perro conversador y la serpiente como flecha... La solución ofrecida en el poema anterior contrasta con este realismo del perro que se comunica y la serpiente que nos alcanza. Salón de billar, estamos en la realidad. Sacerdotes giradores, derviches, una insinuación islámica; sacerdotes aulladores. Gente falsa, peligrosa. Los aulladores por deseo insatisfecho *están allí, para percibir el cuello / de la iguana cuando se transfigura en lo semejante.*

Los monstruos somnolientos tropiezan en la sala de las rejas... Se ha llegado al final de esta exploración y los personajes cuasi demoníacos han sido encerrados. *Los trasgos, como Buridán, entre dos lagos, se esconden / en las esponjas*, dice el poeta ateniéndose al *asno de Buridán*, argumento contra el escolástico de ese nombre, defensor del libre albedrío y la escogencia por la razón: un asno muere de hambre al no poder decidir entre dos alimentos iguales. El poeta está hinchado de dudas como una esponja, pero solo temporalmente: *Endurecida la musical esponja se rompe / en el órgano ecuestre del confesionario.* La confesión católica le resulta violenta: *la demagogia del entronque, / donde las sillas romanas esparcen blandamente el calendario*. Con todo, se confiesa de rodillas: *Trepa por la gotera y por la escala, ya en el centro del armonio, / liga las cuerdas reacias al conjuro*. Ahora se pone de pie y volvemos al principio: *cuando asciende / el ahorcadito relame el horóscopo bufón*. Volveremos a la angustia de lo demoníaco, a las escogencias indeseables. La muerte se burla de nosotros.

II

AGUJA DE DIVERSOS

Aguja de diversos es, aunque no se habla de él, uno de los poemas mayores de Lezama, y no solo por poseer más de cinco mil palabras. El título parece aludir a un almacén de poemas, orientados a diversos rumbos, y en buena medida es así, en el plano de las referencias históricas: Roma, la Edad Media, la Era Barroca, la Judea de Cristo; y la contemporaneidad del autor. Pero esta variedad está unida por una reflexión acerca de la naturaleza de la materia y sus curiosos avatares en el universo, del erotismo al arte, del negocio al pecado, del animal al cuerpo del hombre, de la muerte a la resurrección. La materia que anhela encarnar en forma, en objeto, y que una vez modelada se vuelve carne de culpa, de error, de negación y de extravío, a lo largo de la monotonía histórica y en el vacío del tiempo. En este comentario apenas me atrevo a presentar su sobrecogedora opulencia. Destaco ahora el poema XI —cada uno de estos aparentes fragmentos es desde luego autosuficiente, aunque en el conjunto adquiere una resonancia mejor—, que describe una fornicación en un burdel, cuyo tema profundo es el desencuentro de las materias; el XIII, sobre el fundamento o identidad de las superficies —es muy difícil traducir en conceptos la visión del poeta—, el XVIII, que dice ya que *es la materia la que reclama su excepción*, una atracción irresistible para el Eros: *La resistencia de la materia tiene que ser desconocida / y la potencia cognoscente se vuelve misteriosa como la materia / en su humildad*, pues *La aparición del* elyro litres *tiene más carnal aprovechable / que los años en que Picasso comenzó sus platos;* el XIX que expone el discurso de todo lo torcido nada menos que en el Reino de la Forma de Viñales; el XX, que celebra a la araña y la rana por superar al hombre, la primera en la capacidad para generar su propio espacio, y la segunda por respirar con todo el cuerpo; y el inaudito poema final XXI, cuyo asunto es la resurrección de Lázaro: el horror de una recuperación de una materia incompetente que debe ser sometida de nuevo a la destrucción, y que está obligada a regresar al asco de la materia actual: *el cuerpo dañado / es la no transparencia y la hibridez de la voracidad*, aunque el poeta no deje de señalar que *el apetito se hace con nosotros como la segunda / naturaleza de la gracia.* La Gracia del indescifrable Dador estará siempre en Lezama por encima de los sufrimientos de la Forma.

I. Burla breve de un emperador romano y su sobrino, homosexuales, *dispuestos a saltar / sobre los marfiles del oculto Belerofonte.*

II. Decreto, tal vez imperial y romano, prohibiendo los cerdos en las calles, puesto que irritan a los caballos. *Y el susto de un caballo le revienta el bajo vientre, / y el hombre ha hecho de su terror un* soplo: se vive en una dependencia del miedo, *que mancilla sus cueros y que sólo dobla / sus instantes, pero lo dilata y exhala.* El soplo del terror engrandece los instantes de la vida.

III. *Y nosotros mismos penetramos por nuestro soplo / en cavidades de otras medidas en el sueño:* el terror nos conduce a soñar unas dimensiones en las que tampoco logramos habitar: *las herimos o despedazamos con brusquedad, / como si hubiese dos lunas y las dos caras suenan / leves al frío de conocerse o ahuecarse.* Pero el desencuentro se impone con otro soplo: *para llegar / a un instante en que un hilillo las despedazará con un sobresalto / frío, tamaño que alguien le prestó.*

IV. Mulas romanas cargadas de monedas de oro, *cumpliendo / el igual paso de la justiciera claridad*, lo que las lleva *al cumplimiento, no a la acogida.* Obligación, no beneficio. Los muleros discuten *ya en la marcha, / si las alforjas abrirían sus puertas; / si el estilo de una recompensa se había alterado; / si las perdidas mulas serían reparadas por el obeso gladiador...* ¿Mulas perdidas, que escaparon al deber? Hombres sometidos, sin acogida.

V. *El padre de los guerreros revisa la boca del caballo / y entre las agudas precisiones la imprecisión de los recuerdos.* Los dos primeros versos contienen el poema. Lo importante es este anciano que se encuentra en el animal, en la cronología de sus dientes.

VI. Flotas que cargan vino o aceite. *La gota de diferencia y de profecía le quema el lomo* al numen de la flota. Como en los dos poemas anteriores, hay un cansancio, un desgaste en tareas de cumplimiento indescifrable: *y a su almirante barbado y suave sólo le queda el habla ronca.*

VII. Elogio del lino, que *ciñe la tergiversada, aventurera inanidad*: la del cadáver. Además de servir como mortaja: *La semilla de lino tiene una ancestral amistad / con el aceite; lo transparenta, lo hace atravesable / por la esperada ligereza de la luz.* El lino acompaña la muerte y la vida: *Sutileza de una semilla / con inmóvil medianoche y ligero mediodía.*

VIII. Dijón, Borgoña, una cocina de la Edad Media donde se cocina un buey relleno: *el cocinero pega a los desleales,* pero *proclama el ruego de regalar justicia.* Alguien ha eludido el ahorcamiento y él lo salva: *El escapado de la soga penetra en la nueva / santidad de la cocina, tan alto señorazgo / derrama el cucharón sobre su testa, / nuevo bautizo para la salvación de su cuerpo.* Del cuerpo, no del alma. El poeta recrea graciosamente una época con unos toques. Queda el cocinero centrado y majestuoso: *el cucharón sigue en un reposo / de campana, entre las piernas, flor de la Casa de Borgoña.* Obsérvese que aquí el cumplimento de las obligaciones adquiere una positividad: regalar justicia.

IX. Otro poema reflexivo, como el tercero de la serie. A la ubicuidad inevitable de los deberes se opone una curiosa libertad: *Mi representación precisa objetos que la burlen; / los contornos que no sean segunda naturaleza, / objetos sin equivalencias formales.* El gato, el plato de cerámica, el sacacorchos, el tapón de la botella. La existencia del objeto nos salva de la representación del yo, pero enseguida saltan las interrogantes: *¿La salud del objeto es su posible reducción / a forma? ¿El acabado alcanza su transfiguración / en la forma? ¿La forma es un objeto? / ¿El objeto creado por la forma es un fragmento?* Porque forma es sujeción, obediencia, obligación. Y objeto es vínculo, relación obligatoria. No hay ninguna libertad irrestricta, desvinculada, inobediente: *El retiramiento es más que el tiempo tajado / por el hombre.* Podemos estar en contacto con toda la verdad del ser: *La superficie de la materia / se descifra en la palma de la mano / y la mano tropieza con el amargo aguarrás de la boca.*

X. Época barroca. Una Señoría con otro personaje, Abakul, ¿un moro libre, criado?, que está obligado a escuchar sus falsos relatos y desdichadas demandas: *Tenía que acompañarlo en el nuevo tintineo / de las monedas portuarias, cuando el relato / es imposible en la tocada frialdad del cuerpo lunar.* He aquí una mala obediencia, una sujeción evitable: a Abakul solo le interesan las monedas y la Señoría sale habitualmente al puerto a *encontrar el sonámbulo marinero / que despertaría la tersa colección de Abakul,* oyente y celestino pagado.

XI. Excepcional poema, no solo por ser el más extenso de la serie, y no en balde ocupa su centro. Comienza con una reflexión insólita en este autor: la diferencia en el beso: *Esa misma testa vorazmente / en la mía, en el terror del placer recobra / una diferencia cuyo centro de semejanza se pierde, / y así su mendicante oscuro decae con el rostro en la copa / de la mano.* Para los que creen que Lezama sale de sus lecturas, vale esta refutación de oro: la diferencia de los amantes en el beso, que ni siquiera el amor mutuo puede abolir: *la tercera variación alcanza o depende de una distancia / de la que surge el instantáneo embozo de un cornúpeto trineo, / y el triángulo de diferencias es como la superficie sin tiempo.* El amor es Dios, el increado, y por serlo ya establece una diferencia radical: *Pues es la coincidencia de dos rostros, / con la tercera persona increada en la distancia, / sólo un acercamiento del dominó al nuevo foso.* ¿El poeta desciende al romanticismo? Se encuentra en un burdel y lo estudia. El hambre obliga a la matrona: *la mujer etrusca con su canasta / de múrices.* Porque el múrice, llamado Peine de Venus, presenta concha con un canal de entrada. El poeta describe a la matrona peinándose y conversando, y las motivaciones de su público. También la mecánica del sexo, hasta el orgasmo. En el que ha participado: *Y cuando nos ceñimos / hemos ganado la esencial, lo mantenido raptado / por el fulgor del asombro. Hemos ganado una esencia / y la epifanía clarea su rostro.* Desde luego, hasta ahí participa. Repite una y otra vez esta frase que entrecomilla: *"Estoy oyéndolo, siga, volvió a decir."* Las prostitutas se entregan pero no participan: la diferencia resulta hermetismo. Ahora que está saciado el poeta las ve como son: *Las hispánicas brujas están sentadas, esfinges / vacilan ante la revelación de las piernas y la firmeza / del sexo; abandonan la tierna revelación de las ventanas / y la firmeza entreabierta de la puerta mayor.* Están cansadas de ser penetradas: *Las contracciones de la masa, flauta o serpiente / que lleva la sucesión anillada de sus oídos / contra el muro, son descascaradas por el tiempo / silbando contra los rebaños de renos y alquitrán.* Y con violencia anulan incluso la posibilidad del orgasmo por la penetración, *la moviente unidad de aquellas contracciones, / que llevaban los puntos relacionados hacia el foco / de iluminación.* Tristeza, el poeta se siente abrumado por las *laminadas preguntas que aplastaron al gusano / de sueño ancho caminando por cien sueños*. Sí, se ha arrastrado y sigue oyendo la frase de la diferencia absoluta: *"Estoy oyéndolo, siga, volvió a decir."*

XII. Breve y abisal poema: *Con el relámpago surgiendo de los hígados celestes, / el recuerdo se deja leer, la primera inscripción.* Pero a la memoria instantánea se opone el azar de la vida corriente: *La vida doble del dado y la inscripción nos entontecen, / pues la lectura de la inscripción nos impide la yesca / simultánea.* La iluminación del instante para el recuerdo y el azar de las decisiones actuales denuncian una miseria del ser: *El relámpago rastrilla el vaciado que el oscuro / sarmentoso va comiendo, hasta detenerse / en la piedra cocida con diminutas inscripciones / venatorias y el tumultuoso nacimiento de los dados.*

XIII. Otra reflexión preciosa, grave, como dicha en un violonchelo. *Las bases no tienen que estar por los profundos*, dice el poeta, pues ahí están *la piel, la superficie del mar y la cara de la hoja*. Lo de afuera es profundidad, especialmente en el hombre: *el rostro parece enraizarse / en la segunda raíz de lo propio.* No hay contradicción, sino enlace predestinado, entre la superficie y la profundidad: *el rostro / enterrado en el aire o la raíz que vuela / dentro de la tierra, tienen el mismo sumergimiento / para que la voz y el aliento se encuentren.*

XIV. Volvemos a la historia con esta burla del filósofo neoplatónico Jámblico: *Suave opulento rompe la unida diversidad / de la luz.* Lezama opone a la obsesión neoplatónica por el Uno, la realidad de la luz que nos educa en la unidad de lo diverso, sin necesidad de más: *Enojoso de espaldas cree que la luz no lo descubrirá / ni dejará en su lomo clavado su rebrotante / cosquilleo.* El poeta desconfía de las ambiciones místicas del filósofo.

XV. No sé si comprendo bien este poema. *Las comadres y las dinastías que fríen ajos, / han olvidado la dirección del marmitón*, narra el poeta, y estamos en una cocina, quizás de la época colonial: el marmitón es el ayudante de cocina, que *por allí / sólo aparece con su raída trifolia pluvial, / la del día de excepción que no da recuento ni posada.* Se necesita el humilde ayudante de vestido dominguero, no sabemos por qué. El marmitón *hacía mandato lo que olvidaba: a la casilla de saltimbanquis y flautistas.* Prefiere el arte el humilde servidor de la cocina, reclamado allí. Misterioso personaje, opuesto al *gato Jámblico*.

XVI. Al individuo valioso se opone ahora el grupo, y el individuo malo: *Sobre la mesa la lista de los proscriptos*, que participan de una conspiración. Los nombres *se deshacen inocentes en un abismo de hielo*, las individualidades perecen: *se rompen las iniciales / de las gorras*. Los proscriptos están desde luego ausentes: *La lista de los proscriptos estaba sobre el nogal / y ningún conspirador prestaba su juramento*. El poeta rechaza estos procedimientos: *La exquisita broma del plenilunio / rompía la lista,* porque no se puede desterrar esa individualidad del astro, *pero el pregonero / sin leer la partitura ahondaba las gotas de plomo.* Odio inmotivado de una individualidad contra un grupo.

XVII. *La decoración tiene que ser hecha en una noche.* Se trata del arreglo de un burdel, semejante a *la pintada carne de alabanza.* Imanta al poeta esa necesidad de decorar, de hacer atractivo el asunto, para *la llegada del nuevo extranjero en el fiesteo.* Los aderezos resultan inútiles, lo que importa es el sexo: *Cuando se asoma el veneciano inquisidor, / la camerata revienta de inmóviles visitas / que rehúsan las pruebas de la danza, el vino o los paseos.*

XVIII. Celebración de la alfarería. Marmolero no, alfarero. No hay que imponerse a la materia: *Es la materia la que reclama su excepción / si el contrapunteo de los dedos está quieto en su humildad.* En manos del alfarero el cuello de una jarra de barro *reclama una esbelta longura para oír las brisas superiores.* Hay que trabajar el barro amorosamente: *La resistencia de la materia tiene que ser desconocida / y la potencia cognoscente se vuelve misteriosa como la materia / en su humildad.* Celebración final: *Deseosa comprobación del tacto artesano / que actúa rigiendo y mantiene su propiedad misteriosa.* Pero el poeta ama la humildad obediente de la materia: *La aparición del* elyro litres *tiene más carnal aprovechable / que los años en que Picasso comenzó sus platos.*

XIX. *Esta proclama se dio en Viñales,* dice el poeta, *cuando la visión se alzó sin la mirada / y el invisible adquiere forma sin pudrear en muy visible.* Este final tremendo, de una solemnidad que está ausente en sus otros acercamientos a la realidad del valle, compensa el humor del poema: una especie de neolingua para burlarse de los escribidores de falsa poesía: *cada seis meses papirotea, / las paginitas de sumalele inflando ombligo de chilindrón*, (...) *el poemante del envidioma,* el texto es tan divertido como sarcástico. Probablemente, algún cantor descaminado del valle: *él escupía la jaba buena que Dios soltó / en los rincones de promisión*. Un obispo ha querido levantar un monasterio en Viñales. Sitio, ciertamente, para ver, para ver a Dios.

XX. En una casa de playa, el poeta es sorprendido por *la precisión de los animalejos* (...) *que se dirigen a nosotros, desenvueltos y conversadores*. El estudio de la fauna lezamiana tiene aquí un momento importante.

> *Descubrimos: que la araña no es un animal*
> *de Lautréamont,*
> *sino del Espíritu Santo: que tiene apetito de hablar*
> *con el hombre; que tiene el convencimiento*
> *de que la amistad*
> *del hombre con el perro y el caballo ha sido inútil*
> *y holandesamente contratada.*

Una casa en la playa puede ser desdeñada por la sabiduría arácnida:

> *El ámbito de la araña es más profundo*
> *que el del hombre,*
> *pues su espacio es un nacimiento derivado, pues hacer*
> *del ámbito una criatura transparenta lo inorgánico.*

Simbólicamente la araña es el portero, añade: *domina el preludio de los traspasos, las transmigraciones / y la primer metamorfosis*. El cangrejo, en cambio, *ha penetrado más en la hostilidad, en la ruptura del reverso*. Puede entonces estremecernos:

Si nos encontramos con el cangrejo en un cuadrado
de arena y el cangrejo nos presiona con su tenaza
de huesos, una energía se recorre por los círculos
del hombre
y aumenta su tonalidad comunicante, sus hilillos
de radiaciones por el diafragma
y el centro génito caudal.

Y Lezama descubre que:

Cuando el hombre ha soportado
que es más profundo
el ámbito de la araña, tiene que recibir la otra
injuria: la rana respira mejor que él,
pues el aire le penetra hasta el temblor de las patas;
su cuerpo recibe con más delicadeza
la caja de aire,
y transporta con más distinción de naturaleza
cantidades de espacio.

La rana salta, sí, y parece *que alguien fuera a saltar de la boca de la rana.* Otredad ranúncula: *el cuerpo / que adelanta su boca demuestra que el sueño no ha destruido / el recuerdo de sus otros nacimientos y la espada jurada.* Y cuando creemos que el poema va a ceñirse a esas observaciones preciosas, hallamos un punto y aparte y una inesperada, perturbadora interrogación: *¿Ustedes saben quiénes han pasado por ahí? / Los dos enanos*. Lezama estará siempre en la obligación de hacernos ver la realidad en su, para nosotros, inaceptable opulencia.

XXI. Poema final de la serie: la resurrección de Lázaro. Lázaro, sal fuera, dice Cristo y Lázaro sale de la tumba: *Después que la voz lo enderezó dentro de su plomada / de nueva vida y alejaba la posibilidad del polvo, / que comenzaba a rodar por la canal de sus piernas*, comienza el poeta, porque su interés está en el después, en la vida segunda que recibe Lázaro, para esperar una segunda muerte. La muerte fue una presencia constante en el poeta, ya se sabe, por la pérdida de su padre en la infancia, y por el asma continua: en su poesía, sin embargo, triunfa una vitalidad sin edulcoramientos ni fronteras. Lázaro vive pero ahora tiene que volver a morir: *¿Cómo esperarán la segunda muerte? La de morir / su otra muerte, ya situado entre la muerte / y la otra muerte después del valle de esplendor.* O era una oportunidad para entender el poder de Cristo: *penetrar en las esencias / que habían hecho signos en sus párpados*. Lezama se atreve a penetrar la historia que los Evangelios omiten: *el temblor / al escribir la historia del resurrecto*, y prefiere pensar que *morir la segunda muerte, la muerte del resurrecto, / tiene que estar dentro de la repugnancia*, pues *nacer al otro nacimiento es el apetito*. Lázaro esperaría un segundo nacimiento, *voracidad de transparencia ganada después de aquella suspensión*, no una segunda muerte. Esa repugnancia de más muerte brota del apetito de nacimiento vital y eterno: *en la erótica final tan voraz como el germen / de consumación, se tiende el alimento* *para el caballo / que se inmoviliza y los dedos dañados del resurrecto.* Alimentados de esa manera podemos enfrentar la crueldad de la segunda muerte: *El apetito tiene que luchar con el jabalí; / el frío de los metales se instala en sus mezclas / resurrectas.* Pero hay otro apoyo: el mismo Cristo que ha resucitado a Lázaro, ha compartido la realidad de la muerte: *Longinos o el jabalí cierran la puerta del apetito / y el alanceado se embota en la carne del resurrecto.* San Longinos, el centurión romano que traspasó el costado de Cristo con su lanza, y que según la tradición se convirtió al cristianismo. Este intenso, arriesgado poema nos muestra la calidad de la fe cristiana de Lezama. La voz, el alanceado, Cristo está más allá del poder de la poesía, apenas se insinúa el Nombre sobre todo nombre.

FRAGMENTOS

Fragmentos presenta ese título equívoco, como tanto en Lezama. Una sucesión de estancias de siete versos difícilmente pueda ser considerada sino como una unidad muy deliberada. De la meditación sobre la Forma pasamos a una forma muy pensada, que se denuncia exitosamente. En realidad el poema tiene dos zonas, las primeras nueve estancias en las que se describen circunstancias sociales de sensualidad y egotismo muy similares a las de otros textos de este poemario, y las últimas diez estancias que son abiertamente una meditación impresionante sobre la fornicación heterosexual (ya tratada también en la escena del burdel del poema anterior). Si comparamos estas estancias con las de otras formulaciones, encontramos algo curioso: no hay aquí ese estallar de la forma que le caracteriza: el verso puede alargarse hasta el versículo pero no en forma de ruptura, sino como una extensión del aliento que transmite una cierta tranquilidad, sarcástica o dolorosa, pero nunca enfática. La fornicación parece haber sorprendido al poeta: *¿Y cómo se hace esto, pues yo no conocía a la mujer?* Una frase coloquial atribuible al poeta es rarísima en este autor. Pero lo que extrae de esta experiencia es formidable: no encuentro una definición de mayor altura de la frustración y la culpa de la fornicación —me refiero al sexo sin amor, desde luego— que este final tremendo:

Nuestro cuerpo llega a ser un obstáculo
donde la ajenía
se resuelve. Ay, nuestro cuerpo a horcajadas
en otras imágenes,
que no eran para él, oscuro y musical impedimento
penetra en la desolación, el soplo que transfigura
a la hoja no es el que recibirá como terror.

Pero lo que predomina, insisto, es el descubrimiento de un equilibrio humano profundo en la experiencia negativa: *Sólo le preocupa al ángel el sentido de nuestro despierto para la música*: no perder esa capacidad es todo lo que hace falta. El aparentemente modesto poema contiene una reflexión religiosa sobre el erotismo que merece un comentario más extenso.

LA RUEDA

Continúa el tema erótico en *La rueda*, compuesto por una serie de retratos de hombres y mujeres fantásticos, diría que sicodélicos. El recurso a la imagen casi pictórica en sentido surrealista abarca este texto de punta a cabo, con una exclusividad que lo debilita, teniendo en cuenta que en este autor la exhuberancia es regla. Pero el poeta lo defiende porque contiene una confesión importante: las tentaciones de los cuerpos masculinos y femeninos por igual. El círculo interminable de la fascinación sexual, indistinta, confesada y rechazada.

LOS DADOS DE MEDIANOCHE

Los catorce poemas de *Los dados de medianoche*, aun constituyendo unidades suficientes, conforman el mismo tipo de meditación perfectamente hilada que hemos encontrado en, digamos, *Aguja de diversos*, con el que comparte ese título de pluralidad que no debe marearnos. Este prodigioso texto continúa la reflexión sobre el conocimiento de la materia: del plano del pañuelo ondulando al de la caja de aire, volumen ideal donde vuela el pájaro, llegamos a la búsqueda del poeta del *logos de la imaginación*, en donde encuentra *los sentidos necesarios para demostrar los axiomas*, y lo inútil del caso. Sigue el poema en que se burla de las definiciones filosóficas a propósito de Sócrates, Platón y su *Carmides*, sin que deje de describir con jugosas frases el ambiente masculino de un gimnasio griego (el *Carmides* de Platón es un elogio de la templanza). El poeta tiene otras investigaciones, otra percepción de lo real, más profunda: la equivalencia entre el murmullo y el reflejo, que desemboca en el terror. Ya que el ojo, el oído y la reflexión no nos hacen felices, podemos probar con el sabor, una cena que parece salida de Apuleyo, pero qué va, ahí está la armadura medieval recordándonos la muerte universal y el nulo testimonio que es toda existencia humana. Le sigue el para entonces escandaloso poema de unos homosexuales atenidos a la prostitución, la sodomía y el sexo oral: *Sobre su rostro el santón bosteza las nubes de sus parábolas*: esta vez se trata, en esta línea final, de la nulidad de la moralina ante el drama de lo real. Un infante que es obligado a montar caballos como entrenamiento de príncipes, expone la crueldad de un destino, aun cuando sea excelso. El poder, incluso con decoración barroca, es para los corruptos. Por fin regresamos, después de estas variaciones, al centro: que *la materia muestra su escándalo cuando no oye*, cuando no está penetrada órficamente por la imagen, y que *el hombre siente, con su acompañante torre, que no oye la materia*. Este desentendimiento radical convierte al universo y a la vida humana en una extensión de sordidez. El dañado en una pierna sigue a los hombres no dañados y puede refugiarse en una gruta, pero no lo hace: prefiere padecer las plagas. El fragmento de apetito sexual dañado anda preguntando por excepción y ruptura, pero ante la lluvia, que *se ríe en sus potencias de que no puede ser interpretada*, otra vez el mulo encaja árboles: puesto que ya ha imaginado *un cuerpo nuevo que es un ámbito con nuevas leyes / de equilibrados remeros*, puede deshacerse de toda esta tragedia con una fe en sí mismo, que no tiene fundamento ostensible y no necesita ser demostrada: *la aguja del trirreme interpreta el remo-*

lino / y sus cobres astillan lo estelar. Glorioso optimismo en la voluntad de claridad del espíritu.

Pero lancemos estos dados uno a uno:

Llega y se esquina con las esquinas del pañuelo... El pañuelo era en mi infancia un adminículo de todos: hoy apenas se usa en Cuba. Lezama reflexiona sobre esta prenda, como un objeto mágico*: Las leyes de los más antiguos ceremoniales, las curvaturas / donde las concesiones del hombre esperan o despiden, / semejan ese momento en que nos inclinamos / para historiar más de cerca la sutileza del pañuelo*. Los múltiples oficios del pañuelo fascinan al autor precisamente por su levedad y sobriedad: para él es una metáfora del Plano, en donde nos disolvemos como seres culpables: *nuestra ya irreproducible transparencia en la bandeja / sin bordes, penetrante*.

Curvos principios la rama su delgadez aconseja... En oposición al Plano está la Curva, en su encarnación en la rama de un árbol. La rama es curva y además se curva cuando en ella se instala un pájaro, pues no llega a cerrarse en circunferencia, no se rompe: *La rama de su esbeltez no se cierra en la posible / circunferencia de su gemido*. Al sonido de la rama curvándose se suma el canto del pájaro: *Equilibrio del oído y de la rama pecho avanza / en el sonido*. Preciosa atención: *La delgadez de la rama sorprende el peso / sobreagudo de aquel pájaro que respira el centro / vegetativo e inclina el cuerpo a los remeros / del aire*. Visión del pájaro trinando: *Pecho aquel ablandado en el sonido*. El poeta lo ve en el centro de una caja de aire: plano, curva, ahora volumen: *cuerpo nuevo que es un ámbito con nuevas leyes / de equilibrados remeros*.

Ahora el hermético nos habla clarísimo:

Buscando la increada forma del logos
de la imaginación,
las serenas provocaciones del pájaro
cuando se detiene
y queda suspendido o la pesadumbre
del pájaro apoyada
en la punta de la rama sin doblegarla,
me encontré con los sentidos necesarios
para demostrar los axiomas,
pues hay cosas que nos reclaman la caída
de su demostración,
aunque se nos diga que el paredón de los axiomas
no necesita consumirse en su plomada.

Este es un buen momento para los que indagan la teoría de la Imagen lezamiana. El hombre imaginativo debe buscar su Logos, que es increado, esto es, pertenece a Dios. Lezama cree que Dios es imaginativo, que cuanto hace Dios sale de su facultad de imaginación. El hombre mismo es imagen y debe buscar ese Logos, razón o acción que posee en forma derivada y del que es derivada creatura. Por lo pronto ha imaginado e imagina sin fin, con rigor imaginativo divino:

Si demostramos que el pájaro rueda por dentro
su dado de aire, lanzado con despreocupación
en la medalla de su éxtasis,
y que ese dado le crea por fuera
de su cuerpo su centro
de resistencia, y que la punta de la rama refuerza

su impenetrable, burlándose de la gravedad
o la llamada
y de la necesidad que tiene el pájaro de demostrar
sus axiomas.

En la carrera o el rapto los jóvenes deciden... Pero la axiomática de la imaginación tiene poco que ver con la filosofía. Estamos en el *Carmides* de Platón, donde *el iluso definidor*, Sócrates, fracasa en definir la templanza, la moderación, la sofrosine: *Oh, Charmides, cierra / la opulenta justicia de tus túnicas.* Los muchachos del gimnasio se ejercitan o inventan el canto o la danza sin restricciones preconcebidas: *Sus cuerpos desdeñosos del compás pueden adquirir / el orgullo del canto, o la fragancia del arco / de sus espaldas; riéndose de las pausas de la armonía, / crean las generosas y nuevas vicisitudes de la danza.* Sócrates consiente en que *los que fluyen y los dialécticos / burilen sus comentarios sobre las nuevas formas adquiridas / por los teoremas de sus cuerpos y sus saltos*. Estos pensadores buscan una concreción inútil, como de inscripción sobre la piedra, ignorando que *la consistencia / es la unidad sin radiaciones y que el lleno / de la composición es la cifra del bárbaro.* La templanza de gente mayor para obtener definiciones filosóficas irrita al poeta: *La madurez es la barbarie y el equilibrio en la grosera consistencia.* La templanza en materia de sexo oculta unos peligros demoníacos: *Guarda abrillantada la torta de miel que le tirará / al Can en los Cañaverales.* A la grosera consistencia opone Lezama *la penetradora duración.* Que no dura demasiado tampoco, y no hay que atenerse a *la amargura de los discos que antaño lucieron / sus consagraciones en la obediencia a cuerpos hermo-*

sos / y solemnes, pues la duración de la luz los amigará / con el nuevo diálogo de los guerreros y las ruinas.

El reflejo busca reaparecer desconocido en otro baile... El poeta rechaza la templanza como método de conocimiento, porque el logos de la imaginación funciona en una irrestricta y permisible libertad. En este poema indaga, por ejemplo, un diálogo entre el reflejo y el murmullo. ¿Es posible? Y necesario. Tanto el reflejo como el murmullo son signos misteriosos, incompletos de la realidad percibida. Reflejo de qué, murmullo de qué. Son hermanos. *El murmullo concentra el reflejo para oír / y el reflejo queda como el murmullo en la mirada.* Hay que tener una visión del ser de una agudeza casi divina para lograr estas especies como experiencia y como expresión. Lezama fabula ese diálogo: un mercado islámico, una batalla: *El terror parece alzarse / en esa coincidencia* de reflejo y murmullo, puesto que uno y otro nos informan muy ladinamente de una realidad que puede ser peligrosa y nos asustan con ella.

El brindis del pescado sigue el mismo cordaje... Descripción de un banquete nada platónico, de resonancias romanas, pero que más bien podemos ubicar a principios del XX: *las inacabables historias finiseculares de las carcajadas, los envíos del proyector arrancando los pornográficos sombreros.* Son citados dipnoos (peces con pulmones), lenguados, truchas, carpas. Si la vista (reflejo) y el oído (murmullo) crean terror, en este banquete nos enfrentamos al paladar: *Los coros que alzaban la entereza de los lenguados, prole / del infinito gustativo, recibían las serpientes del salobre.* Los peces suelen alegorizar falos en Lezama. Una censura explícita, de orden moral: *los coros alzando la ironía de la descifrada vehe-*

mencia / de los delfines, acuciosos preguntones, saboreaban las más despreciables bahías.

En la primera luna de las batallas... Una armadura medieval desata una reflexión sobre la nulidad de ciertos esfuerzos heroicos: *Y si alguien duerme en aquel costillar ¿cómo sus sueños / podrán endurecer las orgullosas manchas de las nubes?* Queda el objeto: *La armadura de la muerte que ocupaba el primer término de la composición, / el testimonio del sobreviviente sólo registra la destreza / de la composición y el sitio donde la armadura recibe los más historiados / reflejos.* Así se ve *la muerte como desinfladura* y nada más.

Como le pesa más el hombro izquierdo... Regresa el tema moral, con unos personeros del sexo homosexual. Un jorobado (*le pesa más el hombro izquierdo*) idiota, que *está dañado, se entrega empujando / al revés, a los merengues corporales.* Otro: Bob, Bobby, La boba *tiene cuenta corriente, / abre cuenta corriente, babea el billete / de pago por babear otro cuerpo.* Un tercer personaje relacionado con una obra de Giraudoux: *Enreda con baba la filológica lectura y pregunta por Ivan Yusuf La Condamine.* A Lezama le repugna la prostitución y la felación homosexuales. Pero el verso final nos saca de la especulación moral: *Sobre su rostro el santón bosteza las nubes de sus parábolas.* En verdad, la moralina está impotente frente a estos personajes lamentables, sin ayuda posible.

El caballo se aísla y acolcha su relincho... La obediencia al destino, comenzando por la figura del caballo. Está en la cuadra, aislado, relincha porque quiere salir a disfrutar de *absorber la sonrisilla / del rocío que ha entintado suavemente la destilación / terrenal,* preciosas palabras, *horizontalizando su cabeza* en el galope. O más bien el galope hace oscilar la cabeza como un péndulo horizontal. Sin embargo, el caballo está sujeto al amo: *la exigencia de la realeza del infante, / busca su heráldica en la brusca penetración del corcel*. El caballo como esclavo y el infante mucho más: *su enfurruñada marcha hasta el cuello del corcel.* Ni uno ni otro hacen lo que quieren, obedecen a una heteronomía traidora: *La marcha no es entonces la horizontal del péndulo, / sino las pesadillas del infante abrazado al pescuezo desprendido.*

Entredichos del regente, el can, las burlas... Seguimos en la Era Barroca, el poder, *las consabidas fiestas derretidas, al acecho de regalía*, un gobernador con su extravagante mono tití, disfrutando de las corrupciones del poder: *por el tiempo reglamentario y el escote querendango*. En este caso el enfoque moral carece de contraste. Aquí sí que está el mal, la repugnancia, el daño sin remedio.

La piedra y la extensión, domesticadas por el hombre... Comienzan a cerrarse los temas de la serie. Por la cultura el hombre está situado en el universo con un poder bastante barroco, con una responsabilidad que se extiende a cuanto existe. Pero ese poder se trivializa, se degrada en lo común, en la actitud inculta hacia la realidad: *Después la firmeza de esa extensión se ha hecho sórdida, / responde extinguiéndose, llevando siempre a sus comienzos / la campanilla del heladero.* Esta degradación que ensucia el universo con porquerías deprava el ánimo, la condición humana: *La sordidez pasa como la ausencia de la piedra, / después que su gravitación no se acoge a nuestro pecho, / cuando los posibles de su espera ya no conversan con nosotros*. El hombre tiene que iluminar el universo con el sentido de la cultura: *La mate-*

ria muestra su escándalo cuando no oye, cuando no está penetrada órficamente por la música humana del sentido divino. Pero si el hombre está entregado a sí mismo, segregado de su deber colectivo de cultura en el universo, entonces *el hombre siente, con su acompañante torre, que no oye la materia,* un escándalo mayor. El poema salta a una riqueza de inmediato: de la reflexión a la realidad del poeta: *En el centro de esa extensión de sordidez, el cafetucho.* Horror de esta instalación en la materia: *La aniquiladora extensión y la rapidez de aquel / oblicuo cafetucho, colocan en la sombra venida para la piedra / la campanilla del heladero en las manos del ventrílocuo.* Enajenación, la persona está sola, sin misión en la extensión de la materia, en un doble desencuentro: *La sumergida campanilla firma la torre de la primera compañía.*

Pertenecer a la tribu del Gato Montés... Pertenecer a la salvaje raza humana decepciona. Quiere uno desvincularse o convertirse en su plaga*: implica, a veces, el deseo de quedarse atrás, / siguiendo la doble línea que siguen las langostas.* En un poema anterior se usaba el epíteto de dañado para describir a un homosexual: *Dañado en una pierna seguía el rastro / de las estinfálidas, de los otros hombres no dañados.* ¿No dañados? ¿Las aves estinfálidas, pájaros terribles? Pero este dañado padece una discapacidad, le cuesta seguir a esos otros supuestamente indemnes. Busca un retorno: *Si no puede ir muy lejos ¿por qué no penetra / en la caverna? Si tiene que trazar sus límites, / ¿sus preferencias no han de escoger las hojas de la gruta?* Su ruta de regreso carece de las bondades de una evasión, más bien le interesa vivir su tragedia, la conciencia de participar de una plaga, de un castigo sagrado: *Está también cansado, pero no se detiene en la* *sonrisa, / sigue las líneas dobles donde suben y crecen las langostas, / y las hojas, que él ya no puede tocar, de aquella gruta.* Duro, verdadero, valiente poema.

El fragmento dañado se subraya al mirar en torno... Continúa, con otra altura, la reflexión anterior. En un cambio fundamental, ahora el dañado entrega su protagonismo al *fragmento dañado*. El daño se limita al sexo, y el sexo es solo parte de la persona. *El diálogo carnal en el dañado (...) se desliza errante preguntando de excepción y de ruptura.* El poeta rechaza esas fantasías peligrosas. Sabe que el sexo integra unas potencias de deseo mucho más amplias: *El fragmento de apetito está tirado por el centro de la esfera, su hambre / busca el alimento que lo abarque, la investidura del ceremonial / de las estaciones donde la línea del horizonte es siempre un enemigo.* Solemnes, sabias palabras para cualquier humano. Y el fragmento dañado adquiere entonces una ubicuidad, trasciende la preferencia sexual:

El fragmento que está dañado desconoce el sentido
de su marcha
y no puede caer en la plomada de su espina central,
pues su ceguera está fría y se detiene
y carece del nacimiento de la irradiación, errantes
ojos despedidos
de su centro para ser tan sólo el contorno
de su chisporroteo,
pero sin que la chispa una la cabellera
del agua cayendo
y las danzas de la hoguera que caminan hacia
la desmesurada silla por la que repta el delfín.

En sus momentos de volante tierra cristalizada... La serie finaliza con una afirmación vitalista que resuelve, como cortándolas, las anteriores contradicciones. La vida misma responde, el universo creado: *la lluvia, como una divinidad que se ciñe doblemente el manto, / se ríe en sus potencias de que no puede ser interpretada.* Se ofrece como una salvación de todo lo terrenal, incluyendo las apetencias humanas: *colabora en la clásica / definición de las naranjas, espera / el matinal* simpathos *de los sentidos.* Bendición a interpretar: *Las sabihondas gotas escarban en los poros, / bañan a los sentados dioses del paladeo, / levantan en sus agrupadas definiciones los tejados.* Techos para evitar la lluvia también, para construir la ciudad disfrutando y evitando la lluvia. Agua es vida y aventura, sin sitio ni nombre. Por eso los dos versos finales refieren al mar y a la noche: *La aguja del trirreme interpreta el remolino / y sus cobres astillan lo estelar.* Saber navegar en el remolino, astillar el firmamento con esa clarísima voluntad.

EL COCHE MUSICAL

El coche musical fue uno de los primeros poemas de Lezama que leí, estupefacto, en alguna revista de mi temprana adolescencia. Probablemente lo publicaron porque, en efecto, es un texto relativamente asequible en cuanto refiere al carnaval habanero, a una circunstancia descifrable para el cubano. Las veinticinco cuartetas de verso largo describen las habilidades del mulato Raimundo Valenzuela, que según el poeta *ha regado doce orquestas en el Parque / Central.* Como en *Venturas criollas*, se trata de una interpretación de lo cubano inmediato, pero aquí con un nivel de participación mayor, puesto que se trata del entorno urbano conocido por él: asombra, además, su identificación con el calor, la temperatura, el ardor criollo: *Saluda largamente, en el incendio, a la cornisa que se deshiela*. Y también por la erótica popular de la fiesta: *La pareja reinaba en lo sobrenatural naturalizante*, fuente profunda del Eros. Y desde luego del baile: *Bailar es encontrar la unidad que forman los vivientes y los muertos*. Los versos están mechados de alusiones a la realidad más corriente, y hay que hacer un estudio más fino para disfrutarlos: *el bombín* es una alusión al famoso danzón; *la querida de White*, a *La bella cubana;* el *uno de San Rafael* no debe ser Dios sino la característica desembocadura de esa calle con nombre de arcángel en el Parque Central. Esta ascensión al hermetismo de los datos más triviales es una fuente de goce para el escritor, que se divierte con el carnaval de sus alusiones como risueñas y trágicas máscaras: este poema nos revela toda la obra de Lezama como un posible carnaval. Lezama dice solemnemente: *Valenzuela restablece los números mojados*. Y sabe que su lector cómplice, su hipócrita, hará una lectura sublimizante. Diez versos después declara su divertida tetraktys: *Los números mojados no es alusión al impar pitagórico, / sino que corrieron a un portal al llegar la mojadita*. La mojadita es un chaparrón, los números mojados son los músicos empapados. Lezama no sublimiza el carnaval, ve la churre, el balazo, el traspiés; nunca se confunde con lo popular aunque lo admira y lo descifra como nadie: *La flauta es el cordel que sigue la cintura en el sueño*, pero de todas formas está orgulloso de pertenecer a un pueblo que se manifiesta de esa manera: *Aquí el hombre antes de morir no tenía que ejercitarse en la música*, pulla contra Sócrates y el helenismo: *ni las sombras aconsejar el ritmo al bajar al infierno*: somos más que Grecia, tenemos el don de creer en la vida: *El germen traía ya las medidas de la brisa / y las sombras huían, el número era relatado por la luz.* Sí, está diciendo que se encienden las luces y se ve la multitud, pero esta vez el verso se eleva, resuena en una dimensión más noble. No el mulato noble sino la nobleza de la poesía es la que reina en este coche de música lezamiana, que dedica cinco cuartetas a un niño de quince años que está por incorporarse al erotismo de su pueblo: *El trompo que lo azucara, es el que lo remoja, / todavía está incongruente para llevar su columna al río.* No es un personaje inútil, no: es la clave de un pueblo que pasa violentamente de la inocencia al erotismo, para el que el erotismo es una inocencia violenta. *La columna que cada hombre lleva para pescar en el río*, esa majestad de las potencias vitales, está representada por el propio cuerpo del poema; la elocuencia que él atribuye al mulato es la que hoy le atribuimos al poeta, a cualquier poeta real pero sobre todo a él: *Lo que él dice está escrito en una columna que suena.* ¡Suena, y resuena!

RECUERDO DE LO SEMEJANTE

El penúltimo poema de *Dador*, *Recuerdo de lo semejante*, es uno de los textos superiores de Lezama, en el que van a confluir buena parte de sus obsesiones de siempre, y las del libro, en una reflexión de altura inaudita para la poesía de todos los tiempos. Despachar en un comentario un poema de esta envergadura se me antoja un insulto.

¿Hay una total pluralidad en la semejanza?, comienza preguntándose el poeta. La interrogación en Lezama es un recurso estilístico de puntería, aún por estudiar. Sí, esa es la tragedia del Eros, que hay una pluralidad en lo creado, que es uno por ser creado y por provenir del Uno creador: pero lo distinto, por variado que sea, es siempre indistinto: continuamente recordamos que somos semejantes al otro y al Uno. Buscamos la Semejanza, pero cuidado: no lo homogéneo, que no solo elimina la pluralidad sino también al Uno que la engendra y trasciende. Los treinta mil perros, los treinta mil osos del bosque guerrean contra la unidad que los denuncia: *Si el número no se dirige a la unidad, / se pierde en la indistinción, pues su crecimiento / se verifica en la semejanza*, y parece que estamos situados en una dialéctica de la naturaleza, hasta que encontramos este fin de estrofa: *a veces el número y la unidad / la semejanza y el lunar, se cierran en carnoso portalón*: nada menos que la vulva se muestra como una síntesis de estas contradicciones diríase hegelianas, porque: *Lo otro está entre el número y la unidad.* Este es un momento clave en la obra y yo diría que en la vida de Lezama. La otredad no ha sido hasta ahora un tema de este Narciso. Lo otro como puente entre el número y la unidad es un corolario inevitable de esta indagación, pero el poema no sigue en esa dirección sino, por el contrario, explora nuevos desvíos, pero ahora ya dentro de lo propiamente humano: el hombre como número en aventuras de soledad, siempre insatisfactorias, el que se reproduce con placer y sin sexo pero dando lugar a un árbol. *Todo lo que no es demonio es monstruoso*, afirma el poeta encerrado en esta negación de la otredad, hasta el punto de que sostiene que *todo lo que no es nosotros tiene que*

hacerse hiperbólico / para llegar hasta nosotros, lo que a mí me parece realmente exagerado. Lezama siempre vivió entre demonios y monstruos —su hermana refiere que padecía de pesadillas—, y el poema continúa indagando la no otredad de unos posesos, unos endemoniados en aventuras eróticas inversas. Hay una confesión: *el que en su infancia soñó con las lianas y cascadas / desoyó el consejo de seguir en la otra vasija, / cuando la mujer se hundió en la copia de lo semejante*. Lo otro, el otro, debiera ser ella, la mujer. Para Lezama ella es la imagen: con ella *el destino sentencioso / comienza a sustantivarse como música en la intemporalidad*: más que una solución es una salvación burlona: *El sobreabundante es el poseso que posee, muestra el sacramento / encarnado y dual, dos a dos, prescinde de la vasija de seguir y se risota*: la sobreabundancia que es la imagen libera al poeta: la creación poética es una erótica superior, en la que la erótica desesperada del universo, la lucha entre el número y la unidad, entre lo homogéneo y lo semejante, resulta superada:

Si la imagen entraña
la sobreabundancia, el árbol y la distancia
se entremezclan en una copia
de lo homogéneo participado.
Y la copia de ese homogéneo resguarda
la diversidad de cada rostro,
pues sólo la sobreabundancia inunda los rostros
y los encarna,
y no los detiene en la correspondencia
de los términos,
entre el Óvalo del Espejo y el Ojo de la Aguja.

Espléndido final: el espejo de Narciso y el ojo erótico de la aguja coinciden: en la Imagen se resuelven todas las contradicciones, puesto que Ella es la Semejanza. El recuerdo de lo Semejante nos lleva a la Imagen como Semejanza. La hilada finura de estos conceptos, número y pluralidad, lo homogéneo y lo semejante, la dualidad y la indistinción, el poseso y el poseído, conforman un discurso donde la inteligencia descifra la vida y la conforma, orgullosa, casi alegremente.

NUNCUPATORIA DE ENTRECRUZADOS

Dador cierra con el poema *Nuncupatoria de entrecruzados*, título irritante para unas realidades todavía más insoportables. Como abogado que era tal vez Lezama se enfrentó alguna vez a un documento nuncupatorio, *cartas o escritos con que se dedica una obra, o en que se nombra e instituye a alguien por heredero o se le confiere un empleo*, según el diccionario de la Real Academia. Puesto al final del libro, el poema contiene una carretada de ironía desesperada y mordiente, porque los entrecruzados son los seres humanos, la humanidad en toda su miseria, como va a develarse en el segmento final del poema: la descripción de un ómnibus repleto de pasajeros. Se sabe que Lezama, que desde luego no tenía automóvil y era una persona obesa, sufría indeciblemente en las guaguas habaneras. El príncipe de la poesía que viaja en un ómnibus que, efectivamente, es *omni*, contiene de todo lo humano, y especialmente de lo peor; es el momento más alto de la visión de la realidad inmediata en *Dador*, una transfiguración poderosa de lo real por la imagen: el ómnibus constituye una metáfora de los que viajan infernalmente juntos, aunque separados en sus herméticos destinos: *La coraza del ómnibus se deshace en el humo de los cañaverales / de la Estigia, cuando alguien despega y alguien se queda.* A esta acumulación de lo humano sube nada menos que la parida, una señora con su cría, pero *el ladeo santurrón de su cara no evita los antecedentes pornográficos*: mujer de mala vida que se reproduce y sube al almacén de humanidad con una víctima nueva, lo que el poeta llama, con terrible sarcasmo, *la novedad estatuaria de la mutilación.* El poema ha comenzado con la rebelión del príncipe contra las normativas sociales, la necesidad de *buscar en otra vida sus juramentos y halcones,* pues *una estatua mutilada no nace para la libertad decreciente*, pero por eso mismo el nombre del poeta queda *borrado de la manchada lista de las invitaciones*, es un excluido de la sociedad sucia, como los campesinos y los vagabundos. Claro que los excluidos pueden reunirse, asociarse, y esta idea le regala un par de versos duros, verdaderos y sublimes:

Inmóvil, todo rostro mutilado cobra claridad
al regalar compañía,
pues todo lo que se acerca nos ofrece la novedad
de la mutilación.

Así es la realidad humana, por desgracia y también por suerte. Por desgracia, porque la suma de mutilaciones y la asociación a la fuerza nos conducen al continuo desencuentro, al desprecio y al odio, al viaje en el ómnibus infernal. Cada uno de nosotros recibe la nuncupatoria de la mutilación humana, la herencia de una ruina individual y colectiva que no puede ser trascendida. Excepto, otra vez, por la obra de la imagen: las estancias de siete versos, a veces agrupadas en catorce, o enlazadas por las comas: una norma voluntaria, de belleza y razón, que abole las normativas de una sociedad sin norma, irrecuperable.

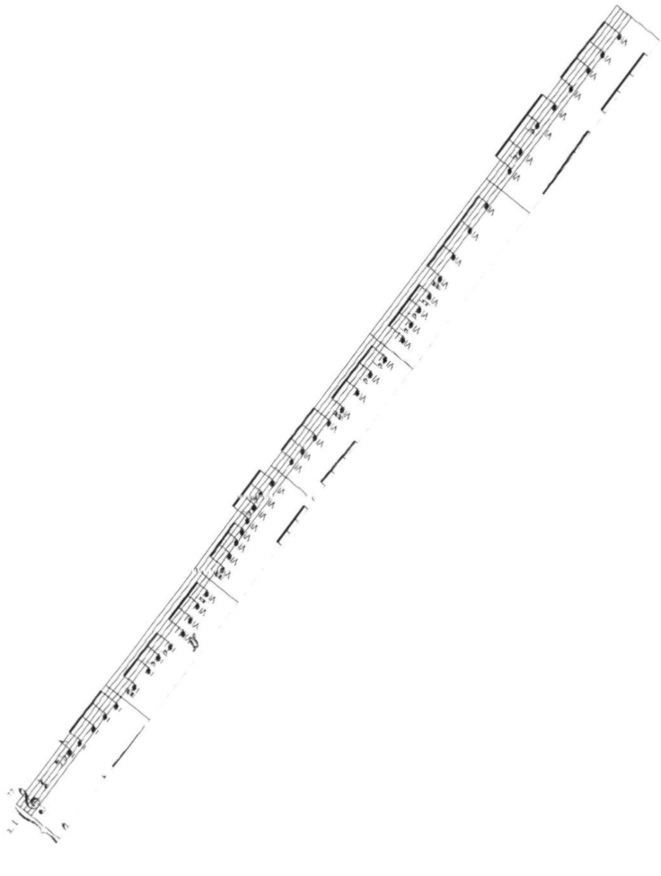

POEMAS VARIOS

La edición príncipe de la *Poesía completa* de Lezama no nos dice nada de estos poemas, que debemos entender, si seguimos la terminología de Eliseo, como poemas al margen de los libros publicados. De ninguna manera son obra inferior, y Lezama hizo muy bien en cerrar con ellos aquella edición. Queda el problema del fechado.

PROVERBIOS

Proverbios es aparentemente una especie de égloga, con los dioses Pan y Apolo, faunos, sirenas, pastores, etc. Pero cuidado: nada que ver con evocaciones clásicas o modernistas. El asunto es nada menos que las prefiguraciones cristianas en el mundo griego, y al mismo tiempo la tristeza de esos tiempos en que la Revelación se sospecha y desea pero no ha llegado aún: Pan *iguala la sangre con el vino / antes que la uva jurase por su estío / y la vid trepase dirigida / por las verídicas rodillas del gigante.* El gigante es Cristo, que convierte el vino en su propia sangre divina. El mundo mítico griego quiere vivir, al revés, su propia sangre como si fuese vino embriagador. El coro de los pastores tiene la sospecha: *Almendral, tú dirás la verdad.* Este es el primer proverbio, que cierra el primer poema. El segundo proverbio es este: *Año de neblinas, año de harinas*. El primer poema alude al vino, el segundo al pan, los dos elementos de la eucaristía. De hecho están unidos al final: *Madrugador el tabernero silba / al héroe conductor de lo harinoso*. Pero no basta reverenciar el vino y el pan en los oficios, se necesita la Revelación que los consagra, y que aún no aparece. Por eso el tercer poema es trágico: *La imagen llora la pregunta, / con su pelambre de tortura / trae la cifra de los Dioscuros por el muro.* Los Dioscuros, Cástor y Pólux, uno inmortal, otro mortal, pidieron a Zeus ser inmortales los dos, o mortales ambos. Tragedia de los nacidos antes de la Revelación de Cristo: quisieran saber que por fin serán como dioses. La historia está dividida en dos por la Revelación de Cristo.

POEMAS

Poemas es una suite curiosa, que podría llamarse *Sonetos*, puesto que la integran once textos de este tipo. El título alude a la función de la *poiesis*, de la creación poética, de la imagen para enfrentar la Realidad.

I. *Ceñida fuga* son las primeras palabras del primer soneto, cuyo tema es una fuga seguramente de Bach o de Mozart: *la peluca en el fuego // de la casa del burgo- / maestre*. Lezama la equipara con una escapada por mar: *La lejanía orilla la mañana*, para insistir en la dimensión cósmica de la música: *La escala de Aldebarán / y el reloj de Salzburgo.* ¿O se trata de la descripción de un viaje por mar, que incluye la audición de música dieciochesca? Es una pieza rápida, alegre. Concluye el sonetillo con una preciosa definición del arte polifónico, que hubiera complacido a Eliseo Diego: *Todas las miradas en el juego*.

II. En contraste con el mallarmeano soneto anterior, este resulta transparente: el espanto del calor cubano, de la brisa que no llega, el soplo de aire que se agota y que *pesa / sobre los hombros como una campana*. Hay algo demoníaco en este calor: *debajo de los huesos su mirada / pone cuernos al hilo de la nada.*

III. Continuación del anterior, ahora el viento sopla en el interior: *El viento que se extiende en la repisa, / pisa el rabo del fuego que se encierra.* En el exterior puede incluso aparecer esta ventura: *el cometa en el hilo del niño se esclaviza*. Pero por mucho que este refrescamiento se agradezca, de todas formas estamos en el trópico: *Como necio el sol temprano quiso*.

IV. En el trópico hay muchos tipos de calor. Llegamos a la escena erótica, porque *el buen verano* nos ofrece *su venatoria*. De mercado, eso sí: *En el ábaco del posadero está metido*, */ el gato, desgarradura del intérprete.* Un personaje quiere levantarse de la cama: *Es el silencio de las sábanas, no el dormido*. Pero hace ruido y sobreviene la venganza vulgar: *el que se iba tuvo tiempo de oír: piérdete*.

V. Dedicado a uno de los animales favoritos del poeta, la araña, nos describe la caza de una mariposa en la red de la tela. Las rimas del soneto evocan esa rareza que nos produce el animal e incluso su nombre en castellano: *azos, añas, ambre, erta, il,* y hasta el juego de *enrosca* y *trisc*a, que no constituyen rimas. Levemente humorístico, el poeta repite este verso precioso, que celebra a su animal como prodigio de la delicadeza creada: *No dejes la araña en el vitral, la dañas.*

VI. La luna *regala el perejil* a la Vía Láctea, *al lácteo ensanche zodiacal del caracol.* Celebrada la luna romántica con ironías que pretenden captar su excepcionalidad más allá de *una oscura rotación de tinta y de ceniza* ridículas, puesto que *en la púrpura de las moscas y las letras fue escanciada.* Es la luna de *la misma marisabidilla / que en la carcajada del hondero desriza / el pantalón lleno de arena.* Vulgaridades eróticas de la luna, pero en las ironías del poeta se percibe el elogio real a *la que se prolonga más allá de su corona de piña.*

VII. Descripción del asedio a una fortaleza: *Aquí el daño especial, aquí el rasgar / se hundió torvo en la nueva torneadura.* Aparece un arquero: *Su arte en el viento, embocadura, / que contra el cielo el tuerto vuelve a cribar.* El ataque al muro consta de dos fases: *la de arena pegadiza, la de plomo / que en las almenas soplaba azufre sobre el lomo.* La escena parece ocurrir en la época del barroco, pues *la fulguración de siempre entre dos montes de lo oscuro* puede aludir al uso de armas de fuego, incluso cañones: *un globo tachado en rabia de tacón.* Pero también puede interpretarse como el amanecer y el uso de catapulta. Sigue el ataque de arqueros: *Iba cayendo un cielo elaborado con un cordel, las manos.* Las flechas alcanzan a la caballería ligera: *La frente desjarretaba en el hendido corcel de los ulanos.* Pero la fortaleza o ciudad se cierra, se repliega maternalmente: *dormía la zarigüeya en las arrugas del bolsón.*

VIII. Este soneto nos va dando la clave de la serie: continúa la descripción de un asedio, ahora un jefe entra a *ver el inflexible*, a dialogar con el superior que les defiende mal, *rodeado de una caspa irritada de motines*, de partidarios. Vuelve a la muralla y dispara flechas contra los que intentan salvar el foso: *flameó tan inaudible / que su transparente apuntaló el acantil de los delfines*. Pero en forma desconcertante el segundo cuarteto se aparta de la descripción, incluso de la tercera persona que narra con este verso precioso: *Dichoso soy, me tachan y la brisa me atestigua*. Persiste el calor, el poeta se refugia en la brisa física y en la de la imaginación: *ardí, pero me paseo leyendo en la otra empalizada*. El poeta está en su casa, fabulando desde la lectura: *El humo por los corredores, la otra pieza, la contigua*. Repetirá este escenario en el soneto dedicado a la madre. El primer terceto regresa a la imagen, a *la cohorte de Agamenón*, de manera que podemos pensar en *La Ilíada* y el sitio de Troya. Pero el último terceto nos devuelve a la realidad cubana: *En la terraza escarcha el patín de los huidos / y el mulato frío cierra los ojos y burila los dijes amarillos*. El poeta es esos niños que huyen, el mulato que se dedica a una tarea de belleza para escapar del horrible calor.

IX. Ahora llegamos a la realidad a pulso, desesperante. Solo la palabra como imagen, sin fábula, para enfrentarla. Se cuela un búho en la galería, un borrachón canta a dúo con él. El poeta no está en su casa: *Cuídeme usted las llaves, son tres, el empujón primero*. Estamos en la cocina, *oscila el agua sobre el baúl que cierra las fronteras*: el refrigerador, progreso de la época, tal vez defectuoso: *Cera la espalda mojada sobre el proverbio en el gotero, /*

que cae sobre el arpón de las ballenas en el fanal de las neveras. La tecnología debiera mejorarnos el momento, pero: *Arde la grasa y el resbalón me amiga con el suelo*, situación cómica: *El resbalón me lleva a las cuatro hogueras contra el cielo*, esto es, una cocina de hornillas. Mínimamente el poeta fabula: *Allí el tambor empieza —los hiperbóreos— por arañar el embozado*: echa a andar el refrigerador. Pero el dilema no es de frío o de calor, de hornilla o nevera, del trópico o del polo: es la peligrosa, inhabitable realidad: *La foca aullando resbala por la piel de un cielo calmo,* (este cielo calmo es la nieve caída, desde luego) */ pero cae como un bulto negro en los pasos medidos del atigrado.*

X. El poeta retorna a la fabulación, con una escena de caza, en la que *morirá / el arreglador de las campanas, nieto del jefe de cien años.* Nótese el tiempo futuro del verbo, que indica una fatalidad, una previsión. Al nieto se le ha aclarado que *del cuello de la bolsa el maíz saltará*, funcionarán las hondas que lanzan *la piedra venerada.* Pero *el gamo en el atajo / sonríe a las serpientes enroscadas al hylán, será respetada / su esbeltez.* No es el ciervo el que va a morir, sino el muchacho: *La desnudez del nieto se iguala con la alegría del cervato*, el nieto se considera invulnerable y se arriesga, y:

el corno sanguinolento se repliega y lento
el toque de rebato
hace que el gamo se ofrezca para llevar
el ligero desangrado.

El ciervo arrastra el cuerpo del nieto:

a la corriente, sin cuerpo comienza a nadar
el nuevo despeñado, las hojas tiemblan,
comienzan a ladrar
al ligero, que ya está a salvo en el gamo acorralado.

Obsérvese la paradoja: el muchacho ha muerto pero está a salvo, ha sido sacrificado absurdamente, pero aún así está a salvo: ha muerto en lugar del gamo, que lo agradece y que va a morir también. El carácter aparentemente despiadado de la realidad, incluyendo el calor, la guerra, los borrachos, la tecnología peligrosa, oculta un sentido sacrificial. Que a veces se revela.

XI. Llegados a este punto, el ciclo ha concluido. El poeta está en su casa y en su imaginación como en un refugio sacrificial: el de su madre. Es este uno de los poemas más bellos y nobles de Lezama, también de los más diáfanos. Podría estar en la sala de su casa museo. Su primer verso enlaza con *Muerte de Narciso*: *No hay ala en la ola cuando me miro*, negación del propio yo turbulento que tampoco podemos eludir: *ni extensión en el sol cuando me olvido*. La solución de estas contradicciones es *una gracia buena en el mejor retiro* de la casa, *la madre que atraviesa los tres / cuartos, sin saber dónde la miro y pierdo, / y en su silla la describo, en el reducto de su envés*. Obsérvese que la madre, a diferencia del poeta, puede residir en su propio yo, tranquila. La presencia de la madre es una protección que aún permanece: *La que curaba el miedo, tiempo tiene y está*. La madre lo libra de la ambición de la *tajada humana*: y por eso los versos finales son humildes, de una entrañable calidad coloquial: *ella es la que dice la agüita de los cielos / y no el tamaño gigante del hielo que siempre crecerá.*

TELÓN LENTO PARA ARIAS BREVES

Telón lento para arias breves. Humor y sentido de las epifanías verbales ajenas, más en la dirección de Joyce que de Freud. Lezama comenta detenidamente esas frases que oye.

I. La de *la lagartija habanera* me recuerda a *Un perro andaluz*. Una lagartija extraviada en una sala, mueve la cola con alegría al punto que es amenazada por un plumero. *Como la tabla de multiplicar bien sabida*, comenta el poeta, la lagartija se aparta para salvarse: *le abre la puerta al azafrán del plumero*.

II. *A correr, a correr el guineo*. Esta frase sale de los *crespos fondistas cáscara de papas* cuyo susto es alegre, en un ambiente de guitarras. El poeta describe con gusto y gracia —*cebra alada*— al animal.

III. *¿Quién hace los dulces?* El perdido dulce cubano, el de guayaba, el de coco (*dulce tierra blanca*), el pastel crujiente de Morón, salidos de *un fuego privilegiado,* de un *fogón merovingio*.

IV. Es el fogón del pobre, que es el que hace los dulces. *El que dice: el pobre*. Esta epifanía es fuerte: el que considera pobre al otro ignora su propia pobreza, le ofrece una conmiseración equivocada. La descripción del pobre es dura, intensa, llena de dignidad: *A todo va con lento paso, embajador con cayado / a todo ciñe, friolera nocturna, colchas / las rizadas colchas del naufragio.*

V. *Me dicen siempre que no está.* Epifanía cara a Lezama, a quien le gustaba *ocultaparse*. El buscado es equívoco: *No se sabe si es bueno / que nos reciba o nos dé las espaldas.* Puede que sea otra la bendición: *No suena el timbre y vienen todos los cervatillos.*

VI. *Cállese* es una epifanía polifónica. Lejos de callarse el poeta presenta varios intentos de censura frustrada: un pulpo encerrado en una redoma, un perro que es castigado por ladrar, y una anécdota histórica: el intento de callar al inca Atahualpa, que ha aprendido a jugar ajedrez mirando a los españoles que lo tienen encerrado, y que le indica a Hernando de Soto la jugada ganadora. *¿Perdió la partida? ¿La ganó al morir Hernando de Soto?* El dato histórico es que Soto gana y Atahualpa es después bautizado y ajusticiado. La única censura atendible es la muerte, pero es igualmente deseable: *Oye la muerte el gamo y corre alegre. / El gamo, asustado y temblón, / gusto de la noche placentera.*

VII. *Un día cabezón* resulta un cumpleaños con piñata. Lezama se deleita con los hilos de la piñata y los niños, que hablan en la definición de *un día que creció más que los otros días redondos (...) un día que jugó al dominó / con todo el barrio, oloroso a guayaba extensiva.* Hay que cansar al muchacho: *sudando la montura para parir la siesta*. Alta gracia lezamiana, muy agradecible.

VIII. *No vino más* es la tristeza de aquello que nos abandona. Queremos una presencia permanente de lo que amamos, rechazamos ser rechazados, ellos *necesitaban de su estable quinqué / y de su incesante mantel giratorio, / el mantel para las prisas del ángel no caído.* Finalmente lo perderemos todo: *Llegó el terror del año postrimero.*

IX. *Caballeros, qué domingo* se opone a la celebración dominical de un Eliseo Diego: *El día que crece como una medalla / de arena tocada por la resaca abuelita.* Salidas y retornos, paseos frustrantes, siestas que generan un *tercer despertar machacando / el hielo de las seis de la tarde.* Qué domingo, lo que debía ser el día del entusiasmo por la vida lo hemos frustrado.

X. *Se afeitaba, frente al espejo / del baño, cuando…* El poeta no goza afeitándose ni tiene propósitos de embellecimiento: *No es la merienda / en la gruta tiznada, ni los remilgos / cimbreantes del bastoncillo de Citerea.* Otra vez la realidad a pulso, rara en este poeta de la imaginación desenfrenada, y la declaración interesante: *Si pudiera cortar todo lo inútil.* Por única ocasión se incluye una segunda epifanía verbal: *su si pudiera*: ¿podemos, realmente? Tal vez no, quizás nos queda la herida de habernos afeitado, o el horror de vernos *el horizonte inútil de la yerba facial.*

EL NÚMERO UNO

I. *El número Uno* es una suite de seis poemas. El primero nos presenta una función de magia en una plaza: Lezama identifica al prestidigitador con el Uno del Tarot, que es el Juglar, pero para él un farsante: incluso le descifra el truco mediocre: *las paticas del mico arañando el jarro / por debajo de la mesa de granadillo / pic pic pic, pero la distancia borra el sonido.* Gran Mago él mismo, el poeta detesta el engaño que se le hace al niño, al hombre de pueblo, al ser humano, cuando la imagen es capaz de mostrar todas las posibilidades del ser, en contra de *la voz cejijunta que dictó que un pañuelo indiano / no pueda parir un gallito con un perejil en el pico / cuando un pañuelo abierto reproduce toda la cara de la luna, / la inmóvil palidez y todos los murales del infierno.*

II. *Los amigos buscando la ciudad amistosa*, es el asunto del segundo poema: los separados de la prestidigitación populachera, que buscan en los árboles, en la contemplación del cielo, un refugio romántico que es imposible ya: *Recuéstate, última pregunta en la sangre inmunda / y cuéntanos las estrellas del vaivén prometido. / Es un aullido, un pedazo arrugado / de terciopelo que entona como los rollos de una pianola.*

III. Insiste en las supuestas bondades de la emoción poética sacadas de la experiencia vital: *cada evidencia una forma de maldición / graznando, extendiendo el ala sobre el acantilado, / las formas banales del suspiro y las mediciones del tiempo.* Es un poema breve y desolado, que prepara el próximo.

IV. En esa desolación interviene como una ruptura la voz de la madre. De la imagen habitual en Lezama pasamos a las frases de apoyo y consuelo que su mamá le dice:

Te preocupas mucho, recuérdate de tu padre
que se murió tan joven,
ésas son las cosas que tienen importancia,
lo demás es pasajero, lo demás es poco,
muy poco, tan poco!

Sabias palabras, muy bien situadas. Es uno de los primeros momentos puramente coloquiales del autor, y ya lo hace como se debe, con una puntería insuperable. El coloquio es sencillo pero de valor absoluto, y ha sido preparado por la imagen para que alcance eficacia mayor. Pero hay más: el poeta suma su palabra al coloquio de la madre sin transición alguna: *¿Cómo comprender, entonces, la infinita numeración de la muerte?* En esa cifra de la muerte cotidiana se incluye la de la muerte de la amistad, que es la que está determinando el poema y su melancolía.

El momento en que llega la muerte a la amistad,
aunque la amistad sigue su incesante caminata,
pero al llegar a la esquina una frase es de la muerte,
al discutir una palabra silbó la flecha de la muerte.

Pero no es solo la pérdida de una amistad lo que ensombrece al poeta. Lezama hace entonces una pregunta rarísima, tal vez única en su obra: *¿Y el amor?* La respuesta es desagradable: *La manera de repasar una gar-*

ganta / con los dientes o con la saliva fría que no dice / y se extiende como la astilla morada de las ruinas. A pesar de esta visión negativa de la experiencia amorosa, reconoce *la mitad amistosa, la mitad y la sombra del amor,* sin la que *los días suenan incompletos, las nubes sin sabor*. Pero nada supera en realidad y en importancia a la muerte, como ha dicho la madre:

un día la muerte recobra el absoluto de su oleaje,
y su ola lenta reina en la extensión
de nuestra espalda,
entonces comprendemos que la amistad estaba
muerta y el amor se extinguía.

V. No estamos desamparados, sin embargo: *hay una envoltura superior / a nuestra decisión y a la palabra.* Ya no la de la madre, sino la del plan universal: *todo desaparece en el crescendo / de una cabalgata que es la envoltura estelar.* Esta protección superior nos hace vivir con indiferencia y optimismo: *La envoltura nos lleva cerca de un árbol / y el árbol comienza en nosotros sus carcajadas.*

VI. Así defendido el poeta puede probar una u otra solución vital, también la del retiro, *cerrazón de la invención de la casa*, pero siempre venciendo la oscuridad por el mero hecho de esquivarla:

Dichoso voy en la niebla,
avanza caballo blanco.
Voy huyendo y traigo a la noche
con la cabeza inclinada.

El poeta no es un juglar, un prestidigitador, un farsante. Su búsqueda del Uno en la amistad y el amor puede fallar, tiene que fallar en la carta del Tarot, pero en la del Ser el Número no le falla. Es ese Árbol que le protege, que le permite reírse y vencer.

ODA A JULIÁN DEL CASAL

La *Oda a Julián del Casal* es uno de los poemas más conocidos de Lezama, que reveló algunas de sus claves; no insistiré en ellas. *Nuestro escandaloso cariño te persigue*, le dice a su alter ego decimonónico, y ese cariño desbordado es la clave de la popularidad del poema. Son versos calurosos, de una ironía dolorosa que contiene un entusiasmo divino. No en balde el poema está situado en la edición príncipe después de *El número Uno*, pues la clave de Casal es que *todo poeta se apresura sin saberlo / para cumplir las órdenes indescifrables de Adonai.* Mientras que otros exegetas ven en Casal una sexualidad reprimida, Lezama revela que *abres el quitasol de un inmenso Eros*: esa protección amorosa que engendra un cariño, no una sexualidad. Y de la misma manera que el Árbol del Uno nos afirma en la protección de la vida, Lezama ve a Casal como un revelador de vitalidad: *Aquel que entre nosotros dijo: /* ansias de aniquilarme solo siento, */ fue tapado por la risa como una lava.* Para Lezama no existe la oposición arte-vida que se le achacara a Casal o a él mismo, puesto que el poeta lo es en y con su vida con todas las contradicciones inherentes a la vida, asumidas por la conciencia del destino. En el maravilloso verso final se unen la naturaleza y la sobrenaturaleza: el Árbol del Uno, en este caso un ciruelo, y la piña laqueada, el arte casaliano y cubano en la frente unitiva del poeta, signada por el color de sus ojos: *mitad ciruelo y mitad piña laqueada por la frente*.

LOS CORDELES

Los cordeles es un texto que resulta excepcional en la poesía lezamiana, puesto que acude en él a una disposición espacial de los veinte versos que quedan como colgados ciertamente. Los cordeles sostienen la balanza de la noche, la justicia del Eros, en cuyo plato izquierdo se encuentra el deseo en su forma más cruda: *el testículo vidente del caballo / abierto como un ojo / en el hachazo al mediodía.* En el plato derecho parece estar el tiempo que se cierra: *Las doce / —eructo de los palotes fantasmales— / en el frío terciopelo del naufragio.*

RETRATO DE DON FRANCISCO DE QUEVEDO

El *Retrato de Don Francisco de Quevedo* pudiera haberse incluido en el *Aparece Quevedo* de *Dador*, aunque aquí la intención del retrato es más intensa, con graciosas alusiones a la vida y el estilo del español. El verso final es un homenaje perfecto a las paradojas espirituales del maestro en su capacidad de transgresión: *y en la horca se salva encaramado*.

HAI KAI EN GERUNDIO

Hai kai en gerundio es un divertimento. *El toro de Guisando / no pregunta cómo ni cuándo, / va creciendo y temblando*: la alusión a los famosos toros celtíberos, cuatro volúmenes de piedra granítica de origen y función desconocidos, permite establecer el lezamiano tema del misterio. Junto a estos toros se firmó el famoso compromiso de Guisando, mediante el que Enrique IV cedía el trono de Castilla a su hermana Isabel, lo que permitirá luego la guerra de Reconquista y el descubrimiento de América. El compromiso con el misterio, el misterio del compromiso: *Estoy entre los toros de Guisando, / estoy también entre los que preguntan / cómo y cuándo. / Creciendo y raspando, / temblando.*

MI HERMANA ELOÍSA

Mi hermana Eloisa es otro de los grandes poemas confesionales de Lezama. Los primeros diecisiete versos describen la propia poesía del autor, en un desesperado esfuerzo de complacencia, como si quisiera convencerse de su validez: *el lenguaje anunciando la caída como el arcoiris, / cada palabra una lengua voladora.* De repente la sucesión termina: *Comienzo porque sé que alguien me oye / la que oyó mi nacimiento.* Lezama escribía para su mamá, quien lo duda, que había escuchado su primer grito. A seguidas el poema mismo grita: *Mi madre, estoy muy ahogado, / voy a quemar los polvos, / despiértame cuando llegue Eloísa con su hijo.* Esta última línea es un silicio. Fijémonos que Lezama no dice *cuando llegue mi hermana con mi sobrino*. Está en el título como clave, no en el verso. La hermana es la que ha cumplido realmente, porque ha tenido un hijo, porque ha continuado la familia. Al poeta le parece poco o dudoso habernos dado su lengua voladora. Comprendemos su noble, terrible angustia, pero no podemos estar de acuerdo.

DEJOS DE LICARIO

Dejos de Licario remite desde luego al famoso personaje de *Paradiso*, el padrino, Superior Desconocido y maestro de José Cemí. En efecto, se siente otro tono en estos poemas, unas inflexiones populares que carecen de la superficialidad que en Cuba suele atribuirse a la lengua del pueblo: por el contrario, el dejo, el sabor de la lengua es ya sabiduría en Licario. Está bien ubicada esta suite, que expone la lengua voladora de Licario, la del Lezama capaz de transmutarse en la voz de su personaje, en una sabiduría exterior y propia a un tiempo. Lo prodigioso del poema es que parece haber otra vez una voz afuera diciendo su magisterio de madurez y lucha.

1. Se inicia ya el humor que domina la suite: *Hurra, hasta mañana estamos salvos, / pero la caldera sigue bullendo*. Es la vida que demanda, incluso con su *Príapo como murciélago* (el pene que cuelga cabeza abajo). La *ecuestre lección* de este dejo no puede ser superar y dominar, porque Licario pregunta: *Superar ¿no estamos dentro del arpón? / Dominar ¿cortando el rabo?* La respuesta es vivir resguardado hasta donde se pueda: *Nademos sin respirar / e interpretemos al cangrejo / que da la muela por la mano / mientras Seurat pinta el cancán.*

2. Licario se describe en términos grotescos de fracaso: *tiznado recuerdo al doble cuatro*, o: *Caramba, rodé desde el tejado.*

3. Ese grotesco no es toda su realidad, toda la realidad: *así sabemos que los pinos y las arañas / las arañas y los peines, / están engarrotados, secos, / por lo lineal que nos rodea / y que se rompe en nuestros labios / sin hablar.* Pero habla a través del poeta, incluso a través del dejo del hombre común. El ser aparenta linealidad, pero continuamente se rompe de inefable.

4. Hay una ola que falta en la sucesión. Las olas recorren el mundo, lo conectan: *La doncella siracusana lleva los granos / de orégano al calamar de Mitilene*. Pero Licario nota que una ola se ha negado a ese servicio universal: *Se retiró saltando a su albedrío, / un pie de mármol la devolvía / a sus confines, el confín / se aclaraba en un pie de mármol.* Licario simpatiza con esa inteligente negación, que equivale a la muerte: *No viene a su retiro / la ola reiterada que delira.*

5. Sin embargo, Licario respeta la vida como es, y el poema comienza con un consejo de coloquialismo inesperado: *No borre, compadre / la caldera de la entraña terrenal / dibujo contemporáneo del fango humeante.* Hay que participar del fuego vital, de la hoguera de la existencia, *semejante a la camisa venteante / frente al espejo y la primer nalgada.* Hay una legalidad en esa participación en el fango humeante: *los animales cumplieron en el sueño / asemejan campanadas.*

6. La participación incluye el disfrute del mundo, las frutas, la experiencia amorosa: *Un rostro sobre un rostro, esqueleto / y pergamino: infinitud: cascada bostezante.* Es una de las escasas celebraciones del tema en Lezama, aunque la alusión al bostezo delata una reserva, que se amplía con la *poliandria en ceniza de alfileres*, la alusión grotesca a un pepino en conserva y el último verso, que insiste en el lado carnal del asunto: *Un rostro sobre un rostro, ardiendo el toronjal.*

7. Si de placer se trata, este poema refiere el de escribir a máquina con palabras lezamianas desusadamente claras: *Pasar el papel por el rodillo / de la máquina de escribir es un placer / semejante a darle una soplada / al ángel cervecero de Rubens.* El poeta describe este acto: *el rodillo piando letras / sobre un barril de cal.* Esto de piar es un acto inocente. Como de costumbre en el poeta, Licario recomienda sutilmente apartarse de la tentación sexual y afincarse en la inocencia de la creación.

8. Porque el magisterio de Licario es, como cualquier otro, el del bien contra el mal. El poema final de la suite es un recordatorio de esa antonimia, de la que no podemos escapar. Podemos interpretar la vida, desde el mito o desde la poesía, desde la fe o desde la experiencia desgarrada, pero no escapar de la elección moral:

> *Tenemos que medir el tiempo por el vaivén*
> *de los ojos y cerrar los ojos*
> *y el murmullo que nos va devorando*
> *cuando nos sumergimos en la madre del carbón.*

Instalados en el ser como en el tizne *toda inocencia puede llegar a ser culpa, / tan pronto surge la polifemaida del otro*, que nos saca de nuestra protección en el bien y nuestro aguante contra el mal: *los martillazos desconchados / en el cálculo de la resistencia sombreada.* Son muchos los trucos para disfrazar el pecado: *Los entorchados del fusilamiento, el pez egipcio / saltando al sol, pueden hacer el pecado inocente.* No es así desde luego, pero en eso nos empeñamos, sordos al bien que sigue hablándonos: *así nos cosimos la oreja en el cancán.*

LA PRUEBA DEL JADE

La prueba del jade es un poema casaliano, dedicado a cantar el frío de esta piedra cuando uno se la pone en la mejilla. Elogio de la piedra y su tradición, quedan las hermosas palabras de la sensorialidad y el ensueño: *la fuga de la escarcha / en un breve trineo que traza letras / sobre el nido de las mejillas. / Cerramos los ojos, la nieve vuela.*

MINERVA DEFINE EL MAR

Minerva define el mar se suma a los poemas de tema mítico del autor, que nombra a esta diosa con su nombre romano, no con el griego. Igualmente con Proserpina, que es la contraparte de Minerva en el poema. *Proserpina extrae la flor / de la raíz moviente del infierno* y parece encargarla al cangrejo *que trae una corona.* Al mismo tiempo *Minerva ciñe y distribuye*, es decir, establece las funciones de los elementos marinos, mientras que *el mar bruñe y desordena.* Proserpina es el homenaje de la muerte, Minerva es la sabiduría que rige el universo. El mar está impasible en su naturaleza, *desdeña todo ultraje / del nadador lanzado a la marina / para moler harina fina.* La parte central del poema adquiere de repente un aire de canción, unas rimas sustanciales: *El dedo y el dado / apuntalan el azar, / la eternidad en su gotear / y el falso temblor del múrice disecado.* El dedo es la función ordenadora de Minerva, el dado es el azar de la muerte que sin embargo enfrenta la existencia de la eternidad. Hay entonces un bailarín que *no llega al mar*, que *no pudo tocar el mar*, pero que sin invocar la *máscara golpeada de Minerva*, esto es, el rigor del orden, *sigue distribuyendo corderos de la espuma*. La araña no puede llegar al mar, pero el cangrejo trae una corona del Hades. El bailarín obtiene así, del azar o la ley de su fracaso, su premio y su triunfo.

ENTRE DOS PUERTAS

Entelerido es vocablo castellano que significa sobrecogido de frío o de pavor. A esta palabra dedica Lezama su poema *Entre dos puertas,* la del miedo y la del frío. Pero una vez que ha expuesto estas dos vertientes de la palabra, el poeta clausura abruptamente el poema con una visión de lo real: *Vestido de pimiento bailón, / en su sueño el lagarto / comienza a humear.* Lezama nunca es un poeta palabrero. La realidad le calienta siempre la palabra: la realidad le calienta siempre.

DÉCIMAS DE LA AMISTAD

Las *Décimas de la amistad* dedicadas a cuatro amigos parece una Segunda Glorieta, y lleva versos memorables: *la delicia que se atreve / cerca de la Nochebuena,* para Armando Álvarez Bravo; *y como el diamante remar / lo que no tiene respuesta*, para Mariano; *el pisotón silábico / que dijo sí y dijo no,* y *La muerte es el pavo real / y el fantasma vio la yesca,* para Jorge Camacho; y *busca en el agua de helecho / la sucesión sumergida* para Pablo Armando Fernández. Estas décimas desde luego aluden a la relación entre los amigos y a la personalidad del homenajeado; y poseen claves, algunas quizás hoy indescifrables, en esa dirección.

AGUA DEL ESPEJO

El espejo se repite hasta el cansancio en la obra de Lezama, constituye uno de sus símbolos preferidos. *Agua del espejo* le está íntegramente dedicado. Lezama cree que el acero fue *el primer espejo natural,* y establece una diferencia entre el acero como materia que refleja, y el espejo que contiene la imagen. *Así son tres las invenciones de lo perdido / y su reconocimiento*: lo perdido es el ser como otredad, la otredad que permite recuperar virtualmente el ser, la conciencia humana en donde esta dicotomía se verifica como una aventura ígnea: *El espejo, el acero y Euforión / saltando por el fuego, / como la salamandra de amianto iridiscente.* Este poema es cenital para entender la teoría de la Imago de Lezama.

VUELTAS EN LA PARRILLA

Vueltas en la parrilla cierra la edición príncipe de *Poesía Completa*. Pertenece a la narrativa lírica y confesional del poeta: una visita al campo, en la que el poeta es tentado por el fuego universal. Ese fuego puede estar representado por las frutas, o por la *mica* de Micaela, persona pequeña y fea según el diccionario, o lujuriosa, que se apoya en el hombro del poeta y lo calienta. *Cuando ardemos restituimos*, dice el poeta con una concisión clásica, y por eso puede confesarnos: *El fuego restituye el tigre a su morada / Preparemos, el fuego trae.* El poeta ensueña, pues, *innumerables escenas fálicas*, se siente liberado: *mar por playa, por piscina, por pecera.* Pero se trata de ensoñaciones: *El cuarto vacío crecía como un velamen*, */ crecía como el silencio.* Hasta que amanece: *De pronto, la mano del picaporte / palpó la mañana.* Termina la sesión rural y el poeta está de regreso en sus desagradables tareas: *El timbre de la gaveta daba un teléfono*. Encuentra *un niño de piedra en la gaveta.* Esta figuración de la inocencia es la clave del poema: *el niño de piedra gira / otro costado y se dora.* Es la inocencia del poeta la que se tuesta en el fuego universal, que *en un punto toca lo estelar.* El poeta continúa con su inocencia víctima de ese fuego irrenunciable:

> *Preparemos, el fuego trae:*
> *la hipócrita calipígica de alas negras,*
> *la mica de Micaela, apoyándose;*
> *equivalencias del escarabajo pelotero,*
> *tonto Toto, Toto total.*

FRAGMENTOS A SU IMÁN
(1977)

Fragmentos a su imán es el último libro de Lezama, publicado después de su muerte. A los fines de la exégesis, resulta un descanso de las tremendas tensiones de la palabra y el significado que encontramos en sus poemarios anteriores. Diríase que son poemas comparativamente fáciles, entre otras razones porque en él el poeta se adscribe a la peligrosa claridad de la poesía llamada coloquial o conversacional que resultó dominante y casi excluyente en los años sesenta y setenta. Poetas cubanos de cualquier edad hicieron también ese giro a favor del coloquio, la anécdota, el sentimiento, que defendían los más jóvenes como poética de la nueva era: Nicolás Guillén y Eliseo Diego, por ejemplo. A mi juicio, los mejores coloquiales fueron precisamente los poetas mayores que, siéndolo no solo en edad, asumieron las ganancias de la tendencia sin dejarse esclavizar por su retórica. Pero el caso de Lezama fue el más notable, porque suponía una como negación de su palabra anterior: del hermetismo a la llaneza. Tenía yo veinte años cuando compré el libro, y me quedé desconcertado. Tardé en comprender que el poeta había ampliado su *métier*, había probado que sus esencias estaban por encima de su poética e incluso de su retórica inevitable. Por otro lado, el sacudimiento coloquial, más allá de los poemas digamos de escuela, dio un perfil más nítido a sus temas de siempre y le permitió acercarse a otros: hay poemas de la cotidianidad social y de la circunstancia política que hubieran sido inimaginables en él unos años antes.

La condición de ruptura de este libro proviene de la bocanada de aire fresco de los sesenta, pero ante todo del acontecimiento cubano de entonces. El socialismo estremeció la vida de Lezama, como la de cualquiera de sus compatriotas. Fuera de las declaraciones a favor o en contra del ciudadano Lezama, leamos esta poesía angustiada por una cotidianidad agredida. Las comidas de siete platos en casa, los restoranes brillantes, la buena ropa, la religión católica, el libre pensamiento, la sensación de libertad individual fueron cuestionadas o eliminadas. Tal vez lo peor para él fue la crisis familiar: sus hermanas se exilian. La muerte de la madre, las agresiones contra su genial novela, la persecución por su apoyo al poeta disidente Padilla, una acumulación de sucesos terribles cae sobre esta persona mayor y enferma, cuya vida había transcurrido estable después de la pérdida del padre en la infancia. El mundo de Lezama se deshace y su literatura padece. La nueva novela quedará inconclusa, y en ningún momento alcanza la grandeza de la anterior. Tampoco, verdaderamente, este libro de poemas, sucesión de textos en la que extrañamos la rica arquitectura interior de los poemarios anteriores, y en el que sobresalen sin embargo unas cuantas páginas renovadas y firmísimas. Fragmentos, sí, de cuál Imán. El poeta está como cansado, un poco agotado, pero nunca extraviado. Hasta el más exigente hubiera querido escribir un libro así. Para un príncipe de la poesía, caer es otra forma de ascender.

DESEMBARCO AL MEDIODÍA

Este libro comienza con *Desembarco al mediodía*, un poema en tres partes de las cuales solo la primera nos describe el ambiente de una embarcación: el rostro de un militar que dirige una orgía. El segundo es la descripción del mediodía mismo, en la que el sol es presentado como una toronja visto desde la orilla, probablemente desde el puerto de La Habana, puesto que hay una alusión al Mercurio de Juan de Boloña, que corona el edificio de la Lonja del Comercio, y el poeta señala *patines* (de los muchachos de la calle) *y bandejas* (de los cafés del puerto). La tercera parte nos presenta la *noche octosilábica*, que nos da la clave del texto. Al poeta no le interesa el mediodía de los placeres o la vida citadina, solo la noche en la que la creación es posible, y en la que la verdadera vitalidad es dolorosamente posible hasta el punto de recuperar la vida desde la muerte: *las sílabas se agrupan y sobresaltan / en el porrón de las cenizas. / Las flechas encandilan los despojos / y salta el bailarín.*

DÉCIMAS DE LA QUERENCIA

De la noche octosilábica pasamos a las *Décimas de la querencia*, que prolonga una línea gozosa que ya conocemos. Sobresalen las dedicadas a Fina, en la que el poeta se define con modestia y cubanía y agradece como cristiano:

No tengo el genio ni el rayo
de Jove, ni escapado
en el halcón del mes mayo,
sí el tomeguín azulado,
no en la ventana cipayo.
La aristía, la protección
de Minerva en el turbión,
con la que usted me acreciera,
no vale —Dios lo quisiera—
su caridad, su corazón.

Y una *Décima sin escritura*, especie de anacreóntica: *cada línea es un dedito / de Anfión como Pulgarcito / bebido, no escriturado.* En Cuba se habla de la línea de ron o cualquier bebida, o un dedo o un dedito, para entender un trago pequeño.

INALCANZABLE VUELVE

Inalcanzable vuelve regresa ciertamente al tema del enemigo rumor o la fijeza, el arte de la imagen que no se acaba, que brota como una cascada: *No importa la reducción / entre el índice y el pulgar*, esto es, la de agarrar el lápiz o la pluma: *La imagen brinca como un árbol*. Y en efecto, por el poema desfila una sucesión de impactantes imágenes: el árbol, el caballo, un farol de comparsa que estalla, un mandarín *que llena la candela de cintas y de peces*, otros animales, las tropas otomanas y los corceles austríacos, cualquier realidad de la naturaleza, la cultura o la historia puede ser hilada en la Imago lezamiana para encontrar un asombro, un goce, una revelación. La causa es esta: *El árbol no termina, siempre / está completo.* Así que si el hombre *en las sienes se sangra manotazos*, eso no pasa de ser otro accidente de la catarata libérrima de las imágenes.

NUEVO ENCUENTRO CON VÍCTOR MANUEL

Una de las constantes de este libro es la celebración de los amigos. El primero es el *Nuevo encuentro con Víctor Manuel*, también el primer poema de estilo puramente coloquial en su obra. El autor barroco y hermético verifica la hazaña de pasarse a una sencillez y una transparencia perfectas, sin pérdida de altura. *Eras un elfo con cuernecillos de caracol*, le dice al amigo, y esta ternura se explica porque:

> *Percibíamos en su presencia,*
> *uno de los misterios de nuestra cultura,*
> *como estaba dentro del orden de la caridad.*

Importante definición. Y sigue: *Se deshacía para restituirse / en la suprema generosidad del fuego.* Además de caracterizar al pintor, Lezama aporta una hermenéutica de sus cuadros: *no traicionó nunca las posibilidades de la mirada*, y por eso nos reveló *cómo un rostro era el rostro y los rostros, (...) cómo un parque era también el origen / del mundo y el nacimiento del hombre.* Es un texto importante para el estudio de Lezama como crítico de arte.

OCTAVIO PAZ

Octavio Paz es otro homenaje. El poema consiste en un festival de imágenes culturales al estilo lezamiano, esto es, haciendo coincidir al *guerrero japonés* con *la furiosa divinidad mexicana*, pero no como una fiesta de la imaginación sino como un desafío del ser: *Todo aquí y allí en acecho.* Ese reto de la poesía puede alcanzar cotas tan elevadas como esta:

El movimiento de la palabra
en el instante del desprendimiento que comienza
a desfilar en la cantidad resistente,
en la posible ciudad creada
para los moradores increados, pero ya respirantes.

Es el mundo antiguo de la creación de los dioses. Lezama ve a Paz como el representante último del imaginario azteca, dueño de una tradición capaz de enfrentar el fracaso de la vida contemporánea:

La nueva ordenanza indescifrable
levantó la cabeza del náufrago que hablaba.
Sólo el incendio espejeaba
el tamaño silencioso del naufragio.

SORPRENDIDO

Con *Sorprendido* comienza una serie de poemas fechados en 1971 y que se caracterizan por una intensa angustia ante la realidad más inmediata. El fechado de los poemas aparece en Lezama en este único libro, aunque no en todos los textos. En este el poeta se muestra alcanzado por la sorpresa de una conjura: *¿Qué pregunta cabe? ¿Qué codo se entremezcla? / El turiferario se remoja, abandona. / Son juramentos, perogrulladas, testigos.* El poeta se defiende, busca apoyo, en el ambiente del miedo colectivo: *Araño, voy y me sumerjo, ya no hay navegantes. / Toco, vuelvo la cara, ya las persianas repiqueteando.* Es una época enferma y salvaje: *La salamandra sigue saltando / del chaquetón con mucha fiebre.* El poeta no se muestra heroico, es una víctima: *No puedo, voy a acostarme, despertaré sin el resguardo.* Ha llegado una devastadora era ciclónica para el asmático: *Don Aire congrega y descabeza.*

NO PREGUNTA

No pregunta continúa con el tema de la persecución: *Dondequiera, cabalgadura avinagrada,* de carácter infernal: *lanzando un entrecortado humillo / de azufre en el tambor infratierra.* Son muy duros los términos, también las circunstancias: *Camina hacia el escondrijo, / la carcoma en el perchero queda.* Este es el paisaje humano que le imponen al que no pregunta, al que ni siquiera cuestiona, al que está interesado en otros asuntos: *casi y casi roto en el polvo / dondequiera.*

LA MADRE

Un paréntesis en la angustia de la persecución: la evocación de la madre y la hermana. Pero no olvidemos que si la madre ha muerto, la hermana se ha ido al exilio. Por lo tanto, estas dos presencias vienen a reforzar de alguna manera el panorama de angustia de ese mes de mayo de 1971. *Vi de nuevo el rostro de mi madre*, dice, en una noche espiritual: *Sentía que todo pesaba hacia arriba.* Para el poeta de la posibilidad infinita, este reencuentro tenía que producirse. Tal vez fue una gracia real, imprescindible. Así había sido en vida: *Propicio era y mágico el itinerario de su costumbre.* La casa se vuelve un espacio indescifrable: *Lo restante es Dios tal vez, / menos yo tal vez, / tal vez el raspado solar / y en él a horcajadas el yo tal vez.* Dios o el rayo solar es la posibilidad de recuperar la protección maternal que regresa en *la evaporación de una pequeña / taza de café matinal*, en las cosas minúsculas y poderosas contra las que nada pueden sus angustiadores.

ELOÍSA LEZAMA LIMA

Eloísa Lezama Lima retrata con nombre y apellidos a la hermana ausente. *Saber reírse y dar la mano*, virtudes de la hermana que le ayudan en ese momento de tristeza e incomunicación. Ciertamente los Lezama, como el cubano de entonces y de siempre, eran alegres y comunicativos, nunca odiosos perseguidores. Ella sigue ayudándole en la distancia: *el acuoso laberinto de su mano en el sueño.*

OIGO HABLAR

Oigo hablar regresa al asunto de la persecución. Oír hablar horrores ha sido una característica de la vida cubana revolucionaria, que en este poema se reduce a un pájaro moteado que dice: *cuacuá*. El pájaro habla en un sarao: *Las banquetas para los violinistas / y en medio de la pechuga aljamiada / una garrafa saludando como en un minué.* Ponerle comida a los intelectuales hambrientos ha sido una de las tareas de la cultura revolucionaria. El precio ha sido este: *El violinista de levita morada exclama: / cuacuá.* El disgusto del poeta es máximo y su sarcasmo es irresistible: *Los animales hablaban primero, / el pájaro perfeccionó el diccionario.* El gran maestro de los significados verbales vive rodeado de una cháchara demoníaca, animal en el peor sentido de la palabra: cua-cuá.

Le sigue un poema raro en el autor por la extensión del título, que lo dice ya todo:

UNA FRAGATA, CON LAS VELAS DESPLEGADAS, GIRA GOLPEADA POR LA TEMPESTAD, HASTA INSERTARSE EN UN CÍRCULO TRANSPARENTE, AZUL INALTERABLE, EN EL LENTO CUADRICULADO DE UN PRISMÁTICO.

La salvación resulta lenta, tal vez dudosa para la embarcación que lucha con la inclemencia del tiempo. Pero el poema es necesario porque el poeta quiere resaltar, no la posibilidad de la salvación, sino la agonía de la lucha. Cuando repite el título en el cuerpo del poema califica a las velas como *presuntuosas*, y a la tormenta como *un grotesco Eolo*. Se duda del recurso de ayuda, puesto que la imagen en el prismático es de *una fingida transparencia*, de manera que parece que *la fragata amistada con el viento / se desliza sobre un cordel de seda.* Tal vez el dueño del prismático considere innecesario un salvamento. De todas formas la escena no es real: *Hoy es un grabado / en el tenebrario de un aula nocturna.* Cuando se apagan las luces *comienza de nuevo su combate sin saciarse, / entre el dogo de nieblas y la blancura / desesperadamente sucesiva del oleaje.* Bregando con indeseables circunstancias, el poeta ha recibido ese mensaje de una modesta obra de arte: resistir, aun si la ayuda demora o no llega.

PALABRAS MÁS LEJANAS

La mañana suda una palabra, dice cansadamente el poeta en el primer verso de *Palabras más lejanas.* Es un hombre mayor que está atravesando una crisis de socialidad: *Pondrían la mano sobre su hombro / añadirían otras palabras al oído.* Con todo, una palabra de verdad es una palabra: *Está alegre porque han venido / a verle su nueva cara.* Pero esa palabra no se deja confundir: *Desaparece como una ardilla, / en la medianoche de la otra esquina / recién apagada.*

SE DESPRENDIÓ

El estómago insatisfecho ha sido una constante de la vida revolucionaria cubana. Es curioso que semejante realidad apenas haya tenido lugar en nuestra expresión, y que haya sido Lezama, supuestamente un autor desasido de la realidad —pero no de la comida, por cierto— quien la llevara a su palabra. *Se desprendió* es un homenaje a la papa, primero a su olor en el saco que la porta, luego al proceso culinario, finalmente al manjar: *nuestro sudor que mira el dorado / que va proclamando la saliva pretenciosa.*

EL SUPLENTE

El suplente es uno de los sonetos infieles lezamianos de la línea grotesca. Vienen dos suplentes: el suplente en agua para conversar, y el suplente en vino para pelear. Téngase en cuenta que se trata de dos de las materias presentes en la eucaristía: el vino que es la sangre de Cristo y el agua que representa la comunidad. Pero precisamente, estos tipos son suplentes, fraudes. El suplente en agua se dirigirá hacia el norte, símbolo del exilio para los cubanos: *Se arrancará su diente y a sembrar.* Eso, irá a buscar una nueva prosperidad económica. El suplente en vino es el revolucionario de escala global: *esgrimirá la traílla en el zumbido planetario / tropezará con el estilo rufián del carbonario.* Durísimos términos para calificar a los sacrosantos vencedores: *Se apretará el chaleco y a bromear.* Los dos suplentes son enemigos, pero ambos *se embriagarán con los mismos escanciadores*, aunque téngase en cuenta que conversar no es para Lezama lo mismo que pelear. Tampoco son los únicos que acosan al poeta, oh no: *Ya llega el otro suplente para tirar del rabo de la puerca.*

EL CUELLO

No solo la comida atrae al poeta, también la bebida. *El cuello* es el de la botella, que *es como la garganta del diablo,* y en ella se siente prisionero como una rana, *mi cuerpo / es un Atlas entre el tapón / y el anca que lentamente recorre / todo su fundamento maternal.* El poeta es parido por la botella cuando se descorcha, pero lo que fascina al poeta es ese encierro de la uva en el cristal, que es muerte, trabajo y goce: *un esqueleto, un molino, las bodas / el barroco carcelario.* De todas las definiciones del estilo lezamiano, esta es quizás la mejor: el barroco carcelario. Muchas lecturas emanan de este pequeño y aparentemente muy modesto poema.

ME HACE PROPENSO

Si la comida y la bebida atraen al poeta, nos presenta también lo que repele: *Me hace propenso* refiere un rechazo por el color blanco, ya venga del espárrago y del anón, comidas sublimes, o de la túnica del dominico, venerable, o del pan o de la luz lunar. El poeta rechaza la blancura *como si todos fuesen otros*, como si se tratase de una otredad insoportable. Cosa esperable por demás en alguien que practica el *barroco carcelario*, necesariamente variopinto.

ATRAVIESAN LA NOCHE

Otra repulsión recae sobre los que *Atraviesan la noche,*

músicos en un pisicorre, un ambiente de gritos y ruidos y disipación sexual: *los bolsones / espermáticos desinflados en el río.* Asqueante: *¿El gallo? / Abrió las piernas / y señaló con el índice. / Y el cacareo / en el ascua del cigarro.*

AQUÍ LLEGAMOS

Aquí llegamos titula, y sigue: *aquí no veníamos.* Epigramática manera de resumir la experiencia vital: el poeta tiene sesenta años y su acumulación de logros se le antoja dramática, pues aunque nos asegura que *un punto logro y suelto la espiral*, se trata de un remolino de imágenes en donde interviene un gato enmascarado y en donde *el brazo pesa / como un cartucho de agua*, y ese cansancio no regenera sino una ceguera, un desconcierto: *y nos quedamos ciegos, / mientras nos palmotean las espaldas.*

DISCORDIAS

Desde *Muerte de Narciso* hay un elemento dramático en la poesía de Lezama, que como estamos viendo se acentúa en el período revolucionario. En este ambiente agónico surge *Discordias*, que es la respuesta magistral y absoluta a este estado de cosas donde la Contradicción Absoluta y Triunfante ha determinado el fin de cualquier contradicción enemiga: *De la contradicción de las contradicciones / la contradicción de la poesía*: esta pacífica, necesaria y posible refutación de cualquier discordia que es la poiesis: *obtener con un poco de humo / la respuesta resistente de la piedra / y volver a la transparencia del agua.* Lejos de las severas contradicciones criminales de la política, la poesía se burla de sí misma y es divertida, y por eso contradice la seriedad agonal: *La contradicción de la poesía / se borra a sí misma y avanza / con cómicos ojos de langosta.* Es ella misma y su propio contrario: *Cada palabra destruye su apoyatura / y traza un puente romano secular.* Rodeado de contradicciones insalvables y violentas, el poeta se atiene a su propia contradicción que es concordia en el ser universal: *De la contradicción de las contradicciones / la contradicción de la poesía, / borra las letras y después respíralas / al amanecer cuando la luz te borra.*

EL PEZ Y LOS OJOS

Como se sabe, Lezama es un poeta visual. Escribía para el ojo, no para el oído. *El pez y los ojos* se centra en la iridiscencia de las escamas: *un ojo aplastado cegador / donde la luz es solo la extensión.* La luz no como iluminación, sino como variedad o número, termina generando una hiperestesia: *Se enciende la mirada con las rayas / de las algas, bordea el fósforo diamante, / se restriega el pez en las manos / y se fija el puente que separa / los dos ojos.* El poeta se ha fatigado con esos brillos, hay una maldad en esa luz dividida, seductora y castigadora: *el demonio del mediodía.*

EL ASCENSO

El ascenso nos ofrece una lectura ascensional del ser: *La escalera del árbol / y el árbol de la casa / levantan por el centro / el mantel blanco y dormido.* Por el árbol suben las hormigas. Arriba está el tejado de la casa, un murciélago en el desván. Hay una altura mayor para seguir subiendo: *Allí un trueno atestigua el brazo / y los peldaños son la línea del horizonte.* He aquí cómo pasamos del mantel al cielo, de la inmovilidad doméstica a las rutas del universo.

MI ESPOSA MARÍA LUISA

Mi esposa María Luisa clasifica entre los poemas más conmovedores e inesperados de Lezama, que adopta el estilo coloquial para acercarnos a su realidad íntima. La esposa cristiana, que lee el salmo 23, sustituye a la madre que ha muerto y a las hermanas que se han ido: *Las cuatro, a mi lado, / me levantan todos los días / para fortalecer la mañana / y comenzar el hilo de la imagen.* Ella es la protección y la guía, la vara y el cayado en tiempos difíciles: *Así mido la nueva extensión, / allí hay que caminar como un ciego.* Entonces este poeta que siempre ha eludido todo romanticismo nos regala dos de los más poderosos versos de amor que existen en las literaturas, el elogio supremo de la esposa dicho con palabras de una sencillez y una precisión clásicas: *Contigo la muerte fue anterior / y efímera y la vida prevalece.* Todo ello por el amor de Dios: *por amor de su nombre,* como dice el salmo, pero con la presencia viva y con la personalidad de esta mujer que le ama.

ANTONIO Y CLEOPATRA

Aunque lo característico y notable en Lezama es el cronotopo mítico, con su alternancia de culturas en un plano de igualdad, un poema como *Antonio y Cleopatra* se remite a un célebre acontecimiento histórico en sí mismo: el suicidio de la reina una vez que Antonio ha sido vencido. A pesar de la minuciosa y curiosa descripción del viaje de Cleopatra en una galera por el Mediterráneo, la intención del poeta está lejos de la reconstrucción histórica: *Decimos galeras de seda / y cerramos los ojos.* El poeta imagina la escena de la muerte de Cleopatra mordida por una serpiente: *La reminiscencia milenaria / mueve de nuevo la sierpe, allí / el pezón se reconstruye.* ¿Es solo esto? Oh no, el irónico poeta concluye: *Vean la cochinilla caminando la lechuga.* Lástima de lechuga que ya no podrá ser comida, lástima de pezón que ya no ha de ser disfrutado por un hombre, por culpa de la locura de un político: Antonio está ausente del poema, a pesar del título. El poema contiene un desprecio por la historia y la política, y constituye una alabanza del pezón vivo y regio.

JE DIT: UNE FLEUR

El sonetillo *Je dit* (sic)*: une fleur* celebra la belleza de una muchacha que baila. No es la mallarmeana flor ideal, arquetípica pero inexistente, sino la muchacha concreta, Chantal Triana Dumaine. Lezama se ríe del francés en su lengua: *digo Chantalit* precieuse. *Dit* por *dis* puede ser errata, pero a él le gustaban. Las erratas, las muchachas.

ENEMIGOS

A este sonetillo festivo se opone el soneto *Enemigos*, de fecha 8 de abril de 1972, con el que volvemos a la política. *Entremezclados el furor y el delirio*, los enemigos causan el rechazo de un poeta que no cree en la agonía, sino en el trabajo pacífico: *el insomne siguió trabajando la hilaza.* Los *dos irreconciliables, armados de bronce duro*, son para él insoportables precisamente porque ignoran la virtud de la reconciliación. Serán reconciliados a la fuerza: *Tiene que dividirlo la agujeta del rayo / y unirlo el trueno que los borre.*

AGUA OSCURA

Agua oscura es un poema en 24 décimas, el más largo de ese tipo en el autor, que por lo general prefirió la décima única. Este tipo de estrofa que se estrena en *Dador* fue adquiriendo mayor importancia hasta generar este conjunto espléndido, que muestra además un respeto mayor a la métrica tradicional, lo que supone un cantábile voluntario. Lezama siempre prefirió, en las décimas como en los sonetos, unas sonoridades como atonales, mediante la irregularidad de medida y rima. Pero ya en la primera décima encontramos este glorioso cantábile:

> *La oscuridad que se invoca*
> *roza mis labios con fuego,*
> *su escritura salta y luego*
> *traza un pavón auroral,*

los designios del coral
y los perplejos del juego.

La décima cubana suele evocar el campo, puesto que nuestros campesinos convirtieron esta estrofa culterana en vehículo ideal de su expresión: en estas décimas ultracultas se evoca un paisaje rural —juncales del río, techo del caserío, jinetes, granja—, aunque también hay alusiones al mar y a un hotel: un ambiente general no urbano, de placer y aventura, en cuyo entusiasmo el poeta sueña órfica y cristianamente cielo nuevo y tierra nueva:

Al despertar el confín
media aurora y media granja,
se vislumbraba un sinfín
de un amarillo naranja
donde bailaba un delfín
la ronda de la pasión
de una nueva creación
de playa y de horizonte,
como si creciera el monte
hinchado por la canción.

En efecto, el descanso nos sirve para soñar una dimensión salvacional: *Es la función del anzuelo / tirar un pescado al cielo, / llenar de azul la distancia.* La *alegre juglaría* culta de Lezama en estas décimas llega a unos entusiasmos infantiles y sublimes:

La mentira se rompió,
una parte voló al cielo

y a sí misma se entendió
forjar como un caramelo.

En otro momento hallamos una definición de la poética lezamiana: *Rompiendo la donosura / y acabando con la iguana, / buscando otra hermosura / más alada y más humana.* El poeta es el *ciego de bienandanza*, el abrumado por el elogio del mundo. La edad mayor, las vicisitudes de la historia, ningún daño ha podido privar a Lezama de esa iluminación oscura que le provoca el universo, la existencia. A diferencia de sus perseguidores, es un hombre muy feliz.

AMANECER EN VIÑALES

Le siguen las siete décimas de *Amanecer en Viñales*, fechadas dos años después. El paisaje se hace más preciso: *De San Antonio a Maisí / Fierabrás traza su Eros.* Es el pertinaz optimismo cubano: *No tenemos el invierno / ni descenso al infierno, / el no, topo, y el llorón.* Idéntico a su pueblo, el poeta se siente firme en su Paradiso: *Un palmeral es su yo, / y otra vez la eternidad.* La alegría, el entusiasmo vital de estas décimas, como de testimonio (*Fiesta, llegó el convidado*), obedecen a una naturaleza exultante y a un pueblo imperfecto, pero bendecido: la profecía terrenal cubana en su esplendor, sin ninguna referencia a la política, como saliendo del pueblo y de la naturaleza misma.

RETROCEDER

Retroceder es un poema en tres partes que se ocupa de un tema psicológico tan universal como ignorado por la poesía: la maniobra de retirada de nuestras pulsiones vitales. *Retrocedo hasta el borde de la piedra*, que está sobre una mesa donde el poeta la mira. *Abrir los ojos es romperse por el centro*, dice estupendamente. El poeta manipula la piedra, la pone en una esquina donde ella obtiene un alivio: *inaugura su respiración.* La piedra firme pero limitada necesita también esa ayuda. La segunda parte del poema alude a *la tinta escrituraria*, la literatura que ayuda a vivir, pero que no nos permite escapar de sus desafíos, que incluso subraya las tentaciones: *los corpúsculos del camarón sobre la lentitud de la lengua.* Un nuevo retroceso no nos permite eludir *los ojos que llenan el espacio / de una raya ígnea, mientras la otra mitad solar, / las camisetas con sus himnos de tijeras y lunares, / van dejando caer una gota sobre la flor decapitada.* Hay que retroceder para guardar la camiseta y la gota, para asimilar esa frustración. La tercera parte presenta la angustia del retroceso final a la vida doméstica, particularmente difícil en esa época de persecuciones, pero que cuenta con una bendición: *Esas risotadas en una casa sin techo / son los buitres, pero la piedad de las nubes / sopla ligeramente su sombrero sobre la casa / y la quiere envolver en cintas dominicales. / Allí he tenido que retroceder* (...). Habla entonces con una sencillez inusitada para su capacidad confesional, como si la desolación no le dejara otro recurso: *¿Qué podía esperar? ¿Dónde apoyar / siquiera un dedo en el polvo? / Ya no podía retroceder más.* Pero Lezama jamás es depresivo: *Entonces sentí / la respira-*

ción primaveral de la almeja. El Ser se abre ante tanta cerrazón, hay quizás una rectificación colectiva: *Una / muchedumbre silenciosa se apeó de sus caballos ciegos.* Y la solución: *El rey Arturo besa la serpiente.* Sí, a veces es necesario retroceder hasta el punto de que un guerrero cristiano contemporice con el mal. No se deja de ser cristiano, ni guerrero, por eso.

VIRGILIO PIÑERA CUMPLE SESENTA AÑOS

Si a Víctor Manuel dedicó Lezama una interpretación explícita de su persona, a Virgilio Piñera le dedica, en ocasión de su sesenta aniversario, una exégesis desde el pensamiento. Ninguna imagen del amigo, ninguna descripción. Y en eso radica su eficacia. Lezama presenta el centro de la personalidad del amigo como un núcleo de verdades trascendentales: *Sabemos, qué carcajada, que lo lúdico es lo agónico. / Como sólo existen el bien y la ausencia, / los demonios y los ángeles se esconden sonriendo.* El carácter contradictorio y arduo de su compañero en la poesía es visto como una revelación del orden teológico, presidida por el concepto agustiniano de que el mal es solo la ausencia del bien. Y por eso todo el drama del hombre se resuelve en un juego: *El ángel avanza rápido como el alfil. / El demonio salta como el caballo oblicuo.* En este juego agónico todo es paradójicamente uno y lo mismo: *El ojo y el mar se abren en círculos concéntricos.* Pero la agonía es misteriosamente necesaria: *Sobre un tablón, / jugando lo terrible / el bien y la ausencia.*

DOBLE NOCHE

I y II

Doble noche resulta un poema doble, el primero de los cuales se desdobla también. Este nos presenta *la noche* que *no logra terminar* —el poeta pasaba noches desvelado por el asma—: una enemiga que *nos agarra un pie, / nos clava en un árbol*: el poeta tiene la sola compañía de un gato que defeca y oculta ese delito y huye, *y esconde de nuevo a la noche.* El segundo poema refiere otra compañía misteriosa en su cuarto: *Estaba un hombre sentado en un taburete, / su espalda toda frente a mis ojos. / No lo sentí como extraño (...).* Esta presencia no le asusta: *Como en una explicación casi inaudible / dije: Uno.* Lo que equivale desde luego a una invocación sagrada, pero *el otro* dista de ser Dios y *con su cuerpo inmovilizado / moviendo sus labios con sílabas muy lentas, / me respondió: el cuerpo.* El Uno y el cuerpo suponen una oposición peligrosa, y *comenzó entonces como un debate ciceroniano / en el senado romano, / golpeando las almohadas con los puños.* Este debate entre la divinidad y el cuerpo se resuelve en un regreso a la realidad: *El gato absorto y lentísimo / comenzó de nuevo a esconder la noche.* El animal nocturno funciona en ambos poemas como un exorcismo que le permite al poeta superar la noche como una realidad interior, la del cuerpo y sus agonías, de la que no debe quedar preso.

III

LOS FRAGMENTOS DE LA NOCHE

El tercer poema lleva un título que de alguna manera lo independiza: *Los fragmentos de la noche:* más extenso y de otro tono que los dos anteriores, en él el poeta se presenta activo frente a la tiniebla, la describe como una oportunidad para la creación o la ensoñación, o ambas: *Cómo aislar los fragmentos de la noche / para apretar algo con las manos.* La noche le atrae, le capta con un mensaje inexcusable: *Yo quería separar mis manos de la noche, / pero se oía una gran sonoridad que no se oía, / como si todo mi cuerpo cayera sobre una serafina / silenciosa en la esquina del templo.* Lezama ve en la noche *el neuma universal / anterior a la aparición del hombre,* pero que también lo alumbra: *La suma respirante / que forma los grandes continentes / de la aurora que sonríe / con zancos infantiles:* estupenda celebración del amanecer. Pero la noche absorbe al poeta: *comencé entonces a sumergir / los dedos y los ojos en la noche, / le soltaba todas las amarras a la barcaza.* Se establece así un combate *entre lo que yo le quería quitar a la noche / y lo que la noche me regalaba.* Y el poeta vence: *El sueño, con contornos de diamante, / detenía a la liebre / con orejas de trébol.* La fugacidad temporal ha sido pues rescatada, seguramente en la palabra poética. El poema se interrumpe entonces con esta acotación: *Momentáneamente tuve que abandonar la casa / para darle paso a la noche.* Salir de la casa equivale a entrar en la exploración nocturna: *Como en un incendio, / yo quería sacar los recuerdos de la noche.* Y de alguna manera lo logra:

El sueño volvió a detener a la liebre / que arañaba mis brazos / con palillos de aguarrás. El poema no termina con el rescate que constituye ese sueño, sino con el sufrimiento optimista de ese esfuerzo: *Riéndose, repartía por mi rostro grandes cicatrices.* Que no son más que marcas evaporables.

LAS BARBAS DE UN REY

Entrar o salir son experiencias para este poeta, tan apegado a su ciudad y su casa. *Las barbas de un rey* parece aludir a las esculturas de los reyes góticos en las puertas de las iglesias europeas. *¿Salimos o entramos? Te aprieto las manos / y nos quedamos adormecidos con saltos y sobresaltos.* Nieve, una playa con reno, un bosque con una fiesta campestre finlandesa, entrar o salir de paisajes del Norte: pero el poeta está en Cuba, de donde no puede y no quiere salir. Ensueño o desafío de salir para entrar, de entrar para salir, alternativas que marean al poeta: *¿Salimos? Saltan los ojos mortales de un mineral.* Miedo a salir, invencible. Pero también la conciencia de que salir o entrar nunca será habitar las barbas del Rey.

LO QUE NO TE NOMBRA

Lezama prefería la expresión de la décima aislada, pero *Lo que no te nombra* clasifica como excepcional porque se aparta de la celebración de los amigos. Por el contrario, el poeta evalúa su ambición creadora: *se presiente por la altura / una diosa que nos pega / al juzgar la criatura.*

Pero sabe que esas consideraciones son desdeñables: *Si es lo que no te nombra / es la estrella que se escombra.* Que caiga todo lo falso, que nos apartemos de todo lo que nos hace infieles.

LAS SIETE ALEGORÍAS

El Puerco, la riqueza; la Diosa Blanca, la lujuria; la Rueda de Rocío, el milagro de ver el mundo; la Simiente Metálica, la creación intelectual; el Agua Ígnea, oxímoron que expresa la ambición y la potencialidad de la imaginación; la Luz Manifestada, *primer animal visible de lo invisible*; y otra vez la Simiente Metálica, pero ahora la buscada por Licario: son *las siete alegorías*, que Lezama nos propone irónicamente, pues con la excepción de las dos primeras, todas las demás figuras son símbolos y no índices alegóricos: no son traducibles directamente a una idea, e incluso se da el lujo de repetir un símbolo, el de la Simiente Metálica, que al ser buscado por Licario resulta otra variante, personal de personaje, personificada en él: el símbolo permite esta polisemia, la alegoría se atiene a un solo código. La ruptura entre símbolo y alegoría en esta serie constituye una pista, porque está claro que para Lezama la riqueza y la lujuria apenas resultaron tentaciones; mientras que las demás dimensiones de la experiencia y la conciencia fueron efectivamente sus obsesiones y sus méritos. Pero él las junta como una confesión, como si fueran, a la altura de su edad mayor, epifenómenos de su persona, vaciados en un personaje, porque esas siete alegorías son un número que le conecta con el número, con las ambiciones, aventuras y miserias del ser humano, pero nunca con su ser personal profundo, que es otro. *Con la luz resinosa, / regalada por la raíz golpeada por el hacha, / comienza el frenesí de las danzas corales.* De alguna manera el poeta ha estado mezclado en esas danzas. Mas para él han sido siempre alegorías, referencias, de las que su individualidad participa sin identificarse: *La ciudad bailando / en el desfile de las antorchas fálicas.*

ESTOY

En esa misma ciudad vive el poeta, y allí dice dolorosamente *Estoy.* El cronotopo mítico, los escenarios de la imaginación como posibilidad infinita han cesado: *Estoy en la primera esquina de la mañana*, dice, se detiene ahogado *con la respiración entre dos piedras*. Porque lo que ve es terrible: *Contemplo un hombre saboreando una espina de pescado.* Hay hambre, sí, hambre revolucionaria. El hambre, la pobreza extrema, anuncian la muerte: *¿Las espinas del pescado / serán la primera forma en que se hace visible la nada?* Llegar a la próxima esquina va aclarando el paisaje: *una muchedumbre de ciempiés va brotando en una oficina / destartalada.* A esta oficina ha acudido el ciudadano lírico, en algún trámite tan indispensable como enajenante: *Un gordezuelo* —típico funcionario revolucionario bien comido— *se dirige a mi rincón. / No puedo decir si me habla.* El ciudadano lírico ha sido anulado por la burocracia: *La nada se agitaba en mi boca / como un bulto forrado, / como una papilla que crecía / como si quisiera salir por la nariz.* No hay cubano del período revolucionario que no haya conocido esa dulzura del encuentro cercano con la burocracia. El ciudadano poeta asume su desgracia con paciencia: *Mascar, el buey de nieblas, la nada.* La nada del hambre, la nada de la burocracia. Aparece entonces un alivio, cae la lluvia, interviene el universo en esta ruina humana: *La lluvia era el pestañeo de la nada*, que viene en auxilio del buey de nieblas: *La lluvia le prestaba guedejas, / como un rey asirio con su arco de plata.* ¡Regresamos, por un instante de bendición, al cronotopo mítico! La imaginación vuelve a refrescar al poeta, y también los pitazos de un tren, y un acordeonista: *Venía disfrazado, emparentado con el buey de nieblas.* Estas realidades consoladoras le permiten entender: *La nada como espina de un cuerpo desconocido.* Hay otra cosa, otra realidad. Hay la comunión en, de la desgracia: el acordeonista *también hundía las espinas / de pescado en los bolsillos hundidos.* Este poema escrito en mayo de 1973, cuando el país seguía sumido en una crisis extrema de alimentos y de burocratización agobiante, expresa el patetismo colectivo y también la fuerza de este increíble poeta capaz de reducir a los enigmas de la poesía, superando sus propias cotas, la más despeinada y despiadada de las realidades.

VI

La experiencia de la visión es central en Lezama. Su poesía es poderosamente visual, la imagen es su emblema. El poema *Vi* alude a los extremos de esa experiencia. *Vi lo que no vi*: ver con la imaginación lo que se sabe que está ahí, pero que no queremos ver: *pero ¿el ojo? / Precisó.* Hay cosas para las que no queremos usar la visión: por ejemplo, la de nuestra propia excreta: *El silencio de las cloacas / después que han engullido el viejo tiburón / que no se ve.* Sería descaminado pensar que el poeta se ha pasado al morbo: de inmediato nos ofrece un cuadro digno del Picasso más clásico y optimista: *Un niño inmóvil frente al mar / que lo saluda con respetuosa majestad.* Este pequeño deportista exulta: *Flexiona, respira oyendo su sangre.* El siguiente detalle ya no es realista: *Pasa un manatí, le habla al oído.* El filme se vuelve Tarkovski: *Se lanza después, dando gritos, sobre el mar.* Sin embargo, estas imágenes venturosas no tienen la intención de refutar las primeras. De hecho, más que visiones reales son, igualmente, imágenes que el poeta ha visto sin ver, o lo que es lo mismo, imágenes imaginadas. De inmediato se nos presenta un enano en un aserradero al mediodía, y parece que estamos otra vez en lo gracioso y lo vital: *Envuelto en una hojarasca de oro / comienza a silbar.* Pero este pequeño obrero tampoco es real: *El aserrín crece sin sonido. / El tronco no se agota jamás, / pero el enano es milenario / y canta y baila.* Y encuentra un oso y lo pone sobre el árbol y lo corta en la sierra: *Un topetazo con la plancha de acero / y se vuelve pegajoso como el alquitrán.* Ya esto no es simpático, y el poeta retrocede hacia la realidad: *La mitad de la noche / pesa más que su silencio.* Es esa longitud interminable de la noche del asmático lo que provoca estas visiones dolorosas o ambiguas, incesantes, pero: *Un relámpago interpuesto / unificó aquel desfile.* ¿Cuál relámpago? Ese que pregunta: *pero ¿el ojo?* O lo que es lo mismo: ¿no tienes el ojo físico para ver lo real? ¿para qué imaginas? En este punto Lezama está en el umbral de la poética de lo exterior de Eliseo y Fina, que siempre huyeron del peligroso mundo onírico para atenerse a la salud de la realidad. Lo que pasa es que este poeta no huye de nada. Tiene un sólido sentido de la realidad, pero lo onírico es real para él. Tal vez hay también una voluntad que se empeña en ese sentido: el poeta dice: *Precisó*. ¿Quién? ¿Quién le da en un relámpago la claridad de que debe atenerse a la visión de lo real para poder vivir? Lezama no lo dice, su religiosidad no es de tipo exclamativo para decir: Dios. Lo deja supuesto, en el aire. Por otro lado, ese relámpago de conciencia queda solo *interpuesto*, el desfile onírico continúa, pero eso sí, unificado: hay un orden en esta percepción ambigua de la realidad, una causa desconocida que permite vencer el miedo y el asco de lo real: *la plancha de acero que camina como un muñecón / el alquitrán que adhiere al lagarto con el hombre.* El poeta se atiene a esa evidencia, y testimonia.

EL ESPERADO

Y también respeta ese relámpago de sabiduría. En *El esperado*, el poema que sigue en el libro y que está dedicado a un amigo, encontramos a un Lezama que lo visita, que sale a encontrarse con una realidad jubilosa, a mirarla, a iluminarse mirando: *El esperado comprobó cada uno de los secretos / que guardaba la casa mágica* de José Rey de la Torre. Si la noche del asmático es silenciosa, es decir, solitaria, *la humedad criolla de la noche* en la casa del amigo suena con todos sus tripulantes: *los contentos villancicos para el niño, las vihuelas / de cordaje dorado, las transfiguraciones / del piano en la esquina silenciosa / nos acariciaban el cabello.* Este ver y escuchar lo real como fiesta amorosa le permite renunciar a la visión para una imaginación distinta: *Nos tapaban los ojos / y entrábamos en las promesas / de la tierra lejana.* Lo real más nimio se encuentra transfigurado: *Las tazas de café / se habían convertido en joyas alucinadas.* Y esta iluminación dura más que el relámpago interpuesto: *Cada día reconocemos la casa / y volvemos a reunirnos de nuevo en ella.* Damos gracias a José Rey de la Torre por haber ayudado a reconciliar, en sus alcances más hondos, al poeta con la realidad: *Nada era fantasmal ni borroso / cada vihuela era reconocida / como el sonido del timbre del amigo que llegaba.* Efectivamente, en lo que resta del libro, como seguiremos viendo, lo onírico y lo mítico retrocede, es puesto en duda, es renunciado o desaparece para dar paso a una aventura de penetración en la realidad.

NÚMEROS TRENZADOS

En el primer lance estamos todavía en la conciencia, por el fenómeno de la memoria. A diferencia del llamado segundo grupo de Orígenes —Eliseo, Fina, Cintio, Smith—, el tema de la memoria nunca fue importante en Lezama. *Números trenzados* rompe una lanza en esa dirección: *La reconstrucción de las veladas familiares,* evocaciones de la infancia, múltiples recuerdos de ese tiempo infantil interminable que todos hemos conocido y que tal vez la poesía no había nombrado nunca con tan precisas, elusivas palabras: *el reloj coralino / que ensaliva la eternidad,* una *eternidad sucia, confundida, / que da tropezones en la ley matinal / y se reconoce y se come a sus hijos, / como el caballo de la noche / que relincha sin tregua.* Ese tiempo está de regreso minucioso en el del hombre que va terminando su vida: *En el bostezo, nubes / y números de nubes / de confín en confín.*

DOS FAMILIAS

Y si de evocaciones familiares se trata, el texto siguiente, *Dos familias,* nos presenta en un poema típicamente coloquial la historia de la hija de un diplomático europeo con una brasileña, que estudia en Francia y en Austria y termina conociendo en Londres a un dramaturgo cubano *con seis años de España* que la trae a Pinar del Río. El cubano se conduce de acuerdo con las virtudes atribuidas a su pueblo, es decir, sexuales: *Le mostró a la francesita / la segunda naturaleza, el combate / de los espejos con sus flotas / llenas de banderas y saludos / matinales. Las flotas chocaban / rompiendo el espejo.* Pero esta *"petit* (sic) *Louise"* no alcanza la verdadera iluminación sino cuando, en Viñales, *vio un colibrí muerto de éxtasis. / Su piquillo se hundía en el azucarado polen / y parecía más vivo y coloreado / cuanto más muerto.* Se completa así la anagnórisis de la hija de la brasileña, que aprende *que la muerte es un éxtasis, / que la vida consiste en dormir / envuelta en la carne de las hojas de tabaco, / en la evaporación universal.*

EL ABRAZO

Suceden entonces tres poemas de tema erótico. *El abrazo* describe minuciosamente una cópula heterosexual, y lo hace desde el punto de vista psicológico, del acercamiento de las mentes y los deseos del hombre y la mujer: *La respiración desconocida / de lo otro, del cielo que se inclina / y parpadea, se rompe / muy despacio esa cáscara de huevo.* Los amantes van entrando en sí mismos y en el otro: *La penetración en lo oscuro, / pero el punto de apoyo es ligeramente incandescente, / después luminoso / como los ojos acabados de nacer, / cuando comienzan su victoriosa aprobación.* Culmina el acercamiento y los amantes se entregan: *Los dos cuerpos giran / en la rueda de volantes chispas.* La descripción tiene un vigor de realidad inaudito, sin abandonar una solemnidad arcaica: *El dolmen que regala los dones / en la puerta aceitada / suena silenciosamente su madera vieja.* Finalmente llega el orgasmo: *Los dos cuerpos desaparecen / y se unen en el borde de una nube.* El poeta que ha llegado a estos extremos de penetración en lo real, no deja de explorar con imágenes sus más ocultos sentidos: *La manta, la lechuza marina / seca el sudor estrellado / que los cuerpos exhalan en la crucifixión.* En la imagen de la manta aparece la dialéctica del universo creado como desciframiento del sexo: los amantes experimentan sin embargo un dolor, una crucifixión, que se queda no obstante ahí: *El árbol y el falo / no conocen la resurrección, / nacen y decrecen con la medialuna / y el incendio del azufre solar.* El sexo está sometido a los ritmos cósmicos, como las mareas: esa es su grandeza, pero también su límite. No puede escapar de ahí: *Los dos cuerpos ceñidos, / el rabo del canguro / y la serpiente marina, / se enredan y crujen en el casquete boreal.* En oposición a la hipertelia de la inmortalidad que Lezama entreviera en el deseo homosexual, la heterosexualidad es un esfuerzo por descongelar el universo que proviene del mismo universo y se queda en él: es el telos, la finalidad de la vida universal manteniéndose a sí misma.

UN APETITO

El segundo poema de esta serie, *Un apetito*, amplía el tema: *Un apetito que se queda / en el desmesuramiento de la boca. / Un apetito en el sueño / del tamaño de todo el cuerpo.* Esta hambre universal es como un hambre de universo desde el universo mismo, siempre insatisfecha: *La boca infinitamente abierta / y una minúscula mordida.* Intervienen entonces unos personajes provenientes del mundo natural: hormigas, un caracol, la pulpa de una piña, el omnipresente árbol lezamiano: el animal que recorre, el vegetal que se deja recorrer o poseer. Se agrega la figura humana, un indio que se ocupa también de estas actividades de superficie: *inició sus tatuajes como una escaramuza.* Con él aparece la voluntad, la intención que se aparta del azar, la elección y la capacidad incluso de ruptura y rebelión que informan la actividad erótica universal: *El dedo que hace saltar el dado, / siguiendo el rastro del caracol, / con el capote de las seis estrellas sureñas / y el diamante cortavidrio.* La figura del indio se multiplica en unos personajes que se esconden en la copa del árbol, y que manipulan la hormiga, el caracol, el universo como materia del hombre: *Fueron uniendo las cáscaras de piña / para formar las espaldas de un hombre.* De una guardarropía surgen pues los *nuevos cuerpos / que comenzaban por dar tropezones con las raíces / mascadas por el frío de las hormigas.* El erotismo humano resulta defectuoso en comparación con su naturalidad en el mundo natural. Por eso el hombre se inclina frente a esa superioridad y la agradece: *Saludamos entonces con el tricornio del caracol.*

UNIVERSALIDAD DEL ROCE

Universalidad del roce culmina este tríptico con la característica hipérbole del poeta. Siguiendo la pauta del poema anterior, comienza añorando un erotismo universal posthumano, total: *¡Qué engendros para una nueva raza! / ¡Qué nueva descendencia del hombre y de la piedra!* Esta visión llega al extremo de incorporar no ya la materia muerta del universo, sino la creada por el hombre: *La tijera cortando las aspas del ventilador / y el marco de una ventana que se cae / sobre un jarro de leche.* Es un delirio en que cualquier cosa puede tener una función erótica, incluso realizada: *El anverso y el reverso / en el borde de la hoja.* Es *la rotación convertida en un coito universal*, pero también unas aventuras de la imaginación: *Acaricio al nuevo monstruo / después, ya me acostumbro.* Y aunque todo lo real coincida en el pasmo erótico, la imagen se erige como su culminación:

> *El gato copulando con la marta*
> *no pare un gato*
> *de piel shakesperiana y estrellada,*
> *ni una marta de ojos fosforescentes.*
> *Engendran el gato volante.*

ESPERAR LA AUSENCIA

Por contraste, *Esperar la ausencia* aborda el tema de la soledad, raro en los libros anteriores del autor como todos los que puedan asociarse a la sensibilidad del afecto. El poeta está sentado en la noche esperando una visita que no llega: *Los cigarros van reemplazando / los ojos de los que no van a llegar.* El cenicero se le convierte en un emblema de la transitoriedad humana: *la ausencia y la presencia / en las entrañas que van a ser sopladas.* Pero *la visita o la nada* finalmente *se organizan / inclinándose sobre un montón de hojas / que chisporrotean sobre el jarrón / de la abuela, / huyendo del cenicero.* El recuerdo del afecto, el jarrón de la abuela como un testimonio de que en realidad no hay ausencia, se impone sobre la melancolía. Delicado y profundo poema, como una frase en el chelo.

CABRA Y QUERUBE

Cabra y querube aparenta una ruptura en esta hilada serie de poemas, por el aspecto formal: tres estrofas rimadas, dos de seis y una de nueve versos, con predominio del endecasílabo. Se diría un soneto infiel fracasado. Pero este asunto del fracaso, superación o desdibujo tiene más trigo del que aparenta. Si los poemas anteriores celebran la riqueza y energía del universo, este expresa su negatividad *quejándose en sentencia o desatino / de las opuestas leyes del turbión.* Todo es universalmente confuso: la mariposa puede ser halcón, el aire inmóvil en el espejo puede licuarse dichosamente en la flauta, la carmañola, chaqueta ajustada en el cuello, ha dictado la envoltura de la ola. El universo es una unidad muy contradictoria: *La unidad de la manzana, pero el gallo / es también una manzana.* Y llena de las más extrañas, ignotas correspondencias: *la estrella en el mar desconociendo donde sube, / si es cielo o roca marina*, y que no sabe si su desnudez se convierte *en la cabra más lanuda / o en los sonsos fondillos de un querube.* La cabra es real, erótica por su lana; el querube es imaginario, sin gusto. La ambigüedad del texto es poderosa: defender la cabra sobre el querube significa una vulgaridad, sobre todo para este poeta cristiano que ha defendido siempre la posibilidad infinita de la imaginación. Pero es su maravillosa sinceridad, la capacidad magistral para presentar todas las vertientes de una problemática, lo que le permite escribir este texto riquísimo y admirable. Sin dejar de integrar la crisis de la poética lezamiana en este período.

UNA BATALLA CHINA

En *Una batalla china* la universalidad del roce se ha convertido en agonía: lo humano se enfrenta a sí mismo como un caso de lo natural, de manera que un ejército no vence al otro, sino que uno *logró mantener / unida su sombra con su cuerpo, / su cuerpo con la fugacidad del río. / El otro fue vencido por un inmenso desierto somnoliento.* La oposición del agua que corre con la arena estática significa ese agón escrito en la naturaleza, pero el río no es superior al desierto, como un ejército no es superior al otro. *Su jefe rinde su espada con orgullo*, concluye el poeta, pues un desierto es una autoridad para el hombre. El hombre está subordinado a esa majestad de la naturaleza, que implica saludar con el tricornio del caracol, someterse a la universalidad del roce, etc.

CONSEJOS DEL CICLÓN

Necesariamente, entonces, debemos escuchar los *Consejos del ciclón.* En esta etapa final en la que Lezama va más allá de sus límites, tenía que aparecer esta soberbia canción, prácticamente aislada en su obra. Los ritornelos definen el poema: *¿En dónde encontrar sentido? / El ciclón es un ojo con alas.* Encontramos el sentido en lo inesperado de la naturaleza, en su carácter libérrimo que oculta una razón distinta a la humana. Lo interesante es que el poeta lo recibe con una extraña alegría, que es por demás una de las formas en que el cubano recibe la catástrofe ciclónica: cuando no está amenazado de perder sus propiedades, es una fiesta del desorden, del cambio súbito del ser. Los graciosos versos —*Cuando el negro come melocotón / tiene los ojos azules*— de la huída de la rutina, se equilibran finalmente con el drama: *Cuando soñamos un conejo / la nieve humea gotas de sangre / la cabaña rueda por la ladera.* Pero a la gracia corresponde el cierre: *El ciclón es un ojo con alas.* El ojo de la otra ley que está en la naturaleza nos libera, nos cuestiona.

NACIMIENTO DEL DÍA

La providencia de la naturaleza nos aboca a *Nacimiento del día*, el poema mayor del libro y una de las creaciones fundamentales del poeta. Comienza airosamente con la descripción del habitar de un pueblo en la montaña: *Su casa era el espacio de la mañana / la geometrización era impía.* Es un habitar en la intemperie elevada, como en el espacio: *Insertar una casa en un círculo / era suprimirle la visión del río. / El cuadrado era la casa de la ausencia o de la muerte.* Los habitantes pertenecen a un pueblo que habita en cavernas: *Iluminaban las grutas comiéndose una fruta / amarilla (...).* Es un pueblo que habita en el trópico: *El calor tendía a comerse la luz;* llevan el cuerpo *ceñido por un hilo:* suben a esas *tierras altas*, pero son agricultores: *La quietud del buen trabajo de la tierra.* Cemí describe a su tribu: se trata de una evocación de los cubanos originales. Estos agricultores suben a las montañas para ver: *Todo tiende a entreabrir sus ojos / en el empíreo del destierro.* Estos hombres de los orígenes tenían una vida íntegra, inocente, como si no necesitaran la Revelación de Cristo: *Podían decir volver, no resucitar.* La idea que tenían de la muerte era esta: *El cuerpo se escondía en la casa de las imágenes / y luego reaparecía idéntico y semejante / a un fragmento estelar, volvía.* Cemí se lanza entonces a la morosa descripción de la vida trascendental de su pueblo: *Cada cuerpo y cada sueño / mandaban los fragmentos del humo universal / a la oscilante casa de la nieve* (las nieblas y nubes de la montaña). Para ellos *tocar un árbol era contemplar / impasible el milenario estelar.* Este pueblo agricultor que habita sagradamente la montaña —tal vez Lezama tiene en mente las cordilleras de Pinar del Río, admirador como era de esos paisajes—, habita también en casas, la pareja humana se reúne en ella para engendrar y para trabajar: *En la casa cerrada reconstruyen / el sol por un hilo*, porque *las oraciones son los hilos / y el tejido es la aparición de la luz.* Este pueblo que habita semejante dimensión universal es de repente invadido por la Conquista española: *ya es el Conde de la Niebla,* (no la niebla de la montaña, por cierto) */ y le llega el rayo de la escritura, / con la platabanda mejicana y la guinea de Borneo.* Esta civilización innecesaria trae algo más grave: *allí surgió la maldición de la culpa.* Es sustancioso cómo Lezama se expresa acerca de la doctrina cristiana del pecado original, que cae sobre la tribu de Cemí: pero también ironiza el paganismo aborigen: *Toda comunicación con el padre / se hace más allá del tejado / asciende y desciende como el mercurio.* El sacrificio del Hijo es la verdadera comunicación, pero es referida en unos términos extraños, como si se tratase de la comprensión por los aborígenes de la historia de Cristo: *El padre sufre la maldición y la ve / en el hijo irascible que golpea, / hasta que el hijo deposita los huesos / secretos en el padre, la traza de los enemigos, / y que él tan sólo sufrirá el riesgo del combate.* La comprensión de la verdad es única en el hombre, al margen de las culturas: *El mismo cuerpo y la misma voz / reaparecen y engañan en la diversidad.* Pero Cemí piensa que su pueblo propone un atajo que salta la necesidad de la muerte y la resurrección puesto que no conoce el pecado original: *Cuando el sol toca las piedras, / un cuerpo resucita y dicta en la montaña.* Este hombre mítico se alza en las cumbres: *El cuerpo aligerado por la luz / y clavado frente a los gigantes de la nieve.* Esta encarnación de la piedra tiene la posibilidad infinita: *La piedra enrollando la luz / y después entreabriendo la palmera de la imagen.* Es un Cristo al revés, un resucitado en esta materia, dotado de peregrinas ocupaciones: *La obsesión* *de transportar los montes, / reliquias de la calcinación planetaria, / de acariciar la anterior imagen sin el ojo, / el que penetra la superficie interna desolada.* La cal, el barro, la arena, son sustancias especiales en esa aventura material de la imagen, *pero la sal trae el sabor de la sabiduría*, y con esta invocación del paladar el poema da un giro sorprendente, abandona el relato mítico o histórico y se extiende en reflexiones: el paladar, el gusto del mundo, nos lleva a una risa sabia, *pues sabemos que hay un gran engaño / que precede y que termina, y que con lo bello / se pretende cegar por un instante, / para que el dios dorado ocupe toda la gruta.* Estamos, como los aborígenes, en esta cueva. La diferencia consiste en que hemos perdido la inocencia, lo que más bien es una ganancia: *Con dar ojos y conciencia / a los corpúsculos de la luz, sin apoyarnos / en el terco sustentáculo de la muerte, / hubiéramos sido alegres sin saberlo, / respirantes sin ser y sin estar.* El conocimiento de la culpa y de la muerte nos ilumina, nos deja con la tranquilidad de la redención. Por eso el poema termina con la famosa invocación a las brisas, una de las fiestas del idioma español y de toda poesía: brisas de la mañana y de la noche que lo reconcilian todo: *Brisas que en el sueño nos dais otro cuerpo*, no el telúrico de la montaña, el *que ha podido asimilar las ambrosías prohibidas / y retornar solemne al mar que lo acompasa.* Esta brisa refrescante, salvadora del universo, posee los dos secretos del Creador: el de la erótica de lo creado: *el escalofrío del rocío en la piel de la anémona*, y el de la materia resucitada por la cruz de Cristo: *y el desprendimiento del cuerpo de otro cuerpo clavado.* Con semejante iluminación, en la poesía de Cuba y del mundo ha nacido el día.

LOS DIOSES

Los dioses es el otro poema extenso de estos *Fragmentos* y marca el fin del cronotopo mítico en Lezama. Comienza con los místicos hinduistas Vasavadatta y Sarasvati, este último un reformador del siglo XIX que predicó los Vedas. Vasavadatta está siendo martirizado por flechas en las oquedades de su cuerpo, pero ni remotamente este suplicio tiene el contenido de un San Sebastián, sino un aire de *friso manchado por los murciélagos*, o de polémica enconada: *enano mentiroso, enano mentiroso.* En este ambiente teosófico aparecen los acostumbrados personajes míticos lezamianos, en este caso un unicornio tripulado por dos jinetes, que manipulan realidades metafísicas: *Desaparecían y ceñían / la novísima discontinuidad / del tiempo, roto el sueño / de la sucesión numérica.* Que como se ve encuentra sugestiones inquietantes y verdades perfectas: *la fuerza oscura que se desdobla / en el yo unidad en la luz / y la diversidad de la lluvia y los sentidos.* Estas verdades vienen de la experiencia humana simple, incluso del acto sagrado de la respiración, tan importante para el poeta asmático: *Aquel que mensura el aire / puede vivir en la muerte y morir en la inmortalidad.* El poema gira entonces hacia lo confesional: el espejo, la imagen, la creación como alquimia cuyo contenido es la ausencia y la muerte, incluso simplemente lo vivido, lo trascendido: *Los rostros que penetraban en nuestro cuerpo / dónde asoman el pinchazo de su sonrisa.* El poeta ha vivido y creado y está en otro nivel de sabiduría en el cual el mito, la metafísica o el deseo van quedando atrás: *No me pregunto ya a mí mismo, / pudiese ser que ya no me interesase.* Solo le motiva el acto de respirar: *El aire que nos hace salir y entrar / en el espacio, invencionando nuestro cuerpo / en el misterio de la cantidad de astros / y la extensión vacía.* He aquí al poeta sapientísimo reducido, como un yogui, al disfrute de la condición cósmica de la respiración: *Qué alegría, qué alegría, / qué majestuosa tristeza esa unión / de la respiración misteriosa, / entre la transparencia que se recibe / y la exhalación de las entrañas / que se devuelve.* El hombre habita en la respiración como para estropear el ser: *la pureza que se recibe / y la siniestra semilla que se hunde.* El poeta reflexiona como un hindú, como un yogui: *La suprema esencia, como un dios, / está escondida, no necesita como la semilla / destruirse para reaparecer.* Hay dioses y una esencia suprema, que excluye al hombre hasta la minuciosa ironía de esta frase: *Las esencias que no existen, inapresables, / están en las semillas que se pudren para reaparecer.* Pero ahí mismo vuelve la voz polémica: *Enano mentiroso, enano mentiroso, / enano mentiroso.* El poeta es sabio como un yogui pero no es un yogui. Es cristiano y la imagen de la semilla que se descompone y resucita es una referencia evangélica. *Los dioses se acercaban vestidos de seda,* empieza a aclarar el poeta. *Escogían la seda / elaborada por los avisos del hombre,* de la que se apoderan *por los excesos comestibles de la luz.* El hombre sueña estas mediocridades, que el poeta describe con gracia y risa: *Los dioses empiezan a salir del mar, / alzan sus caracolas retorcidas, / ladean sus colas verdinegras / donde un delfín brinca y estornuda.* Respirando como un yogui, el poeta ha evocado la mística hindú y se ha reído de sus limitaciones. En la realidad sagrada de la respiración ha rechazado finalmente el mito del mito y se aboca al carácter sagrado de la realidad. Y en efecto, este es uno de los ejes del libro.

¿Y MI CUERPO?

¿Y mi cuerpo? es un texto breve que describe un estado paradójico de la conciencia, seguramente el del sueño, en el que el poeta vivencia la anulación del espacio, del tiempo y de la propia persona. El espacio ha desaparecido: *Ni aproximación ni cerrazón, / ni el ojo que se extiende / ni la pared que lo detiene.* El tiempo ha sido detenido: *las órdenes de la luna / haciendo detener la marea.* La propia persona desaparece desde su corporeidad: *Mi sombra / es la sombra de un saco de harina,* pero también desde su ausencia de finalidad: *La noche está partida por una lanza, / que no viene a buscar mi costado.* Pero el poeta sí está en el espacio, en el tiempo y en sí mismo: *Es la tríada del colchón, / la marea y la noche.* El elemento onírico genera una poderosa imagen de frustración erótica: *Siento que nado dormido / dentro de un tonel de vino. / Nado con las dos manos amarradas.*

FABULILLA DE DÁNAE

Me resulta un tanto desconcertante la *Fabulilla de Dánae*. La poesía lezamiana comienza con una referencia a este mito, y de qué original manera: no encuentro, en cambio, nada a ese nivel en este texto que nos presenta a Júpiter como dios de la semilla y preñador en la Imago: *llega con la lluvia / y dilata el vientre de Dánae.* Esta fecundación virtual y subrepticia —*Todos los ojos de Argos fueron burlados—,* conduce finalmente en la historia a una encarnación visible por el arte: *podemos ver en una plaza de Florencia / el gracioso Perseo, / hijo de Júpiter oculto en una gota.* Porque llueve sobre Florencia. Desde luego, en la mente de este poeta Perseo es más real que la plaza, y el aguacero es Júpiter. Y lo que quiere celebrar es el poder fecundador de la Imago. ¿Fabulilla? Realidad.

MAÑANA SÁBADO

Mañana sábado refiere a *La bruja* de Michelet, el historiador francés que estudió la persecución de brujas en la Edad Media, con una óptica muy anticristiana. El poema contiene un desfile divertido de figuras diabólicas, con insistencia en el sexo: *Tiene dos máscaras inmóviles / una le cubre el rostro, / otra le cubre el trasero.* En la noche del sabbat los endemoniados danzan: *un polvo de tempestad / les tapaba los ojos con ungüentos babosos.* Es todo lo que no sirve, lo que hay que botar con presteza y gracia: de ahí el ritornelo: *Con velocidad suma / hacia el cesto / en parábola de pluma.*

LA ESCALERA Y LA HORMIGA

En el zoo lezamiano, la hormiga destaca. En el breve poema *La escalera y la hormiga,* entre lo más transparente del autor, el animal es descrito como un ente de seguridad y cumplimiento: desciende la escalera de un hotel a medianoche como guiada por una providencia perfecta: *Tiene la alegría / de ser la dominadora de la escalera. / Sabe que su finalidad será lograda.* Este cumplimiento le otorga una elegancia que Lezama compara al de una dama inglesa que lleva la basura *a un latón verde / con la corona inglesa / raspada por los dos leopardos.* Doble homenaje irónico de la nobleza humana a la de los animales.

LO INAUDIBLE

Lo inaudible aporta una intensidad a estos textos breves del libro. Lo que no se oye se suma a lo que no se ve: *lo inaudible / se abrazaba con lo invisible / en un silencioso gesto de júbilo*, porque el poeta está atendiendo a las contradicciones del ser y de su percepción: *reposaba entre el árbol inmóvil / y el río de móvil memoria*: y así mismo: *la casa oscilaba, / pero su interior permanecía intocable.* Todo es opuesto y dialéctico en la habitación del ser: *La casa recuperó su inmovilidad / y comenzó de nuevo a navegar.* Estando de moda la dialéctica marxista, el poeta atiende a la dialéctica oculta de las cosas, que sobrepasa la capacidad de percepción y entendimiento del hombre, por no hablar de la posibilidad de la manipulación. Solo la poesía es capaz de ver esa casa que oscila, se detiene, echa a navegar y es siempre la misma, en lo inaudible y lo invisible.

MARÍA ZAMBRANO

María Zambrano es una transparente evocación de la famosa pensadora española, cuya lucidez y reconocimiento fue esencial para la generación de Orígenes. Para Lezama, la Zambrano es personaje de delicia, capaz de vivir las dimensiones más contrastantes: pero sobre todo significa una presencia delicada: *siempre retorna como una luz temblorosa.* Este poema se suma a las semblanzas de amigos escritas en un tono desenfadado, incluso coloquial, que ya hemos encontrado en otros momentos del libro.

SERPIENTE Y PAÑUELO

Serpiente y pañuelo sigue en línea a *Lo inaudible*: aquí el misterio de la percepción refiere al espacio: *La serpiente / buscó un pañuelo / para ofrecer un cuadrado / tan tenso como sus anillos.* Rara y brillante demostración topológica de la coincidencia de un cilindro y un plano, de lo animado y lo aparentemente muerto. Este poeta del ser que es Lezama se lanza en este texto breve a ese estudio de las posibilidades del espacio: el cilindro rígido en sus anillos, el pañuelo extendido: ambos están en los límites de su ser, y como intentando ser otro: *¿Era una serpiente o un cono? / ¿Era un pañuelo o una superficie / simplemente lisa, / pintada de blanco?* El poeta intenta comprender el parentesco entre las dos y las tres dimensiones, *entre la serpiente / y el pañuelo con las puntas dobladas.* Finalmente la serpiente se duerme sobre el pañuelo, reducida a ese *límite que no ondula*: pero esa inmovilidad no detiene el ser ni anula el espacio: *todo respiraba / por debajo de la tierra*, y por lo tanto ni el plano ni el volumen, ninguna dimensión, ninguna cosa viva o muerta, culpable o piadosa puede anularse en la inmovilidad: *el pañuelo y la serpiente / comenzaban a zarandearse.*

SOBRE UN GRABADO DE ALQUIMIA CHINA

Seguramente el sismo revolucionario llevó a Lezama a este respeto por la legalidad del universo, pero su óptica nunca será sino la del que la respeta al mínimo. En *Sobre un grabado de alquimia china* encontramos la descripción de un proceso alquímico en tres hornos, de los que han de salir unas figuras cuando se alcance el fiel de la balanza de almendras. Pero ciertamente el poeta no tiene nada que ver con esta manipulación de las cosas del universo. Por eso él concluye con otra figura del grabado, con la que se identifica: *A su derecha el hombre que contempla / absorto al pesador / juega con unos pájaros.* El que juega con los pájaros ni entiende ni desea el destino del alquimista. Está del otro lado.

LA CAJA

Tener una casa es tener un estilo para combatir al tiempo, dijo Lezama, y en efecto la noción de habitar una casa resulta central en él. El poeta era un hombre social, coral, de la calle, y también del encierro en un domicilio e incluso en una pequeña celda de trabajo: le gustaba participar y también ocultarse, o mejor, como decía, ocultaparse. En este período final Lezama está anclado en su casa tanto por la falta de salud como por la persecución: el poema *La caja* fabula sobre un personaje que vive nada menos que *en una pequeña caja de acero / con una mirilla que él sólo sabe utilizar*. Este encerrado *nunca recibe a nadie* y para colmo *pasea todos los días con el mismo chaleco.* En la situación del *travestismo* revolucionario, donde tanta gente tuvo que hacerse pasar por lo que no era, este insistir en su propia exquisita y rara identidad —usar chaleco en Cuba es desaconsejable por el calor—, resultaba inaudito. Es precisamente ese escándalo el que centra el poema: *Tropieza con una multitud / que escandaliza su nombre, / aunque él apenas lo oye.* Porque el raro, el distinto, el apartado disfruta su identidad sagrada e ingenua: *Masca un caramelo / y comienza a volar.* No sin riesgo ni daño por supuesto: su chaleco escocés *se va deshilachando mientras / le cae la ceniza por la cara.* Aun así el encerrado en la caja de acero *se asoma a la mirilla / pero sólo ve su chaleco reproducido / por el ojo paleolítico del elefante.* Formidable final, que establece la dignidad milenaria, original del poeta, del hombre, por encima de las miserias del pecado y de la historia.

VIEJA BALADA SURREALISTA

El surrealismo fue uno de los tres grandes referentes de la imagen lezamiana (los otros serían el barroco y el simbolismo), y en este período de recuento no podía faltar una *Vieja balada surrealista*, en la que el poeta juguetón se divierte con el sistema surrealista de producir imágenes, porque precisamente su manera de asimilarlo fue asumirlo como una fiesta, como un *relajo* criollo: *Lágrimas que yo guardaba como migajas de pan / para lanzarlas en la piscina de los caimanes amanerados.* El lado humorístico del surrealismo, que encarnó personalmente un Dalí, tuvo en Lezama un cultivador más discreto, pero no menos creativo. El asunto está por estudiarse a fondo.

EL OJO QUE NO QUIERE VER

El ojo que no quiere ver es un poema en dieciséis cuartetos con predominio de versos largos: esta disciplina dolorosa replica la hiperestesia del sentido de la vista, esencial en Lezama. Si en otro momento ha dicho que *el rayo vital no cesa / de engrandecerse con la vista,* aquí encontramos lo opuesto: el rayo vital está siendo torturado por la visión de las cosas, como esa del pajarraco que pica en una guanábana deforme. *El ojo que no quiere ver minucioso*, el que *vuela como un blanco absoluto / picado por una abeja* y *se extiende por la frente,* sufre con la visión de las cosas del mundo, grotescas, agresivas o sin sentido. A veces hay un refrescamiento: *el alfil perdura en su caminar / de lado, regalando de prisa una jaula de pájaros*, y a la gracia se suma el sentido del humor: *un viento que era una gran / pechuga deshilacha las mochilas (....) para que la mazorca parezca un disfraz / y el amarillo la domesticación del relámpago*: o se opone el sentido del oído: *unas campanadas de querubines / rompían el humo como un estallido // que no se oye*: pero incluso el sonido áspero puede sumarse al sufrimiento de ver: *Las guedejas del guijarro, el cimbalón / aumentaban las constelaciones adheridas al ojo.* El poeta está harto de ver el mundo, y él, que ha amado la visión de la gloria en las cosas del mundo, sufre.

PONER EL DEDO

Poner el dedo alude al acto de hacer girar la rueda del teléfono, según la tecnología existente en Cuba en 1976. La conciencia angustiada signa al poema desde el principio: *La cabeza que nos aprieta / incesantemente el cuello*; todavía más: *La cabeza impide la limpidez / de la casa*, y para colmo el teléfono conectándonos con otras cabezas sucias en cualquier parte: girar la lámina hiende la mesa en dos planisferios: uno, infernal, que va al centro de la tierra: *El otro es un hueco / por donde pasa una carreta / llevando un feto, con las guirnaldas de Baco.* ¿Con quién podemos tener una comunicación limpia?: *El anillo en la punta del pañuelo / asegura las bodas imposibles.* La penúltima estrofa se ocupa de un desacuerdo o persecución: *Dormido trabajaba en una escaramuza / donde el viento se hinchaba / como un almohadón, como una cuchara / gigante que exploraba un vientre.* El poeta no se atribuye una perfección: *De allí sacaba un agua tornasolada / que yo llenaba de salivazos.* Era *un caldo para el regreso / que esputaba estrellas de ébano / que yo recogía para el sábado.* La comunicación humana está pues estropeada sin remedio, pero tampoco hay forma de eludirla: *Puse el dedo en la lámina / y lentas explosiones / convidaban a dibujar el cabrito negro.* Se trata de un rito demoníaco: *Comenzaban los sacrificios.*

BRILLARÁ

Brillará es un poema breve que tiene sin embargo un tono tremendo, apocalíptico, de profecía, remachado por el uso del tiempo futuro. El reloj, el tiempo mismo se marchita y desarma: *Brillará el disco / y no se sabrá su color final, / lentamente los colores se van cansando / y dejarán escapar una manecilla / que pide ayuda.* Es enero de 1976, y en efecto, al poeta le quedaban unos meses de vida. La segunda estrofa nos describe la hierba hundiéndose en un horno infernal, pero *alegrándolo todo con su sorpresa / verde, perico escandaloso que descubre / la mañana.* Este creador ha trabajado mucho, frente a los anuncios del fin tiene este consuelo o decepción: *Una página agrandando el ojo / de su recuerdo, con un gran papel / nos cubrimos y recordamos / sus orejeras de papel en el polvo.* La última estrofa nos presenta una persona que en medio de un terremoto ha escalado a una silla, y es impulsado *de un planeta a un planetoide / de una mosca a una corbata / del tiempo al caos que lo borra.* No hay escape posible, el intento de huir ha sido lo peor: *El zapato ya está sobre la silla / y nos ponemos a temblar.*

LA MUJER Y LA CASA

La mujer y la casa pudiéramos remitirlo al recuerdo de la madre, puesto que comienza usando el tiempo pasado, pero luego los verbos pasan al presente, así que podemos considerarlo también como referido a la esposa. En todo caso, el título nos orienta a la presencia femenina, sea cual sea, que es evocada como la de una majestad, un sentido de las cosas: *Recorrías la casa / con una medida sin desperdicios. / Cada minucia un sacramento, / como una ofrenda al peso de la noche.* La mujer es la legalidad de lo cotidiano y de la fiesta: *Fijas la ley de todos los días / y el ave dominical se entreabre / con los colores del fuego / y las espumas del puchero.* La mujer es un mandala ambulante: *El centro de la casa / vuela como el punto en la línea.* Es también un ser humano, aquejado de pesadillas, pero el poeta la siente como una sublime protección ante la intemperie universal: *Si te atolondraras, / el firmamento roto / en lanzas de mármol, / se echaría sobre nosotros.*

EL PABELLÓN DEL VACÍO

Según Cintio Vitier, el último gran descubrimiento de Lezama fue la noción japonesa del *tokonoma*, un agujero que se hace en la pared de la casa para incluir el vacío en el ser. *El pabellón del vacío* nos presenta al poeta haciendo el agujero: *necesito un pequeño vacío, / allí me voy reduciendo / para reaparecer de nuevo, / palparme y poner la frente en su lugar.* Parece predestinación, azar concurrente que este último poema de Lezama cierre en forma absoluta su meditación topológica, las transfiguraciones del espacio que le ha ocupado en textos anteriores (*Serpiente y pañuelo, La caja*, etc). El vacío equilibra y acompaña la soledad del poeta: *la compañía insuperable, / la conversación en una esquina de Alejandría.* Es también un regreso a la felicidad de la infancia, *un silencio lleno de luces*, o la natación en una playa *rodeado de bachilleres con estandartes de nieve, / de matemáticos y de jugadores de pelota / describiendo un helado de mamey.* El vacío que significa el tokonoma *puede ser más grande que el cielo*, en él caben el cuerpo y el alma. *El vacío es calmoso,* serena la vida perturbada, no importa cuán pobre sea: *lo podemos atraer con un hilo / e inaugurarlo en la insignificancia.* Es talismán pero también una señal, una sabiduría: *¿La aridez en el vacío / es el primer y último camino?* El poeta está amenazado de desaparecer del ser que conocemos, de hacerse vacío él mismo, pero el tokonoma le da una confianza, una seguridad de *lo otro*: *Me duermo, en el* tokonoma */ evaporo el otro que sigue caminando.* Preciosa victoria del ser sobre la muerte, sobre su muerte.

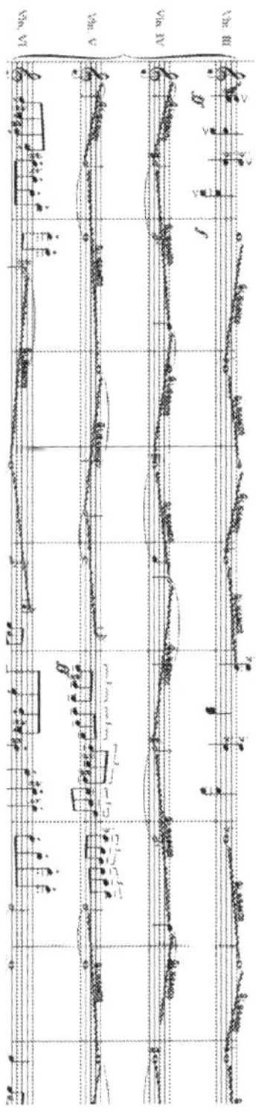

INICIO Y ESCAPE
(1927-1932?)

Durante años me he sentido renuente a aceptar la publicación de este primer cuaderno de Lezama. Porque este poeta colosal parecía haber nacido, con *Muerte de Narciso*, armado de punta en blanco, como Minerva de la frente de Júpiter. Y sí, es un poeta que nació maduro, pero su cuaderno de adolescencia es como su etapa prenatal, no desdeñable para entender el prodigio de su anticipada y súbita madurez y otras muchas claves de su obra. Lezama lo califica como *la virtualidad de un ejercicio de clase*, y *materia de elaboraciones y de faenas y de márgenes. Después la larga cola nívea de abejas.*

LA ESTRELLA

La estrella I. Curioso que este primer poema de Lezama comienza con un verso: *La estrella / se está mojando el río, punta por punta* que remite al famoso *Ah, que tú escapes*: *las preguntas de esa estrella recién cortada / que va mojando sus puntas en otra estrella enemiga.* Como otros poemas del conjunto, se percibe una tendencia contemplativa de la naturaleza, de inspiración juanramoniana.

El II es mejor poema, e inicia una serie de referencias

a la mística que luego desaparecerán, digamos explícitamente, en su obra publicada. Los dos primeros versos contienen esta verdad de la vida contemplativa: *Brazo a brazo, amor y clamor / no lo has visto nunca, Señor.* Elogio del silencio que se extiende a los poemas que le siguen, aunque aquí tiene su fórmula más destacada: *gran vocerío de realidades.* La trayectoria del silencio lleva al poeta al espanto o a la delicia, pero no a la contemplación propiamente dicha. No es el camino del poeta.

RUMBO INCIERTO

Tal vez por eso el poema siguiente se titula *Rumbo incierto*. El poeta se siente arrastrado por *voces henchidas / de gracias,* olvidado *de la llamada de la tierra.* Es la exploración del adolescente: *tendía la mano inseguro / por sobre caminos inexplorados.*

TU VOZ

Tu voz está de vuelta en las realidades del silencio, por lo que pudiéramos pensar que el destinatario es Dios: *¡Alegría de los silencios penetrantes / que ungen al alma de interrogaciones inquietantes!* Este dístico de época se repite al final y escolta una estrofa que relata el repliegue de esa voz que se fuga hacia un centro y allí evoca *las divinas / preguntas del desnudo.* Resulta entonces que *el silencio hecho cadena / se eslabonó con el infinito abierto.* El erotismo humano y no el divino está en el juego de ese silencio.

YA YO SABÍA

En efecto, le sigue *Ya yo sabía*, una evocación sentimental con ecos de la poesía al uso. Mejores versos: *Me empapé de ti / todo envuelto en el aro / de tu oro dúctil.* Más tarde señalaría Lezama, entre los temas que no le interesaban: besar.

AL SILENCIO DEL AGUA

Al silencio del agua se me antoja un eco juanramoniano. Es 1927 y el poeta que nació en diciembre aún tiene dieciséis. Siempre es posible hallar en estos poemas versos de verdadero valor: *Agua que solo se horada a sí misma.* ¡Bien!

PIDO SENCILLEZ

Ya en 1928 escribe *Pido sencillez*, un poema interesante porque presenta como programa todo lo contrario de lo que será su poética, y para colmo anunciándola. *Telegramática sencillez / de poeta ultra*, no fue, gracias a Dios, lo que hizo con sus dones. *No pido girasoles, / sólo deseo sencillez máxima del hilito de agua fresca.* En realidad no necesitaba pedir girasoles porque ya los tenía, y el propio poema lo declara: *¿No ves en el oro bruñido, buceador de colores, / puentes de salvación, salto a salto a tu sol / que enarcándose va, quebrado en mirada de saeta?* En efecto, esta luz nuestra, el sol cubano define la poesía compleja y profunda de Lezama, distante de los hilos de agua del Alhambra que están ausentes aquí.

RAZONES DEL TEDIO

Razones del tedio es una suite de diez poemas de cuatro versos cada uno. Las razones parecen haber sido muy serias, porque es palabra que apenas puedo defender: *se fue durmiendo el surtidor, se quedó inmóvil el planeta.*

SOMBRA HERIDA. PELÍCULA

Sombra herida. Película supongo que (re)crea algún filme. Unos niños pasan tocando un tambor, haciendo sonar un peine, etc. Aprecio este elogio de la infancia: *Tesoros, sin teoría.*

MANO Y NÍKEL

Diez quintillas más o menos uniformes integran *Mano y níkel.* El poeta intenta un tono desenfadado y ligero. Aprecio el final: *¿Sobre el tendón vibrátil / sin pies los oros saltas?*

POLAR

Polar es un texto importante porque, fechado el 19 de diciembre de 1930, podemos considerarlo como el primer soneto infiel. El tema es el marino que sigue a la estrella polar, por cierto dejando a la novia de cada puerto. Aparecen ya la medida irregular de los versos, la mezcla de consonantes y asonantes, y el gesto barroco: *doble risa suma grave acierto*, preciso en su origen gongorino: el marino es, deliciosamente, *nauta de la menta.* El poeta celebra su vigésimo aniversario creando, inaugurando su estilo definitivo.

MADRIGAL

Madrigal es una burla contra un cuarentón narcisista que se dedica a las conquistas con ramos de flores, etc. Lezama ingresa al humor: *Estaba tan turbado que me equivoqué de tranvía.*

LECCIÓN

Lección procura incorporar un tono de canción a otros versos que refieren una fiesta vespertina y nocturna. Una risa lunera, unas aceitunas gitanas manchan este paisaje pecaminoso, ante el cual el poeta reacciona separándose con sus emblemas, como hemos visto en textos de su madurez: *Estrellas de escarcha con capucha morada, / alzaban un teorema, un caracol, un Carlomagno.* Pensamiento, naturaleza creada, sentido superior del hombre. Más notable es que en ese ambiente de placer el adolescente vea el sufrimiento: *Era el momento inmenso / tres dolores, dos dolores, un dolor.*

LARGOS PÁJAROS BLANCOS...

Le sigue la primera versión del soneto infiel *Largos pájaros blancos...* que luego será incluido en *Enemigo rumor* como *Fácil sueño*. Fechado en febrero de 1931, podemos así considerarlo como el más antiguo poema en serio de Lezama, escrito a las veinte recién cumplidos, puesto que nueve de los catorce versos permanecieron casi sin cambios, y aun los restantes son casi los mismos. Vaya pulso: cumple los veinte innovando e inaugurándose, y dos meses después ya ha encontrado una forma salvable para su doble novedad. Poema erótico en que una Preciosa le convida *a la pleamar hinchada de peces mantecados*, dentro ya del esplendor barroco de su palabra que incorpora un muy criollo humor.

JARDÍN

La descripción de una fiesta retorna en *Jardín,* con fuentes sin surtidor y galanes de capa negra y blanca muy de época, junto al mar donde *se levantaban besos y sábanas.* En estos primeros momentos de su barroco su palabra es menos densa, más cerca de la exquisitez simbolista: *rubios hilos tibios* o *la espuma inllevable que recrea las manos* o *las brisas alzadas con sus niñas* o *un sinfín de lenguas pulidas.* Pero el poeta, a pesar de tantas tentaciones, está al margen: *No miro una concha, / ni una pulsera, ni un color, ni labios; / paseo con sus pasos desnudos...* Desde luego, mira todo eso y se fascina, pero sus pasos desnudos le mantienen en otra marcha.

LLEGA LA DEFINICIÓN

En *Llega la definición* arriba ya en efecto al tema del rumor inatrapable: *Mientras parte el rumor, cerraba las manos. / Lo dejé partir a malograr el verano.* El rumor está en este poema asociado a las realidades gloriosas del mundo: *la plata ahoga, cotidiana, altísima. / Detrás, por un río sin escamas, veinte manos de plata.* El poeta se siente abrumado por tanto esplendor sensual: *¡Qué dimensiones tan tibias sobre la espalda mía!* Aún no ha alcanzado la Definición, la de no poder alcanzar la definición mejor.

PEQUEÑA ODA A VÍCTOR MANUEL GARCÍA

Fechada el 22 de mayo de 1931, la *Pequeña oda a Víctor Manuel García* sorprende por la llegada del autor al versículo de largo aliento y soltura perfecta, reunidos en estrofas como será su gusto, esta vez de a cuatro, y por las imágenes que ya son las que serán siempre: de procedencia surrealista y también salidas de la experiencia de la pintura, y siempre teñidas de un humor muy nuestro: *Hay un solo guante blanquísimo en la cola de la sirena preñada*; *Las flautas están todas guardadas en la caja del Altísimo, donde no hay rumores de quiebra*; *Los brazos se tienden no al infinito, sino hacia la próxima fábrica de quincalla.* Generoso esfuerzo para celebrar al amigo pintor, *condestable del Hotel Perfume.* Preciosa la teología final: *La Virgen María, entre juncos y cañas, da redobles / y nalgadas al hijo despeinado peinándose con un compás de Geometría.* Recién cumplidos los veinte, Lezama era ya él mismo.

PICADO POR LA MAÑANA, CHORRO NÍVEO

Picado por la mañana..., como lo indica el primer verso, es una matinata de evocaciones eróticas: *¡Qué volar de sábanas y muslos entre lunas!* Este tipo de júbilo será raro en su obra, sobre todo por el *carpe diem* que proclama: *Por los ojos y manos intacta la mañana ¡ay qué lenta!*

SU PRESENCIA SE PERDÍA, Y RESONABA

Primera versión de lo que será el soneto infiel *Espuelas* de *Enemigo rumor*. Bellos versos: *labios laten pieza de confines*; *tizne de pluma en lluvia de clarines*; *Espejo impar, intacto, crecía / en la juncia sin garza de la orilla / que doble suma de bañistas encendía.* El poeta parece describirse otra vez retirado de la aventura sensual: *Grave, sobre el borde de sí mismo, fornido*, y todavía mejor: *ya dueño de su rostro y de su sueño, ya extendido.*

ATARDECER

Atardecer, de julio de 1931, se me antoja una regresión: *Atardecer / en el sur de la rosa se ha quedado un pájaro detenido.* Los ecos de la poesía pura de entonces le esclavizan con su imaginería. Lo peor es el final: *¡Ya muero!* Siempre hay algo menos malo: *en la nieve sin nieve caballeros plomizos, blandos de algas, sin nieve.* El adolescente iluminado tiene derecho a los altibajos inevitables de su búsqueda, de tal altura que permite ser tan severo con él como sería impío hacerlo con autores de igual pifia y menos talento.

LA MAÑANA, QUE NO ES MÍA

Cierran el cuaderno *Inicio y Escape,* las tres primeras décimas infieles, fechadas en ese mismo mes de julio del 31, que luego reelaborará y publicará a los veinticinco. Pero es un hecho que, entre 1927 y 1931, esto es, entre los dieciséis y los veinte años, José Lezama Lima encuentra su estilo y sus formas y puede ya salvar unos poemas. Pocos autores con una tarea tan alta y una precocidad tan asombrosa.

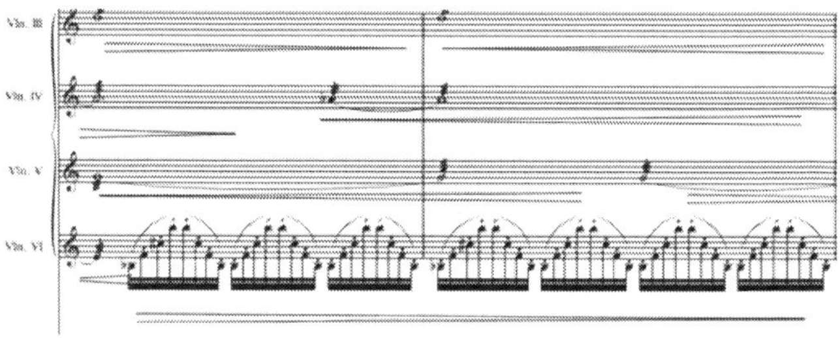

OTROS POEMAS

La última edición cubana de la *Poesía completa* de Lezama (1991), termina con la sección de este nombre, que acumula textos de diferentes fechas.

NOCHE INSULAR

Noche insular parece un apunte para el famoso poema incluido en *Enemigo rumor.* El fragmento en prosa contiene una cierta ilación dramática de sucesos líricos, que caracterizará a ese poema, aunque los, digamos, episodios, no coinciden. Las imágenes llevan ya el escándalo surrealista de gusto simbolista y de hipérbole criolla que signa la primera creación de Lezama, pero todavía hay alguna alusión a fonógrafos y teléfonos, términos de la poesía de la época en los que no insistirá demasiado. Bellas imágenes: *curva de gaviotas marcadas*; *Desmemoriado queda ese no de instantes en una piscina que vuela.*

DÉCIMA QUE ES FELICITACIÓN

Como hemos visto, ya a sus veinte años Lezama ha planteado la forma de su soneto y su décima irregulares. También ha decidido escribir décimas de este tipo para los amigos, el primero de los cuales es nadie menos que Juan Ramón Jiménez. Dos versiones de la misma décima, indican una insatisfacción. Probablemente, con buen juicio, las desechó.

BAHÍA DE LA HABANA

El paisaje habanero —bahía, catedral, Prado— aparece pronto en Lezama, y aunque tardará en reaparecer demuestra que su poesía siempre tuvo un arranque en lo real. *Bahía de La Habana* es un poema en dos partes, muchos de cuyos versos se encuentran luego en *Fiesta callada* de *Enemigo rumor*, así que puede ser considerado como una primera versión de ese poema. Está fechado el 2 de junio de 1932, no muy distante de los poemas de *Inicio y Escape*: el poeta tiene veintiuno y ya es capaz de generar un texto largo con un lenguaje más propio, que depurará y acrecentará hasta obtener el poema salvado. Un análisis en detalle nos revelaría su capacidad para mejorar el texto.

CATEDRAL. PASEO DE DOMINGO

Catedral. Paseo de domingo acumula fresas, labios y otras delicias para sugerirnos un flanneur por la catedral habanera, en donde unas figuras *esperan sin despertar / entre las hojas de piedras.* Fechado en 1934, resulta una regresión comparado con el lenguaje que asoma en *Bahía de La Habana.* Otra imagen: *Entra el mar por una flauta.*

BAHÍA DE LA HABANA

También de ese año es otro *Bahía de La Habana,* igualmente inferior. Intenta un verso ligero de arte menor que nunca abundaría en este grave ritmo. Imágenes lamidas, que en otro momento ironizará, pero que aquí quedan en serio.

PASEO DEL PRADO...

Vale el comentario así mismo para *Paseo del Padro. Sombrillas de Medianoche,* versos cortos de mayor eficacia en la descripción: *La rabia del sol / araña las palmeras / como un gato de seda.* Las sombrillas apuntan a un lienzo impresionista trasnochado y crítico, pero el intento queda trunco por falta de una ironía explícita, que aun no le sale al autor, y que se esboza en el doncel serafinado y la locura de los adornos, etc. Me gusta lo de *mañanas / de azul desnivelado.*

DÉCIMAS

Un conjunto de dieciocho décimas publicadas en la revista *Grafos* en mayo de 1936 contienen algunos de los mejores momentos de Lezama en esta estrofa. Ya por el número vemos que se trata de un empeño serio, más allá de un experimento formal; pasará sin embargo mucho tiempo antes de que vuelva a la décima irregular. Debiera decirse espinelas más que décimas, pues la intención es la de un regreso a esta estrofa en su sentido original barroco y culterano. En este conjunto hay versos de mucho rango, como estos de la primera espinela: *estudiarás / en la frente que huía / formas de mundos*; o de redonda y en él rara musicalidad, como es el caso de la novena. La medida predominante es el normal octosílabo, pero cualquier otra medida mayor se dispara con gracia. Esta irregularidad está ausente del esquema de las rimas, que apenas varía en los primeros cuatro versos entre la redondilla y la menos común cuarteta. Como será costumbre en el autor, la suite tiende a la serie unificada por los temas, que van continuándose o mutando. La luz matinal va definiendo formas de mundo de gozo visual y sensual, que termina en la ascensión del robado Ganímedes. A mi juicio son los mejores versos del autor anteriores a *Muerte de Narciso*, y merecen una exégesis detenida.

OCHO POEMAS NUMERADOS

Una suite de ocho poemas (escogidos por Juan Ramón Jiménez para figurar en la antología *La poesía cubana en 1936*) vuelve sobre los temas habaneros y plantea unas interrogantes eróticas. *Catedral (Motivo)* contiene una atmósfera de misterio y delito, con unos apócrifos infantes y unos bandoleros que no llegan. *Catedral (Noche y Gritería)* presenta, como indica el subtítulo, una noche decepcionada llena de voces que dejan solo y herido al poeta. El tercer poema es una versión no muy distinta de *Atardecer*. *Nacimiento de La Habana* es un poema juanramoniano que celebra el aire de las playas habaneras con unos requiebros andaluces. Me gusta este: *Ahora sí que estamos todos comprometidos / con el aire.* Un cambio formal llega con *Se esconde,* que gira en torno al endecasílabo: aquí se impone el erotismo de un cuerpo elusivo: *en toros blancos pasas a otros ríos.* Ya no sorprende el próximo poema, *Playa de Marianao,* en el que confluyen las dos líneas: el paisaje y el erotismo: *Lysis detiene los remos / de ritmo y oro.* Este Lysis está descrito con una distancia, y finalmente se le describe extenuado por el ejercicio o muerto: *Entre arenas se estira, / no respira dormido.* Igual dualidad recorre *Herida fronda*, playa de amanecer y tarde donde aparecen también sugestiones eróticas: *El perfil de tu mano / entre dioses perdidos*, sin que falte la *perfección nadadora.* Frente a la *palidez de los libros* se alza el día playero: *Curva fragante, chorro / de delfines cruzados. / Cielo en fiesta.* Después de estas aventuras el poeta descansa: *Pureza del dormido. / Pereza del sonido / Más allá de la aurora / dormidas hojas oyen*: es tal vez el mejor poema de Lezama de esta época en verso de arte menor. Cierra la suite *Errante,* con un retorno al verso largo poblado de hermosas imágenes: lo que él llama *los alcances del teorema rosa.* Muy pronto ironizará esa belleza narcisista, pero por ahora tenemos en serio *versátiles jaulas siderales,* una *heráldica del agua* de la playa: *entre el tacto despierto y la risa marina / queman querencias, reducen delicias*, realidades sensuales que son celebradas por el poeta, y que terminan otra vez en el sueño: *al negar el calor del intacto momento / sucesivas siestas ladeadas,* glorias que se reducen a *la sangre y la sien / que se hunden dormidas.* Excelente poema que plantea ya la obsesión del poeta por la vida sensual y su distancia frente a ella.

POEMA

Escrito en 1943 para el ballet *Forma,* con música de José Ardévol y coreografía de Alicia Alonso, *Poema* está concebido en un lenguaje bastante cómodo que nos revela cuán fácil hubiera podido ser la poesía lezamiana sin perder todas sus cualidades. El tono y el ritmo son también excepciones:

> *Mi dolor, mi alegría, que yerra por espejos errabundos*
> *la sustancia alcanzada de la roca erigida,*
> *no son mi centro oscuro que detengo y le ofrezco.*

Se trata del acto de crear que va más acá del poema consumado. Es el acto lo que vale, incluso como sucedáneo de otros actos: *La creación se extiende en definida alegría, / el zumo de los labios ya no desea y crece / el rumor alcanzado en soberanía exquisita.* La creación sale de un centro y busca una unidad en la pluralidad del mundo, y desde ella y con ella: *La diversidad sus bultos pintarrajea. / Dice única la voz una: / sólo hay un rostro, una garganta, una luz renaciente.* La unidad del acto creativo redime: *la redención del pez comprende la secreta soledad / del hombre que ayer preguntaba errabundo.* La realidad sigue siendo un material pobre, despreciable: *La noche marinera ni rapta el tiempo ni la muerte nos trae.* Pero hay en ella un ardor que permite la creación y su diálogo con la trascendencia: *Severo el fuego construyendo adormece / al hombre y al ángel de la llave entregada.* Lezama el exquisito demuestra poder escribir un poema de ocasión con maravillosa propiedad.

PUSO LA CAPA...

Fechado en octubre del 44, *Puso la capa...* carece de otras señas. Muestra el lado épico del autor: un caballero descansa junto a un árbol cerca de un río y una torre, en la que ya no encierran a nadie para llorar. El caballero es advertido de *la evidente claridad de su muerte,* pero se aleja. Entonces le acomete un jabalí con el que lucha sabiendo que va a morir, contra esos dientes *que mastican la raíz / del río y de la torre.*

(LA COSTUMBRE)

Es la primera versión del segundo soneto de *Ronda sin fanal*, de *La fijeza.*

En el ensayo *Exámenes*, de *Analecta del reloj*, Lezama incluye los cuatro poemas siguientes, fechados en 1950 en la *Poesía completa* puesto que es la fecha del ensayo, que contiene importantes reflexiones sobre la creación poética y comentarios sobre algunos de los poemas de *La fijeza.*

EL CARTAGENERO Y LA MACARRONA

El Cartagenero y la Macarrona pudiera haber sido una página de *Paradiso*: ambientado en París en la época de los Ballets Rusos de Diáguilev, recrea un alegre descaro y una vitalidad perdida. En ese ensayo Lezama comienza a reflexionar sobre la relación entre poesía y novela. El cartagenero tiene una academia de ballet en París, asediada por rusos; la Macarrona, al parecer su compañera, es un personaje que prefiere lavar a bailar, aunque ofrece, tal vez sarcásticamente, subir a la azotea para un baile de cuatro. El coreógrafo Leonid Massine aparece recogiendo *la flor mascada por el Cartagenero*, probablemente la Macarrona, modelo para pintores. Historia y novela desde la poesía, primer puente hacia el Paradiso.

DE LA PESADEZ DE LA MASA DE AIRE

De la pesadez de la masa de aire comienza esta serie cuasi científica de tres textos: la gravedad, la columna de aire en la que caen los cuerpos, la lámina de aire que se produce en el momento en que el cuerpo cae y desplaza definitivamente la columna: la imaginación del poeta jugando con los sucesos físicos. ¿No será que el suceso físico es un juego? *Si es un juego o un teatro / ¿por dónde puedo entrar? Lo inmóvil seco; / las groseras masas de aire.* Solo un gran poeta puede ver el mundo de esta manera. Enfrentando al universo y como parte de sus mecanismos ciegos, se pregunta aterrado: *la otra columna, si yo ruedo, / prefiere no buscarme ¿por dónde puedo entrar?*

LA SUMA NO VIENE CON EL PARANGÓN

Se puede intentar entrar sumándonos a la locura del ser. *La suma no viene con el parangón*, cuyo título parece aritmético, está ambientado en el estrecho de Mesina entre Sicilia e Italia. Mitológicamente, Escila (Lezama escribe Scila), el monstruo que fue doncella, está del lado italiano; Caribdis, el remolino, en el siciliano. Con estos materiales Lezama construye una comedia erótica: el modo siciliano, es decir, arremolinado, de *una cálida teoría de las brisas*, puede remitir a la orientación homosexual, pues por el contrario Escila tiene connotaciones heterosexuales: Un erizo *puesto sobre la vagina rosada de la arena, / hunde la pinza, preguntando.* Mezclarse en la demencia del ser mediante el sexo, meterse en ese estrecho de escogencias, ir de Escila a Caribdis: *La sucesión de desiguales en el descenso al remolino, / cordaje de las guitarras para el parangón, / eran igualados en el centro del torbellino.* Pero no hay manera en verdad de que personas iguales o desiguales se asemejen ni siquiera por el sexo: *cada uno de los sumandos gozosos no adquiere / el cordaje de las guitarras para el parangón*: no armonizan, no hacen una música común: *los desiguales sumandos desdeñan la siesta del parangón.*

Por cierto, en la edición de la *Poesía completa* que estoy citando, *cordaje* ha sido combiado por *coraje* en ese penúltimo verso. Errata que generaría otra calidad a la interpretación, igualmente lezamiana.

MAGNITUD DE CANTIDADES NEGATIVAS

Magnitud de cantidades negativas, otro título aritmético, describe un pastor que sacude telas delgadas, sarcasmo por alfombras. Alguien importuna en la puerta: *Nadando en nuestro instante alguien viene / a brindar su cuello por regusto o sucesión.* Pero sí, hay que seguir limpiando la alfombra, quitarse esa gente de encima: *saca, saca, las caras de la tela.* La edición de 1991 excluye los versos finales, que aparecen en versiones anteriores: *El golpe no es el que corresponde a cada cara / y cada cara se pierde por la tela.* Injusticia e inutilidad de las agresiones.

PARA LYDIA CABRERA

Para Lydia Cabrera, regalándole un libro, es un poema de ocasión del año 1951 que tiene ya la soltura coloquial de *Fragmentos a su imán*. O está mal fechado con diez o veinte años de adelanto.

LA CASA DEL ALIBI

La casa del alibi. El título es de Cintio Vitier, que encontró ese texto no publicado ni reconocido por el autor. La identidad del poema en sí es problemática, ya que buena parte del texto se encuentra en la sexta sección del poema *Dador* y en *Secularidad de José Martí*, el editorial de la revista Orígenes que conmemoraba el centenario martiano en el primer número de ese año de 1953; pero con todo, hay que considerarlo en su diferencia específica, puesto que parece constituir una evidente unidad de sentido, relacionado con el alibi o estado místico y José Martí. Aunque está pendiente un análisis textológico, me atrevo a pensar que las tres páginas encontradas por Vitier entre los manuscritos de *Paradiso* pudieron haber sido redactadas a finales de 1952 o principios de 1953, y luego se desgajarían de ellas una parte de la *Secularidad* y unos versos de *Dador*. Y aun si pudiera demostrarse que se trata de una sumatoria de textos hilada por Vitier, en ese caso habría que considerar un poema Lezama-Vitier tan válido como el de solo Lezama. Cintio ha interpretado este texto como profecía o evocación del asalto al Moncada, a partir de la frase *la séptima luna de las mareas*, que aludiría al mes de julio de 1953. Pudiera ser, puesto que muchos cubanos vieron en la Revolución la posibilidad de crear la Cuba de Martí. Pero esa frase aparece también en *Dador* en un contexto muy distinto, como otros versos que pueden entenderse como alusivos al asalto. Mi comentario demuestra que puede haber otras interpretaciones. Entender la séptima luna de las mareas como una forma de aludir al mes de julio es admisible, pero téngase en cuenta que no es lo mismo la séptima luna que la luna séptima, quiero decir, que se puede entender como la última de un grupo y no sucesión de otras seis lunas: mareas fantásticas provocadas a la vez por siete lunas distintas, agentes del siete, número de la creación. A mi juicio el centro del poema no es directamente político, sino la tarea del grupo Orígenes y de toda Cuba, que debe enfrentar la *presencia indescifrada* de Martí. Lezama se pregunta si han cumplido con Martí, y creo que la respuesta de 1953 es grave pero alegre: estamos cumpliendo, porque estamos descifrando y estamos entendiendo. De ese entender en este poema se derivan entonces los conceptos que van a parar a *Secularidad de José Martí* y luego en un plano más íntimo o rico de la comprensión de lo humano, a *Dador*. Esto explica también por qué no publicó el poema ni lo dejó entre los manuscritos de *Fragmentos a su imán*: no era una celebración del acontecimiento revolucionario. Lezama preveía una corrección de la vida nacional cubana a partir de la imagen martiana que *Orígenes* estaba elaborando, pero eso no fue lo que ocurrió. Contrariamente a lo que Cintio supone, esto implicaría una distancia con respecto al acontecimiento revolucionario (que es ostensible en *Fragmentos a su imán*). Y aunque en efecto, en su artículo de 1968, *El 26 de julio: imagen y posibilidad,* Lezama acepta la Revolución suponiéndole *la imagen como un potencial frente a la irascibilidad del fuego, y un laberinto que vuelve a oír al nuevo Anfión y se derrumba,* lo que remite a los temas del texto que nos ocupa, obsérvese que los términos son, como de costumbre en el autor, equívocos: el fuego es irascible, el laberinto omnipresente. Es un tema arduo, que hay que investigar a fondo. Sin embargo, la referencia a la poesía de Cintio en este poema es un reconocimiento a la continua prédica martiana a la que él sometió a Lezama, exitosamente. Estos comentarios pretenden acercar al lector a la densidad de significados que para Lezama había llegado a ser el Apóstol, mucho antes de que se impusiera como icono revolucionario, y, ciertamente, incompatible con ese icono. En las décadas del sesenta, y sobre todo del setenta cuando muere Lezama, un Martí de este tipo era la traición misma, el desafuero del diversionismo ideológico. Y todavía lo es. Lo que pasa es que ahora se suma al escándalo el antimartismo contrarrevolucionario, liberal, ateo, consumista, cosmopolita, para el que todo esto es francamente risible.

Respondedme ¿está reciente, recién sacudida
y recién nacida la casa del alibi?

La respuesta es sí. Lezama es un poeta afirmativo, muy distinto digamos a las negaciones neuróticas de un Virgilio Piñera, o a las dudas y contradicciones de Cintio. Más que preguntar, Lezama le está diciendo a los cubanos, y especialmente a sus amigos de Orígenes, que la Casa del Alibi, el estado místico cubano, acaba de ser logrado por Martí. Para un poeta que tiene una idea de la historia, el medio siglo trascurrido desde la muerte de Martí no tiene importancia: es reciente. Lezama sabe que para las grandes ideas los siglos son chistes. Ese estado es todavía habitable y hasta cómodo: está recién sacudido. Y por eso mismo es también lo que él llamaba un acto naciente: no ha surgido aquí por gusto, sino para ser continuado. Y continuarlo es la tarea.

La casa que siempre ofrece la cara de una
columna de yerbas y de humo,
Pero que sabemos que se imanta con los
cuatro imanes cardinales y la serpiente
sumergida.

Parece una casa muy frágil, esta la del estado místico cubano. Nada que ver con el palacio de El Escorial. La mística cubana no puede ser de muros o encierros, es de apertura, ligereza, provisionalidad, naturalidad, aire. Una columna de yerbas es algo fragilísimo, como el humo: pero tiene el privilegio de lo natural, de estar arraigada en la tierra y salir de ella. Por eso se imanta con todos los rumbos del mundo, los cuatro puntos cardinales; pero ni eso le basta, no la sabiduría de los espacios sino la de lo escondido: la serpiente sumergida. El estado místico nacional es un estado de sabiduría universal.

La casa del alibi, donde el saludo apretando
el hombro se iguala con la puerta abierta
hacia dentro,
y la fulminante crecida de los clavos por
el paredón tiene el ceremonial
de la capa que allí se cuelga y el bulto traído
por el viento que le presta sus piedras.

Esta sabiduría es ante todo la de la fraternidad: el cubano aprieta el hombro del amigo para incluirlo en su casa, en su ser. Pocas veces se ha descrito con tanta economía y hermosura el carácter fraternal del cubano. Los clavos por el paredón de una ceiba alude a las guerras de los cubanos por la independencia, que tiene el ceremonial, es decir, la forma del sacrificio: el abrigo que José Martí —que es el bulto que trae las piedras de la gravedad, del sentido de las acciones— cuelga en una pared de la sala de la casa de los Baralt en Nueva York, en el día de su despedida antes de partir para la campaña, y sale a la nieve sin acordarse de recogerlo. El abrigo, símbolo de la decisión, el coraje y también del desamparo de Martí, será guardado por generaciones de cubanos y extranjeros como una reliquia.

Pues José Martí fue para todos nosotros
la última casa del alibi,
que está en la séptima luna de las mareas,
y la penetran los ejércitos y se hace y se deshace
penetrándonos.

José Martí es identificado con el estado místico, pues desde luego que no se trata exclusivamente de las experiencias que tuviera en los días de guerra: es la totalidad de su vida la que aparece como un sentido trascendente. Esta casa última —Lezama no dice que sea única, sino la que nos interesa ahora— está en un número de creación universal, un siete que resiste a la violencia, puesto que su función es penetrarnos, educarnos.

No le arredra ver la suntuosa pesadumbre
del primer signo del cadmeo, que
significa buey,
ni los exquisitos movimientos egipcios del
rostro del gato,
que se descifra en el doble,

y que está también en las paredes de la casa
del alibi, en el signo del reverso
de la mano,

No, al estado místico martiano no le preocupa ser buey, renunciar a las cosas del mundo y atenerse al trabajo desolador para otros, ni tampoco el conocimiento esotérico de las realidades del espíritu, que puede espantar pero que se incluye en ese estado como evidencia de la muerte necesaria, predestinada.

pero él ha llegado a los alrededores, sin
miedo a la no interrupción de los
emidosaurios
y a los excesos de la pitahaya y del colibrí;

Y por eso el místico llega a los alrededores de la casa, sin temer ni siquiera al exceso de significaciones del trópico: la boca abierta de los caimanes o cocodrilos (que son los emidosaurios), el carácter invasivo de las enredaderas y la intensidad de las alas del más pequeño de los pájaros.

amarra alegremente su pequeño caballo
en el tronco de aceite y de cuerpo,
y penetra en la casa: encuentra la reciente
ceniza de las recientes humaredas;
y el pequeño caballo está quieto, pues sabe
que la mano que lo traía
ha penetrado con su alegría en la casa
del alibi.

Contrariamente a la leyenda negra martiana, que supone que murió en Dos Ríos porque no sabía montar, Martí era jinete desde niño, y en los días anteriores a su ingreso en la Isla estuvo recorriendo la República Dominicana a caballo. Lezama lo ve amarrando en una palma el corcel y entrando en una casa donde evoca la guerra recién comenzada. El caballo le obedece, la naturaleza reconoce la jerarquía del hombre.

Se ha burlado majestuosamente de las
varillas cayendo como granos de arroz,
y del soplo de la puerta coronada, abierta
hacia fuera, soplada en lentísimos
cuchillos,
pues la brevedad de su mano mide
incesantemente la distancia de la puerta
hasta el símbolo.

Martí ha demostrado que la guerra podía hacerse contra las predicciones fatalistas y los obstáculos reales, porque su humildad respeta y controla la acción como una manera de entrar al mundo de las significaciones, de la trascendencia. No es una guerra de locos, sino del espíritu.

Las evaporaciones de lo vegetativo en el
sueño le han revelado que un solo
ideograma
significa pelambre, pellejo, piel, despellejar
y desollar; y las resueltas asociaciones,
que al lado de un bambú, hay que pintar una
golondrina.

Ha visto en sueños que, en efecto, un solo acto concebido como significación puede contener toda la realidad del sacrificio, si es que en ese acto de lo vegetativo, lo natural, que crece, entendemos el sentido del cielo. Siempre sacrificio y trascendencia unidos.

La brevedad de su mano ha recorrido la
oscura suntuosidad de los correajes,
con la sobresaltada decisión de un
fragmentario desfile para firmar
en el concilio,

Martí el poeta, el profeta, se ha incorporado a la guerra con todo su mérito oscuro de valentía pero también de violencia, como única manera de cumplir las profecías: pero brevemente, solo para firmar en el concilio, es decir, hasta el momento de dejar constituido el gobierno de la República en Armas en su Asamblea.

pero ahora el trotón permanece cerca de la
montura sin que las correas lo detengan,
y penetra de nuevo en la casa del desierto,
tan injustificada como para Job la lluvia
donde no hay poro vegetal.

Hay un alto en esa tarea bélica, y el profeta entra en su propia dimensión, que parece completamente absurda.

Pero sabe que quien huye de la escarcha
se encuentra con la nieve*,*
y sabe que él tiene que llegar hasta allí, y que
el cenital

de la casa se alcanzará en su vaciedad
con lunas bajamar.

Martí sabe que huir del sacrificio es inútil, que esquivar el sufrimiento solo significa aumentarlo por otra vía. Sabe que tiene que asumir ese sacrificio que es una economía, no un lujo, una maniobra mínima, no un exceso, y por eso el estado místico máximo se alcanzará cuando todo parezca haber fracasado con su muerte. Cuando todo parezca estar en contra, hasta la naturaleza; cuando él alcance el vacío de todo, los tres desiertos de su vida que preceden a la vaciedad de la muerte.

El primer desierto es el del rasguño en la
piedra, se toca así la primera risueña
absurdidad,
la mano toca el armonio de inapresable
pequeñez y el vuelco de sus sones y ojos
cae como la cascada que el pez desaloja para
enterrarse en el movimiento.

El primer desierto es el del esfuerzo aparentemente inútil, porque rasguñar la piedra no puede lograr quebrarla, pero eso sí, la marca, y su empeño heroico logra una abundancia de otro tipo: el armonio, el pequeño órgano derrama una riqueza, que baña al poeta como una resistencia y le cubre como su medio propio. Solo un Lezama podía *ver* la realidad de esa agua desalojada por el pez: puro genio. En efecto, Martí estuvo siempre, y todavía está, tratando de lograr un imposible como el de romper una piedra con la uña: hacer un pueblo de hombres libres y amorosos en un país de esclavos.

Es la desmandada risa ante el zumbante
sombrero planetario y el consejo
que llega: colocarse los hijos gatunos
en el sombrero.

Inesperada metáfora: el triunfo del esfuerzo absurdo personal es también el del cosmos: ese Saturno que parece un sombrero con sus anillos. Saturno el dios mataba y devoraba a sus hijos. Pero el hombre occidental ya no es griego, hay un consejo cristiano que nos permite un humor: los hijos de la gata doméstica no deben ser sacrificados, tenemos que aceptarlos alegremente, ponérnoslos en el sombrero. El desierto del empeño absurdo termina entonces en la risa de la aceptación.

El segundo desierto es la vuelta para
alcanzar la cámara,
donde el rey y la reina sonámbulos hierven
sus semillas,
y el encorvado suspicaz proclama su
insensatez de testigo

Este profeta es un hombre con una vida erótica: Martí vuelve a Cuba después del 78 casado, y tiene un hijo. Lezama ve a la pareja como sonámbulos, caminan dormidos porque en realidad no ven, no se conocen, cada uno no sabe quién es el otro, no saben que el uno no es para el otro. Fracaso matrimonial, cuyo éxito es el hijo, ese encorvado (posición fetal) que sirve de testigo insensato y doloroso del fracaso de sus padres.

y el risueño cumplido que cumple su
delicadeza con el amarrado caballo,
pagándola en muerte cercana, poniéndose en
sitio de palma que arrebata
al caballo, ahora los tres enigmas vuelan
y embiste Nadión.

A pesar de esos fracasos, el profeta está feliz y ha cumplido su experiencia humana hasta el punto de que solo le falta la muerte: ha liberado al caballo de su montura y este disfruta la cercanía de la palma, de la naturaleza. Los tres enigmas, el del esposo, el de la esposa y el del hijo fracasados desaparecen: el profeta está enfrentando la guerra y la muerte.

En el desierto el tercer método es la cascada
congelada,
a la salida el hombre criollo esgrime
un larguísimo pelo de caballo,
lo divide en los cuatro peldaños que levantan
cuatro lombrices
y la vida canturreando en el alto vegetal
del cabello.

Es el tercer desierto, donde el ser parece haberse detenido en la muerte. Para Lezama el pelo de caballo es un símbolo de la resistencia. El cubano no es hombre de congelamientos, resiste a la muerte con una resistencia natural: la vida se reproduce como lombrices y canta de cualquier manera.

Así pudo él deslumbrarse postrero, el criollo
macheteando en cuatro
el larguísimo pelo de caballo. Después van
llegando los caminos
con huellas de caballos y los corredores
peldaños. Es aquí cuando el rasguño
deja pasar el viento como voz, en el
reconocimiento de los parapetos de
Anfión.

Martí se deslumbra con la naturaleza cubana en el marco de la guerra. Lo que parecía un esfuerzo inútil, un empeño absurdo, se ha convertido en las cuatro direcciones del espacio en la guerra, los ejércitos que van a liberar al país. El rasguño, la huella del esfuerzo heroico, la palabra de Martí en su Diario, transparenta una fuerza de la naturaleza que es la voz misma del poeta, el viento como voz profética, porque en Lezama como en Martí lo que es de Dios es del hombre y de la naturaleza al mismo tiempo. Esa voz profética enfrenta los muros del laberinto del ser.

Su justa permanencia indescifrada sigue en
sus memoriales enviados a un rey
secuestrado,
en sus cartas de relación nos describe para
su primera secularidad una tierra
intocada,
—et caro nova fiet in die irae, (sic)—
tomará nueva carne cuando lleguen la
desesperación y el temblor y la justa
pobreza.

Martí es una permanencia indescifrada y justa, justa porque contiene las mejores aspiraciones de su pueblo, y por eso no puede ser eliminada; indescifrada porque no hemos podido o no hemos querido entender esos memoriales, esas reclamaciones que Martí ha enviado a su pueblo, rey secuestrado por la idiotez de la historia: su obra cumple sin embargo en 1953 un siglo y nos describe nuestra propia tierra prometida, que podrá realizarse en la ira de la rebelión. Es significativo que Lezama no haya sido un martista asiduo, sino tan lúcido como ocasional: el desciframiento le parecía probablemente cosa de siglos, y no demasiado necesario, en el sentido de que su permanencia, descifrada o no, actuará siempre.

El dialéctico frenético que gime una ausencia
de telos,
sabe por él la humanidad naciente de la
placenta mortal;

El intelectual contemporáneo se queja de la ausencia de objetivo, de la absurdidad de la vida; pero Martí lo enfrenta con la complejidad de las finalidades, que no coincide con los esquemas facilones del hombre: la placenta muere para dar vida.

el que resguarda sus sílabas de violín y el
nadismo de su cabellera bermeja,
y el espejo de cartón acariciado por los
estiramientos del humo retomado
y volcado,

Cintio descifra estos versos como alusiones a su persona y obra, de lo que no tengo dudas: Cintio nunca tocó el violín en presencia de Lezama, y tanto la cabellera bermeja como el humo son referencias directas a su poesía. Fue él quien le predicó el martismo a Lezama, y parece una retribución que lo cite aquí, aunque no sin reserva, pues le atribuye un nadismo, un espejo de cartón que desde luego no puede reflejar nada, y menos una conducta martiana, y una comodidad de fumador muy poco heroica.

tiene ya que saber que el mejor está allí
y en el claro desdén de las previas
antologías órficas.

Lezama, Cintio, Orígenes, tantos cubanos sabemos que el mejor de nosotros, el genio, héroe y santo que dio la vida todos los días y además de un golpe por nosotros, está ahí, en la Casa del Alibi, habitando totalmente lo que había vivido en vida: las significaciones maestras de la existencia humana que proceden directamente de Dios. Y semejante dimensión es mucho mayor que las antologías, la creación superior de los poetas de Orígenes, a pesar de que intentaran, con una ambición órfica, penetrar la materia con el canto. Oh no, eso es una ilusión. No es con un viejo truco helénico con lo que se encuentra hoy a Dios. En todo caso el orfismo, lezamiano, no viteriano porque ya entonces Cintio era un católico practicante, puede tener a lo sumo el valor de ser previo, es decir, una preparación para entender, no la penetración mágica de la materia por el espíritu del canto, sino la Casa del Alibi, la Presencia del Espíritu en la Realidad, solo alcanzable mediante la entrega de sí mismo en el coraje del sacrificio. Aleluya, aleluya. Amén.

12 de mayo de 2011.

En los *Otros poemas* de la *Poesía completa* encontramos dos grupos de décimas, *Para las décimas de Nicolás Guillén* y *Poemilla,* también dedicado a Nicolás. Como señala esa edición, de las tres primeras décimas, dos aparecen en *Fragmentos a su imán* dedicadas a otros autores, y el poemilla es en ese libro *Amanecer en Viñales.* Curioso uso de la lira de ocasión, pero cada autor es dueño de su palabra. Solo queda por comentar la tercera décima del primer grupo, donde hallamos esta descripción del campo cubano en 1961: *Silenciosa la sitiería, / cumple la orden día por día.* De esta disciplina militar se liberan con el guateque: *Felizmente su papeleta / tiene la flecha y la glorieta / de los cantores en la noche.*

LÍQUIDAS ESENCIAS

Líquidas esencias, par de décimas de arte menor fechadas en agosto de 1966 reitera el asunto de la noche creadora lezamiana: *Lo oscuro se precisa / en la noche de acanto, (...) o el gallo del silencio / en ráfagas presencio / y dobla mi quebranto.* Las ráfagas del silencio como el canto del gallo. Fuerte, y tiene que doler.

FÁBULA DE APOLO Y NARCISO

Escrita poco después de *Muerte de Narciso,* la *Fábula de Apolo y Narciso* trasciende la ironía de aquel poema para deslizarse hacia lo cómico. El trajín con la mitología griega se remonta por lo menos a Quevedo, pero lo interesante en Lezama es precisamente la dualidad de tratamiento, serio aunque irónico en su texto inicial y magistral, y enseguida cómico, en el mejor sentido de la palabra. Al principio la burla es sutil, hasta que, en un quevediano fragmento en prosa, estalla el chiste: *Servido el mantel que es una nube rectísima, tiesa para impresionar fuertemente y hacer pensar que el cristianismo no está cercano, Júpiter habla, un poco distraído, con Minerva, Diana, Venus, Urania.* Una atmósfera de chismes maneja el Olimpo y hasta el mecanismo mítico en sí mismo. El chiste central radica en el afeminamiento de Narciso. Significativamente Apolo, que preside el título, queda ausente del poema. Narciso se pasea, *muchachillo que chilla / entre los juncos, hundiéndose / en la yerba que mira, / en la arena del tacto.* Aunque Lezama publicó el poema en la revista *Grafos*, lo excluyó de su obra. Pudo haberlo incluido en *Enemigo rumor* y no lo hizo, con lo que hizo bien, porque es muy inferior a *Muerte de Narciso* y, pareciendo una continuación, mancha al otro. Lo que no quita para que pueda leérsele con placer, saboreando las imágenes lezamianas de siempre.

PARA MIS DOS HERMANAS…

Padeciendo las penalidades del socialismo cubano, Lezama escribe *Para mis dos hermanas, que me regalaron un par de zapatos.* Sus hermanas están en el exilio y el poeta evoca los tiempos felices de la unidad familiar: *la tribu de nuestra sangre / con sus mujeres altas y su prole bien guardada.* Pero más que la circunstancia de la separación por el exilio, al poeta le interesa recordar todo el pasado de la familia y vivir el presente como una advertencia: *¿Qué medimos en cada una de nuestras pisadas, / las hojas sonrientes en el ondular de la mañana, / o la penetración invisible en la balanza de Proserpina?* Pero esta conmovedora elegía concluye con la dicha de la familia que fue, y que por lo tanto sigue y seguirá siendo: *Miro mis zapatos, estoy tan alegre / como cuando veíamos extenderse la fila de árboles del Prado al día siguiente de un ras de mar.*

EL CENTRO DEL CONTRAPUNTO

Y ahora que nos hemos aventurado al sigilo de los poemas de Lezama, uno a uno, ¿alcanzamos una fijeza o nos quedamos con los fragmentos ofrecidos al imán, al Dador? La coherencia de esta poesía es incomparable. Hay poetas que se repiten sin evolución ni centro, y los escribidores carecen necesariamente de uno y de otro. En el caso de Lezama la evolución es en sí un resultado mayúsculo de su poesía, y el centro que ella misma es y al que se obedece como el hierro al imán va perfilando su ser y sus poderes poema tras poema y libro tras libro. No podemos ocuparnos aquí de la Teoría de la Imago, en la que el autor se da el lujo de elevar a pensamiento las cotas de su poética. Ni hace falta, pues Lezama no parte de una teoría sino que llega a ella por la *experiencia de la poesía*, para decirlo con términos de Cintio Vitier, que es casi simultáneamente la experiencia del poema. Y como en Vitier, la poesía se despliega como un afán cognoscitivo. De ella misma, y de cuanto pueda anhelarse conocer. Y cuidado: conocer tiene poco que ver aquí con un concepto o una filosofía. El conocer de Lezama se atiene a aquella acepción de la palabra que se refiere al sexo: es un conocimiento erótico, incluso corporal, pero jamás se queda en eso: nunca una reducción, sino una ganancia, una completitud. Es un conocer con la materia y con todos los sentidos, que te saca de los sentidos y de la materia para una fijeza que viene del Dador, y que ofrece más y más: de ahí su abundancia barroca. El Verbo Encarnado, el conocimiento encarnado. Cada poema revela esa encarnación y por eso es suficiente, insustituible. Pero la organización y la suma de los poemas es otra encarnación de igual mérito. Y la sucesión.

La lucha del Narciso con la Imagen genera en las aguas del ser un Enemigo Rumor, que en las aguas del Puerto cumple las Aventuras Sigilosas del error y del pecado en el individuo, que una vez que ha conocido su realidad confusa y peligrosa llega a solidificar el Rumor en una Fijeza, la objetividad del Cuerpo Transfigurado: ha ido más allá de la imagen propia en la imagen del hombre universal, Cristo Resucitado, donde se encuentra al Dador, al Espíritu que ha donado estos desafíos y que atrae finalmente los Fragmentos resultantes a su Imán de poesía. La misión del Narciso ha concluido. El poeta retorna al Divino Narciso.

Y hay que concluir aquí.

24 de Octubre, 2019.

Vln. I
Vln. II
Vln. III
Vln. IV
Vln. V
Vln. VI
Vla.
Vla.
Vc.
Cb.

ÍNDICE

DEL AUTOR

Rafael Almanza Alonso, Camagüey, Cuba, 1957. Poeta, narrador, ensayista, crítico de arte y literatura, editor, promotor cultural, curador de arte, periodista independiente. Maestro. Ha publicado: *En torno al pensamiento económico de José Martí*, ensayo, Ciencias Sociales, La Habana 1990; *El octavo día*, cuentos, Oriente, Santiago de Cuba, 1998; *Hombre y tecnología en José Martí*, ensayo, Oriente, Santiago de Cuba, 2001; *Libro de Jóveno*, poesía, Editorial Homagno, Miami, 2003; *Vida del padre Olallo*, biografía, Barcelona, 2005; *Los hechos del Apóstol*,Vitral, Pinar del Río, 2005; *El gran camino de la vida*, poesía, Editorial Homagno, Miami, 2005; *Elíseo DiEgo: el juEgo de DiEs?*, ensayo, Letras Cubanas, La Habana, 2008; *HymNos*, poesía, Homagno, Montreal, 2014; *El octavo día*, segunda edición, Ediciones Homagno, 2020; *Nada existe*, noveleta, Homagno, 2020; *Fívulas u perówulas*, narraciones, Homagno, 2020; *Los hechos del Apóstol,* scgunda edición, Homagno, 2020. Colaborador de publicaciones cubanas y extranjeras.

www.rafaelalmanza.com

En honor de la Virgen de la Luz

Made in the USA
Columbia, SC
15 September 2020

20020561R00209